HISTORIA DE
ESPAÑA

SGEL

Primera edición en 1998
Cuarta edición en el 2005

© Sociedad General Española de Librería, S.A., 1998
    Avda. Valdelaparra, 29. 28108 Alcobendas (Madrid)

Autores textos: Fe Bajo Álvarez y Julio Gil Pecharromán

Diseño, realización y coordinación editorial:
EDIPROYECTOS EUROPEOS
Fotografías: Ministerio de Cultura (I.C.R.B.C.), Museo de América,
Archivo Historia 16, Santos Cid y Javier Villalba
Ilustración de cubierta: *Los Reyes Católicos,*
En una miniatura de Marcuelo

ISBN: 84-7143-704-X
Depósito Legal: M-34428-2005
Impreso en España. Printed in Spain
Preimpresión: AMORETTI, S.F., S.L.
Impresión: SITTIC, S.L.
Encuaderna: RÚSTICA HILO, S.L.

Presentación

Este manual es una breve sinopsis de la Historia de España, desde la Prehistoria, hasta nuestros días. En él se resumen los aspectos más relevantes de la política, la sociedad, la economía y las artes de España a lo largo de los siglos.

Que nadie espere encontrar en este libro una historia completa, sistemática y detallada de España. Sería una temeridad pretender tal cosa en tan breves páginas. Nuestra ambición es ofrecer al estudiante una visión de conjunto de los grandes acontecimientos, situando los hechos en su contexto y destacando su contribución a la formación de nuestra personalidad histórica y de nuestra civilización. Para ello, la estructura meramente cronológica se ha completado con un análisis clasificador de los grandes movimientos culturales, demográficos, económicos y sociales.

Las ilustraciones, los mapas, los recuadros y las sugerencias de itinerarios contribuyen a hacer más comprensible el largo recorrido por nuestra compleja historia. Además, al final del libro, el estudiante encontrará una cronología general y unas propuestas de actividades didácticas.

EL EDITOR

Índice

España antigua y medieval

Fe Bajo Álvarez

La Península Ibérica durante la Prehistoria

La división de la Prehistoria en tres Edades (Edad de la Piedra, de Bronce y de Hierro), propuesta en el siglo XIX, se sigue manteniendo hoy día. Ahora bien, la mejora de las técnicas de datación y el incremento de los yacimientos arqueológicos conocidos está permitiendo hacer nuevas subdivisiones de las grandes épocas y distinguir también periodos de transición. Así, por ejemplo, para la Península Ibérica como para el Viejo Continente, la Edad de la Piedra se ha subdividido en las siguientes etapas: Paleolítico Inferior, Medio y Superior, seguido de un Epipaleolítico y de un Mesolítico antes de llegar a la Edad del Neolítico.

Pintura paleolítica denominada Bisonte parado, *correspondiente a la cueva de Altamira (Cantabria)*

El Paleolítico

Entre las variaciones climáticas del período Cuaternario, las glaciaciones fueron especialmente importantes para la emigración de personas y animales de uno a otro continente. Se ha calculado que, hace unos 20.000 años, se concentró tal cantidad de hielo en el hemisferio Norte que el mar pudo bajar en torno a los 100 m, hecho que proporcionó grandes puentes naturales entre los continentes.

La situación geográfica de la Península Ibérica fue favorable para la presencia de pequeñas comunidades de hombres primitivos. Los recientes y excepcionales hallazgos del yacimiento de la Sima de los Huesos (Atapuerca, Burgos) ofrecen restos óseos de unas veinte personas con una datación superior a los 300.000 años. Otros hallazgos menores proceden de Cueva Victoria y de Cabezo Gordo (ambos de la provincia de Murcia) y de cerca de Orce (Granada). Para fechas posteriores del Paleolítico, el número de yacimientos conocidos se va incrementando y presentan una dispersión geográfica más variada: cueva de los Casares (Guadalajara), La Pinilla del Valle (Madrid), etcétera.

La estrategia económica del hombre paleolítico, obligado a ser un depredador, a vivir de la caza, pesca y recolección de frutos silvestres, incluía la emigración frecuente para buscar nuevos recursos y la utilización de cuevas naturales. Durante el largo período del Paleolítico (2.500.000-10.000 a.C.), el hombre aprendió a dominar el fuego, el lenguaje, a crear las primeras manifestaciones religiosas, a mejorar su instrumental y, en su fase final, a crear las primeras obras de arte. Durante el Paleolítico Superior (35.000-10.000 a.C.), el hombre fue perfeccionando su técnica para conseguir un aprovechamiento más intenso de los recursos del entorno y no verse obligado a tan frecuentes migraciones. A ese período corresponden las primeras creaciones artísticas. En el campo del arte mueble* se documentan estatuillas femeninas, bastones de mando de hueso o marfil decorados con incisiones, etc. Ejemplos de este arte son las placas grabadas y pintadas de la cueva de Parpalló de Gandía (Valencia), el bastón de mando de la cueva de El Pendo en Puente Viesgo (Cantabria) o las cabezas esculpidas

Cerámica neolítica (arriba). Estatuilla de Valenciana de la Concepción (Sevilla), Museo Arqueológico de Sevilla (abajo)

de animales de la cueva de Tito Bustillo, entre otros. Pero más llamativa resulta la pintura sobre las paredes de cuevas. Hay decenas de cuevas con pinturas en toda la Cordillera Cántabra. Universalmente famosas son las cuevas de Altamira, de El Castillo y de El Pendo (Cantabria) así como las de El Pindal y Tito Bustillo (Asturias).

El Neolítico

Tradicionalmente se viene considerando que los rasgos definidores del período Neolítico se encuentran en el paso a la sedentarización, que se corresponde con la aparición de la agricultura, la domesticación de animales y el uso de la cerámica. Tales rasgos son igualmente válidos para el Neolítico de la Península Ibérica.

Si los primeros testimonios del Neolítico se encuentran en el Oriente Próximo en fechas que van del 10.000 al 8.000 a.C. —el yacimiento de Jericó es bien conocido—, las primeras manifestaciones neolíticas de la Península Ibérica son más tardías. De la franja costera mediterránea y del Sur peninsular se conocen muchos yacimientos neolíticos de poblaciones que vivían en abrigos o al aire libre. Un rasgo característico del Neolítico levantino y del Sur peninsular reside en la gran cantidad de restos pictóricos que nos ha legado, en los que se refleja un cambio de temas en relación con la pintura paleolítica; en la neolítica, aparecen escenas y muchas figuras humanas, además de las representaciones de animales, típicas del Paleolítico.

_____

    * Todas las palabras o expresiones con asterisco aparecen definidas en un glosario al final del libro.

Pintura conocida con el nombre de Danza fálica, *encontrada en una cueva de Cogul (Lérida)*

Coincidiendo con la fase final del Neolítico levantino, se sitúan los múltiples testimonios de megalitismo del resto del territorio peninsular: grandes bloques de piedra ordenados de tres modos distintos (dolmen, corredor y galería cubierta) son la parte visible de enterramientos colectivos.

El Calcolítico y la Edad de Bronce

El paso del Neolítico al Calcolítico (uso del cobre y de la piedra) fue gradual. El uso de objetos de cobre (punzones, agujas, adornos personales...) es anterior al desarrollo de la metalurgia; inicialmente se servían de cobre nativo.

Desde los inicios del III milenio a.C., aparecen ya importantes poblados en el Sudeste de la Península Ibérica asociados a la explotación minera del cobre: entre varios conocidos como La Peña de los Gitanos (provincia de Granada) o el de Mazarrón (provincia de Murcia), destacan los de la provincia de Almería y de modo particular el de Los Millares.

El poblado de Los Millares (Santa Fe de Mondújar) tenía una extensión de unas 4 ha, medidas excepcionales para el tipo de poblamiento de esa época, capaz de albergar a unos 1.000 habitantes. No menos importantes son algunos poblados de Portugal situados al Sur de Lisboa: el de Vila Nova de São Pedro y el de Zambujal, dotado de un imponente sistema defensivo.

La riqueza de metales de la Península atrajo a pueblos orientales en época de Los Millares. Durante las diversas etapas del Bronce (I: 1.800-1.500; II: 1.500-1.250 y III: 1.250-800), se intensificaron los contactos con Oriente y, a la vez, la población indígena se dedicó a la explotación y comercialización de los recursos metalíferos tan apreciados.

Hasta hace unas décadas, la cultura de

Dolmen denominado La Choza de la Hechicera, *de Elvillar (Álava)*

El Argar (Almería) era el símbolo de las dos primeras fases del Bronce peninsular. Hoy se sabe que es una continuidad de Los Millares. Del estudio de los enterramientos de El Argar se comprueba que se los inhumaba en cistas o fosas, acompañados de objetos personales —muchos de cobre, plata y bronce—. Igualmente se comprueba que la sociedad estaba marcadamente jerarquizada.

Por otra parte, la época del Bronce permite ya ir diferenciando ritmos de evolución y variantes organizativas entre la región del Sudeste, el área catalana, el Bronce cantábrico o el área de las Motillas o poblados fortificados de La Mancha.

Si el carácter fortificado de los poblados y los restos de armas que aparecen en las sepulturas refuerzan la idea de una sociedad jerarquizada que necesita defenderse de enemigos internos y exteriores, el emplazamiento de los poblados para aprovechar ricas vegas y la perfección técnica de las armas y otros objetos desvelan el nivel de jerarquización y desarrollo con que entra la población de la Península en el milenio I a.C.

La Edad de Hierro y las migraciones indoeuropeas

Los Campos de Urnas o enterramientos de cremación en urnas son la muestra más visible de la llegada de pueblos indoeuropeos a la Península en diversas oleadas durante el milenio I a.C. La lingüística confirma igualmente que muchos topónimos*, hidrónimos*, antropónimos* y teónimos* de la Península encuentran su correspondencia en las lenguas del Occidente europeo. La penetración de nuevos pueblos se produjo por los pasos naturales de los Pirineos.

La relación de esos nuevos pueblos con las poblaciones anteriores fue muy variada en cada ámbito peninsular: a veces desplazaron a las poblaciones locales, también se fusionaron con ellas y no fue ajena la fórmula de asentarse en su vecindad.

En ese primer milenio, se generalizó el uso del hierro, metal más abundante y por lo mismo más democrático. Y los pueblos colonizadores griegos, fenicios y cartagineses fijaron ya asentamientos estables en la Península.

Ese conjunto de pueblos descendientes de la Edad del Bronce, de nuevos pueblos indoeuropeos y de los colonizadores del Mediterráneo contribuyó a la formación definitiva de los pueblos de la España prerromana.

La población prerromana de Hispania

Los pueblos de la Península Ibérica comenzaron a entrar en la historia cuando otros pueblos llegaron a sus costas portando nuevas y más avanzadas formas culturales. Estos pueblos provenían del Mediterráneo oriental. En sus escritos encontramos gran parte de los conocimientos que poseemos actualmente sobre las comunidades peninsulares. Sabemos ahora que la mayoría de éstas se encontraban en fases o estadios prehistóricos, con unas formas de organización más o menos igualitarias y con unos niveles de desarrollo técnico muy rudimentarios. Al impulso del contacto, primero con los fenicios y luego con los griegos y los cartagineses, los pueblos peninsulares iniciaron un proceso de cambio lento, cuyos resultados organizativos, institucionales y culturales se evidencian ya en algunas áreas peninsulares a partir del siglo XI-X a.C., tras el establecimiento de los fenicios de Tiro en enclaves norteafricanos como los de Utica y Larache, o en el Sur de la Península Ibérica, en Cádiz.

Ciertamente, los efectos culturales de estos contactos no alcanzaron al total de los pueblos peninsulares. Mientras los pueblos del Norte y de la Meseta permanecieron prácticamente alejados de todo proceso de aculturación hasta la llegada de los romanos, las comunidades meridionales y del Levante peninsular iniciaron una transformación que las llevó a constituirse en sociedades mucho más complejas y evolucionadas incorporando muchos elementos externos que propiciaron el desarrollo de su propia y original cultura, como es el caso de la ibérica.

Detalle de la jarra tartésica de Niebla (Huelva), Instituto Valencia de Don Juan, Madrid

Los fenicios en la Península

Aunque no hay acuerdo entre los historiadores sobre la fecha precisa de la llegada de los fenicios a las costas peninsulares, la mayoría acepta que debió de producirse en la primera mitad del siglo XII a.C. Estos fenicios, originarios de la ciudad de Tiro, mantuvieron hasta el siglo IX contactos comerciales esporádicos, sin establecimientos muy fijos; tenían un interés preferente por los metales del Sur peninsular (cobre, estaño y plata), como lo siguieron teniendo más tarde, cuando iniciaron la creación de asentamientos estables o colonias.

Los asentamientos fenicios se documentan desde el siglo IX a.C. y se sitúan en el litoral, a ambos lados del Estrecho de Gibraltar. Todos ellos reunían condiciones comunes: bahías resguardadas, buenos fondeaderos, proximidad a la desembocadura de ríos, etc., lo que les convertía en lugares de fácil defensa y cómodos para los navegantes.

La fundación más antigua y sin duda la más relevante fue *Gadir* o Cádiz, cuyo emplazamiento estratégico respondía a la elección de su dios Melqart, según una versión difundida entre los antiguos. Junto a la ciudad edificaron un templo a su dios protector que, asimilado al dios grecorromano Hércules, siguió recibiendo culto hasta la implantación tardía del cristianismo. Desde Cádiz se controlaba no sólo la ruta atlántica del comercio del estaño, sino todo el comercio a lo largo del Mediterráneo occidental, así como la organización y administración de las tierras agrícolas del interior.

La razón más evidente de la creación de colonias fue, como hemos dicho, el interés que ofrecía la riqueza minera peninsular. Pero tales enclaves tenían también una función logística como centros de control y apoyo a la navegación, ya que el interés comercial de los fenicios tirios les llevó al conocimiento de zonas cada vez más alejadas de su ciudad madre, como lo muestran sus frecuentes travesías por el Atlántico.

A través de los materiales de las necrópolis (de Toscanos, Trayamar, Almuñécar...), de los hallazgos cerámicos, de joyas y otros objetos, conocemos la existencia de una oligarquía floreciente; sabemos, en cambio, poco sobre la realidad cultural

fenicia y sobre la interacción con los indígenas situados en el ámbito de influencia colonial.

A partir del siglo VI a.C. se inició una crisis cuyos efectos se traducen en una disminución de la presencia fenicia en los viejos enclaves y un decrecimiento radical de las importaciones del Mediterráneo oriental. Entre las causas que motivaron tal decadencia, se encuentra la caída de Tiro en el año 573 a.C. en manos del rey asirio Nabucodonosor. A partir de entonces, los fenicios asentados en la ciudad de Cartago fueron tomando una posición hegemónica en la defensa de todos los intereses fenicio-cartagineses del Occidente.

Tarteso

El misterio que rodea al reino de Tarteso se basa más en lo que se vislumbra y se conoce con perfiles desdibujados que en las noticias precisas que tenemos sobre él. Se desconoce el ámbito espacial así como los componentes étnicos y culturales de lo que puede considerarse tartésico. A través de menciones imprecisas de la obra *Ora Maritima* de Avieno, de las aportadas por el geógrafo griego Éforo y por otros autores antiguos, se percibe el carácter mítico que este reino tenía para los antiguos, considerado rico en oro, plata y estaño. Esta es una de las razones de la leyenda que se creó en torno a él: la grandiosidad del mismo, las enormes riquezas y los reyes heroicos. Las fuentes greco-latinas definen la organización política de Tarteso como monárquica. Algunos de sus reyes tienen un carácter legendario: así, Gerión y su descendiente Norax aparecen vinculados a los mitos de los viajes de Hércules, Gárgoris y Habis son presentados como héroes civilizadores a los que se debía el descubrimiento de la agricultura, de modo semejante a como aparecen otros reyes orientales en los mitos de fundación.

El único rey reconocido como histórico es Argantonio, quien para Heródoto, Anacreonte y otros autores, fue un rey amante de la paz e increíblemente longevo, 150 años. Su reinado se sitúa en el siglo VI a.C., puesto que fue conocido por viajeros griegos que llegaron a Tarteso, entre ellos Coleo de Samos. De los términos elogiosos de Coleo parece desprenderse el interés de Argantonio por estimular la competencia griega en el comercio de los metales —casi monopolizado hasta entonces por los fenicios— con el objeto de obtener una mayor rentabilidad para su reino.

Pero el alcance de lo desconocido es abrumador. No se conocen los límites territoriales del reino ni dónde estaba situada la capital homónima, aunque todas las noticias llevan a ubicarla en el Bajo Guadalquivir, en la zona de influjo cultural y comercial de los fenicios.

Tampoco pueden definirse unos rasgos culturales identificados con lo tartésico, de modo que muchos de los objetos considerados tartésicos, como el Tesoro de La Aliseda, el de El Carambolo o el de Évora, pudieron ser resultado de la producción tartésica como importados o bien fabricados en el ámbito tartésico por artistas orientales.

Persisten también numerosas dudas sobre la organización política. Si aceptamos que la necrópolis de La Joya, en Huelva, pudo ser tartésica, estaríamos ante una sociedad muy jerarquizada, con una oligarquía adicta a los gustos orientales a tenor de los lujosos ajuares con alabastros, marfiles y ungüentarios que proporciona.

Resulta aún más difícil explicar el hundimiento del reino. Durante muchos años se aceptó la tesis de Schulten sobre la destrucción de Tarteso por los cartagineses. Otros autores han preferido atribuírsela a los gaditanos e incluso a unos supuestos invasores célticos llegados de la Meseta. Ninguna de esas tesis se asienta sobre bases mínimamente sólidas. La hipótesis más probable puede estar en la consideración del colapso de los mercados metalíferos tras la caída de Tiro y en la decadencia de la presencia de fenicios en el extremo occidental del Mediterráneo, lo que produciría una contracción de los ingresos habituales del reino de Tarteso.

En todo caso, el hallazgo, tanto tiempo deseado, de la ciudad de Tarteso permitiría dar respuesta a muchas de las explicaciones dudosas y de las hipótesis que dominan hoy la historia de ese mítico reino.

Astarté de bronce del Tesoro de El Carambolo (Sevilla) con inscripción fenicia, Museo de Sevilla (izquierda). Bronce Carriazo, personaje divino entre animales, S. VI a. C. (arriba). Estatuilla de un personaje divino, procedente de Cádiz, realizada en bronce y oro, siglos VIII-VII a.C., Museo Arqueológico Nacional, Madrid (abajo)

Los griegos en la Península

En los relatos míticos de los griegos, la Península Ibérica aparece presente desde épocas muy antiguas. Así, Ulises habría atravesado las Columnas de Hércules o Estrecho de Gibraltar para fundar *Olisipo*, Lisboa. A los griegos de Rodas se atribuye la fundación de *Rhodae*, Rosas, colonia griega situada en la costa mediterránea del Norte de la actual Cataluña, mucho antes del siglo VI a.C.

La arqueología confirma que los primeros griegos que llegaron al litoral peninsular lo hicieron a mediados del siglo VII a.C., hecho que coincide con un notable incremento de materiales griegos en el ámbito tartésico.

Inicialmente no se asentaron en colonias, sino en pequeños enclaves costeros que servían de escala de ruta y de centro de difusión de sus productos. Estos pequeños asentamientos contaban con el reconocimiento de las poblaciones indígenas y, en algunos casos, adquirieron el carácter de núcleos urbanos permanentes como los de Cipsela, Calípolis, Hemeroscopio o Ménace. Servían de factorías en la ruta de comunicación con Tarteso, ya que los metales constituían el principal objetivo de su comercio.

La primera colonia griega fue *Emporion*, Ampurias, fundada hacia el 600 a.C., por los griegos de Focea que poco antes habían fundado también *Massilia*, Marsella. Sorprende la situación elegida para Ampurias, muy alejada de los centros metalíferos del Sur peninsular y, por lo que hasta

ahora sabemos, también ajena a los pobres recursos mineros de los cercanos Pirineos. La principal riqueza del territorio cercano a Ampurias eran los productos agrícolas, la sal, el esparto y el lino. A cambio de esos productos, los nativos obtenían manufacturas baratas y cerámica griega. Ampurias se constituyó muy pronto en el centro de distribución de cerámica para el Levante y Sur peninsular durante los siglos V-IV.

La colonia cercana de Rosas, paralela en el tiempo a la fundación de Ampurias y peor conocida arqueológicamente, debió ser un núcleo urbano pequeño en el que griegos e indígenas convivían pacíficamente. Mantuvo estrechos vínculos de dependencia de Marsella, de donde adquiría la cerámica griega. A partir del siglo IV-III a.C. pasó a la esfera de dependencia de Ampurias.

La coexistencia pacífica con los nativos llevó a que éstos crearan un poblamiento propio junto a la ciudad de Ampurias. La influencia cultural griega se manifiesta de forma clara en Ullastret, poblado en el que la arqueología ha desvelado una primera fase de hábitat indígena y otra, a partir de mediados del siglo VI, claramente helenizada tanto en lo referente a los rasgos de su urbanismo (viviendas de planta rectangular, zócalos de piedra, etc.) como a la cultura mueble. La cerámica de Ullastret es fruto de las intensas relaciones con Ampurias. Más aún, los autores antiguos dicen que los nativos llegaron a imitar los rituales religiosos de los griegos.

El influjo de los griegos sobrepasó el espacio del Noroeste peninsular y alcanzó a otras regiones de la Península con formas de organización política más desarrollada como las del Levante contribuyendo así a crear el nacimiento de la cultura ibérica.

La población autóctona: los iberos

El nombre de iberos, derivado del río *Iberus*, Ebro, comenzó siendo aplicado por los griegos a las poblaciones nativas cercanas a su ámbito de intervención en la Península. De ahí pasó a englobar al conjunto de la población, así como a dar nombre a toda la Península, *Iberia* para los griegos.

Ahora bien, el ámbito propio de los pueblos ibéricos se reducía al de los diversos pueblos asentados en Andalucía, en el Levante, en Cataluña y en el Sudeste de Francia. Formaban comunidades diversas e independientes: así, los pueblos de los valles pirenaicos, los layetanos, asentados cerca de la actual Barcelona, los cosetanos del Norte de Tarragona, los ilergetas del Sur de Cataluña, los edetanos y contestanos del ámbito de la actual Comunidad Valenciana, los deitanos y mastienos de Murcia, los oretanos del Alto Guadalquivir, los turdetanos del Medio Guadalquivir, etc. Estos pueblos no tenían conciencia de pertenecer a una amplia comunidad de iberos, a pesar de que presentaban más afinidades étnicas y culturales entre sí que con los pueblos del interior de la Península.

El rasgo común de todos los pueblos ibéricos se encuentra en las manifestaciones culturales: la escritura ibérica con textos aún muy breves y no interpretados en su totalidad presenta rasgos diferenciados entre el Sur, el Sudeste y el resto del Este de la Península. Era también común a ellos el ritual de cremación de los cadáveres, cuyas cenizas eran depositadas en urnas o vasos cerámicos junto al ajuar del difunto y recubiertas formando pequeños montículos; estos "campos de urnas" se documentan en muchas partes del mundo ibérico. La religión tenía un sustrato naturalista; muchos de los santuarios ibéricos entran en comunión con la naturaleza. La preocupación por asegurar la propia salud y la de sus animales explica la gran cantidad de exvotos de cerámica o de bronce representando figuritas humanas, partes del cuerpo o animales, hallados en los santuarios del Sur y de Levante.

Salvo aquellos pueblos que estaban situados en las cercanías de grandes distritos mineros (áreas de Cartagena y de Sierra Morena, ante todo), los demás tenían

Escultura púnica realizada en terracota, procedente de Ibiza (página de la izquierda). Famosa escultura ibérica de piedra, denominada Bicha de Balazote, Albacete (izquierda)

sus principales fuentes de riqueza en la explotación de la tierra y en la ganadería. Los enormes recursos marinos con los que se fabricaba una peculiar conserva de pescado, *garum*, tuvieron una explotación escasa en épocas anteriores al dominio romano.

Los modelos organizativos y urbanísticos de los colonizadores fenicios, púnicos y griegos sirvieron de estímulo para el desarrollo de la ciudad en el mundo ibérico. El territorio era protegido con torres o atalayas y, en su interior, la población se asentaba en poblados de diversa magnitud u *oppida* en función de las potencialidades de las tierras del entorno; las tierras más alejadas eran trabajadas por pequeños grupos de campesinos asentados en casas o alquerías que no estaban dotadas de ningún sistema defensivo. La arqueología espacial de los últimos años está analizando las dimensiones de los diversos *oppida*, la situación en relación con otros *oppida*, las características de su emplazamiento en altura, los sistemas defensivos amurallados, etc. para llegar a conclusiones importantes entre las que se encuentra la diferenciación entre los grandes *oppida* que pueden ser calificados de ciudades frente a otros más pequeños del territorio.

Los autores antiguos informan de la existencia de formas políticas análogas a pequeñas monarquías. Sus jefes son calificados de régulos. Así, Edecón, régulo de *Edeta*, Liria, o Culchas, régulo de 28 *oppida* de un ámbito del Norte del Guadalquivir. No se duda sobre la existencia de unas élites propietarias de la mayoría de las tie-

Cerámica ibérica de Cabecico del Tesoro, Verdolay, Murcia, (arriba). Jarra ibérica de Archena, Murcia (abajo)

rras cultivables, las mismas que controlaban el aparato militar. Prácticas como la de la *devotio* ibérica confirman que una parte de la población establecía pactos de sumisión con estos aristócratas. Por otra parte, el desigual reparto de la riqueza explica que amplias capas de población tuvieran que ofrecerse como mercenarios en los ejércitos de griegos, cartagineses o romanos.

La mayoría de las comunidades ibéricas se encontraban en la fase de formación de instituciones estatales antes de la llegada de los romanos. El proceso se vio interrumpido por la guerra que enfrentó a romanos y cartagineses en el territorio de la Península.

Los cartagineses en la Península

La reconstrucción de la historia de la presencia cartaginesa en la Península Ibérica cuenta con el inconveniente, al igual que la historia de la propia Cartago, de tener que basarse en las noticias de sus enemigos, los griegos y los romanos.

El sentimiento anticartaginés sustenta en parte las noticias sobre la política imperialista de Cartago en la Península desde el siglo VI a.C., a partir de la cual se explican los enfrentamientos militares e incluso la supuesta destrucción de Tarteso por los cartagineses. Hoy día, esta sesgada interpretación de los acontecimientos está siendo modificada con el apoyo de los hallazgos arqueológicos.

Hasta finales del siglo V-comienzos del siglo IV a.C., la presencia cartaginesa en la

Península presentaba un carácter comercial con asentamientos pacíficos en los viejos enclaves' fenicios. Se trataba de contingentes' reducidos de población, instalados en Cádiz, Almuñécar, Villaricos, Adra e Ibiza. Viviendo de los recursos de su entorno, defendían a la vez los antiguos centros comerciales fenicios de los ataques de los pueblos ibéricos del Sur.

Durante esta primera etapa, el área de interés cartaginés se orientaba al Mediterráneo Central: la guerra fría y aún latente entre Roma y Cartago, la disputa por el dominio de Sicilia y Córcega o la rivalidad con los griegos focenses' de Marsella que condujeron a Cartago a una alianza con Etruria para formar un bloque común frente a los griegos. La batalla que tuvo lugar el 535 a.C. cerca de Alalia se saldó con el triunfo cartaginés, el declive de Marsella y el cierre del Estrecho de Gibraltar al comercio de los focenses.

Dueños de las rutas occidentales, los cartagineses afianzaron su hegemonía en el Mediterráneo occidental durante los siglos VI-IV. Durante esa época, se realizaron al menos dos importantes periplos cartagineses por el Atlántico, destinados a conocer mejor las posibilidades comerciales de sus pueblos costeros y a recomponer los antiguos circuitos comerciales fenicios. El periplo de Hannón siguió las rutas meridionales a lo largo de la costa de África hasta la altura de la actual Guinea; el de Himilcón exploró la ruta Norte desde el Estrecho de Gibraltar hasta Britania. Es difícil de aceptar que, en el primer periplo, viajaran 30.000 hombres, hecho que hubiera exigido un número ingente de naves. Pese a las imprecisiones de algunas noticias y a la existencia de informaciones de dudosa verosimilitud, nadie duda sobre la realidad histórica de estos viajes de exploración. Ambos son un claro testimonio de la capacidad y la potencia de Cartago para movilizar grandes contingentes navales y de sus proyectos de expansión comercial.

La hegemonía comercial cartaginesa, en esta época, no ofrece dudas. La protección de sus intereses y de los de sus aliados se lograba mediante un sistema de relaciones de dependencia que Cartago imponía basándose en su supremacía

Relieve con una oferente de Osuna, Sevilla

naval o bien mediante pactos con otras potencias como la propia Roma. Si el tratado entre Roma y Cartago del 508 desvela ya la existencia de intereses cartagineses en Italia, la renovación y actualización del anterior, llevada a cabo el 348 a.C, —el conocido como segundo tratado—, incluye referencias expresas a la Península Ibérica al impedir a los romanos y a sus aliados que pasaran al sur de la línea imaginaria que unía el Cabo Bon en Túnez con Mastia, un enclave urbano localizado en la Península Ibérica, cerca de Cartagena.

Durante esta época, los cartagineses ampliaron sus dominios territoriales en el Norte de África pasando a controlar grandes extensiones de tierras y varios centros urbanos de gran importancia (Hadrumeto, Tipasa, etc.). Ibiza y otros núcleos urbanos de la Península Ibérica como Villaricos se convirtieron en centros de redistribución de las mercancías cartaginesas. Se consolidó la posición cartaginesa en el control de los productos de las minas del Sur de la Península y, en las costas, se fueron extendiendo las industrias de salazones de pescado, el llamado *garum*. En esta época, se inician también las primeras acuñaciones monetales cartaginesas, destinadas en parte para el pago de los mercenarios de sus ejércitos que, en su mayor parte, eran ibéricos.

Después del enfrentamiento romanocartaginés, conocido como I Guerra Púnica, y la victoria militar de Roma en el 240 a.C, Cartago perdió sus colonias de Sicilia y Cerdeña. Además, Roma añadió condiciones muy duras antes de firmar la paz, como el exigir a Cartago que se desprendiera de una parte de su flota y que indemnizara a Roma por los gastos militares con la suma de 3.200 talentos a pagar en diez anualidades. Para valorar esta imposición, puede recordarse que, en fechas próximas, los reyes de Macedonia no percibían más que 200 talentos anuales en concepto de impuestos de sus súbditos.

Reducidos los cartagineses al ámbito norteafricano y a los escasos dominios de la Península Ibérica, los objetivos de los car-tagineses se orientaron a ampliar su control político sobre estos últimos territorios.

Los Bárcidas en la Península

En el año 237 a.C. Amílcar, de la familia cartaginesa de los Barca, desembarcó en Cádiz dispuesto a extender el dominio cartaginés sobre la Península y a incrementar la explotación de sus riquezas con el fin de sanear las empobrecidas arcas de Cartago. Le acompañaban, entre otros, su yerno As-

Escultura del Cerro de los Santos, Montealegre del Castillo, Albacete, M. Arqueológico Nacional

drúbal y su hijo Aníbal, aún de nueve años, quien llegó a ser el protagonista de la Segunda Guerra Púnica.

Con medidas de fuerza y también sirviéndose de la diplomacia, Amílcar consiguió el control del Sur peninsular y de algunas minas de Sierra Morena, entre las que se encontraban las ricas minas de plata de *Castulo* (Linares, Jaén), Fundó la ciudad de *Acra Leuce* en el Sudeste como base operativa de la zona. En el asedio de la ciudad de *Helice*, Amílcar cayó muerto y fue sustituido por su yerno Asdrúbal. De él se dice que prefirió la política de pactos y de alianzas con las oligarquías indígenas a las medidas militares. Él mismo se casó con la hija de un reyezuelo ibérico.

Con la fundación de *Carthago Nova* (Cartagena) por Asdrúbal el 228 a.C., esta ciudad pasó a ser la capital de los cartagineses en la Península. Cerca de Cartagena se encontraban importantes minas de plata que comenzaron a ser

explotadas con toda intensidad y, no lejos, se hallaba la mayor extensión de producción de esparto, *ager spartarius*, básico para la fabricación de cordajes empleados en los barcos, en las minas y en otros múltiples usos. Cartagena, dotada de un excelente puerto, pasó a ser no sólo un centro político y militar sino una ciudad en la que se concentraba una amplia gama de actividades artesanales.

Con los impuestos pagados por los pueblos iberos y los ingresos obtenidos del monopolio de la sal, del campo espartario y de las minas, los cartagineses no sólo pudieron pagar la deuda de guerra contraída con Roma sino enviar grandes riquezas a Cartago y equipar un gran ejército de mercenarios.

Tras el asesinato de Asdrúbal por un ibero el 221 a.C., Aníbal fue confirmado como general de las tropas cartaginesas de la Península. En él se aunaban el genio militar del padre y la diplomacia de Asdrúbal. En poco tiempo logró el control total de todo el valle del Guadalqui-

Dama de Elche *(arriba)* y Dama de Galera, *Granada (abajo)*

vir y de la zona levantina hasta el río Júcar. Tras una expedición militar hacia el interior, consiguió atraerse a su causa a todas las poblaciones de la Península situadas al sur del río Duero.

Ante los progresos de los cartagineses en la Península, Roma había enviado embajadas para cerciorarse de lo que estaba pasando. Llegó a firmar un nuevo tratado con los cartagineses en virtud del cual el río Ebro quedaba como límite del expansionismo cartaginés. Pero, poco más tarde, la propia Roma faltó al tratado al firmar una alianza con la ciudad de Sagunto, situada a todas luces al sur del Ebro.

Ante el cerco de Sagunto por Aníbal el 219 a.C., los saguntinos reclamaron la ayuda de Roma, que no respondió más que con mensajes y avisos a los cartagineses. La toma de Sagunto por Aníbal equivalió a un abierto enfrentamiento con Roma y al inicio de las actividades de la Segunda Guerra Púnica.

La Hispania romana

Tras la toma de Sagunto en el 218 y una vez declarada por Roma la guerra a los cartagineses, Aníbal decidió trasladar el escenario principal de la guerra a la misma Italia, mientras dejaba a su hermano y a otros generales al frente de otro gran ejército para la defensa de sus intereses en la Península Ibérica.

Roma respondió con una estrategia semejante: mientras una parte de sus ejércitos defendían Italia, otras tropas fueron enviadas contra el ejército cartaginés que operaba en Hispania.

A los constantes éxitos militares de Aníbal en Italia, sus generales de Hispania le respondían con grandes fracasos. Cuando las tropas romanas mandadas por Escipión

BOTÍN ADQUIRIDO POR LOS ROMANOS EN LA TOMA DE CARTAGENA

"Las páteras de oro llegaron a 276, casi todas de un libra de peso, 18.300 libras de plata trabajada o acuñada, gran número de vasos de plata... Además, 40.000 modios de trigo, 270 de cebada. Naves de carga asaltadas y capturadas en el puerto, 63; algunas con su cargamento, trigo, armas, además de cobre, hierro, velas, esparto y otros materiales necesarios para equipar una flota".

(Tito Livio, 26,47)

tomaron Cartagena el 209 a.C. y poco después todo el valle del Guadalquivir, al ejército de Aníbal de Italia le empezaron a faltar medios económicos para equipar sus barcos, tropas de refresco y dinero para el pago de su ingente ejército de mercenarios. Poco después, con la entrega de Cádiz sin presentar batalla, los cartagineses dejaron en manos de Roma sus posesiones de Hispania.

Aníbal, privado de los suministros hispanos, hubo de abandonar Italia y ya no pudo ganar su última batalla en África, la de Zama, en el 202 a.C.

El ejército romano, que había llegado a Hispania para expulsar a los cartagineses, ya no abandonó la Península.

Las ciudades hispanas que habían colaborado o eran amigas de Roma, como Ampurias o Sagunto, así como las que se

Augusto como Pontifex Maximus, Mérida (Badajoz)

habían entregado sin guerra (los casos de Málaga y Cádiz), quedaron libres aunque sometidas a la jurisdicción e influencia romanas. Las demás adquirieron la categoría de *dediticii*, lo que implicaba que habían perdido la propiedad de sus campos y sus ciudades, pasando a ser meras usufructuarias de todo lo que antes había sido suyo hasta que el Estado romano así lo desease.

Esa realidad de sometimiento de una parte de los pueblos de Hispania pasó a recibir la formalidad de la decisión romana del año 197 a.C., en virtud de la cual los territorios controlados se dividían en dos provincias, al frente de cada una de las cuales se nombraba un gobernador al que se concedía un ejército legionario: eran la Hispania Ulterior y la Hispania Citerior.

La conquista del resto de Hispania

Para frenar los deseos autonomistas de algunos pueblos, Roma envió el año 195 a.C. un doble ejército a cuyo frente estaba el cónsul Catón. El ejército de Catón, equipado con los medios técnicos más avanzados de la época, hizo una enorme demostración de fuerza a lo largo de la frontera de los dominios romanos sobre Hispania, destruyendo o mandando destruir muchas decenas de murallas e incluso de ciudades rebeldes. El poder militar de Roma quedó patente para las poblaciones indígenas.

La línea que separaba los dominios romanos de Hispania romana de la Hispania independiente fue sufriendo continuas modificaciones hasta el año 19 a.C., momento final del someti-

Busto de Agripina Maior, Museo de Barcelona

miento completo de todos los pueblos de Hispania a Roma. Así, el 192 a.C., con la toma de Toledo y de otros enclaves próximos, el río Tajo pasó a ser la frontera romana que se prolongaba hacia el Este por el exterior de los territorios celtibéricos.

La larga duración de la conquista debe ser explicada desde la comprensión global de la política de Roma. Ni siempre Roma tuvo interés en acelerar el sometimiento de nuevos pueblos de Hispania, ni siempre se rigió por la misma política. Así, frente al militarismo y dureza de la intervención de Catón, siguió una época en la que Roma prefirió servirse de pactos y alianzas con las comunidades no sometidas. Un ejemplo bien representativo de esta política fue Sempronio Graco. Éste no sólo firmó pactos de alianza y colaboración con los celtíberos no sometidos, sino que intervino para resolver las tensiones sociales de algunas comunidades asentando a grupos sociales empobrecidos en nuevos enclaves urbanos y concediéndoles lotes de tierra para su susbsistencia. Sabemos así de la fundación por Graco de las ciudades de *Grachurris* en Alfaro (La Rioja) y de *Iliturgi* en Mengíbar (provincia de Jaén).

Guerras Celtibérico-Lusitanas

La política imperialista que Roma había emprendido tras las Guerras Púnicas impulsaba la necesidad de ampliar sus dominios territoriales. Con cada nuevo territorio anexionado se incrementaban las fuentes de ingresos del Estado (botín de guerra, impuestos, prisioneros vendidos como esclavos, etc.). Además, el mantenimiento del aparato militar daba ocupación a muchos ciudadanos y latinos empobrecidos. Tales fueron las razones de la fase expansiva que Roma emprendió en Hispania a mediados del siglo II a.C.

Durante las llamadas Guerras Celtibéricas, dirigidas contra celtíberos y vacceos, los romanos se encontraron ante una larga resistencia. El caso de Numancia es ilustrativo. Para los propios romanos, la tenacidad de la población numantina que prefirió el suicidio a la entrega de la ciudad, fue un acontecimiento sorprendente. No obstante, la dura política exterior romana no cambió ante casos como el de Numancia; los hechos eran elocuentes: la destrucción de Cartago y de Corinto en el año 146 a.C. dejaba muy claro que no había límites en sus proyectos militares.

Las ciudades de la Celtiberia Ulterior (*Segobriga*, Saelices, Cuenca; *Termes*, des-

Arco de Cáparra, Oliva de Plasencia (Cáceres)

SACRIFICIOS HUMANOS Y ADIVINACIÓN ENTRE LOS LUSITANOS

"Los lusitanos practican a menudo sacrificios (humanos), y analizan las entrañas, pero sin sacarlas. Examinan también las venas del pecho y hacen adivinaciones palpándolas. Vaticinan también por las entrañas de los prisioneros, cubriéndolos con capas. Cuando el sacerdote da un golpe en las entrañas, interpretan primero la caída. También cortan las manos de los prisioneros y dedican a sus dioses las manos derechas".

(Estrabón, 3, 3, 6)

poblado de Tiermes, Soria; *Ocilis*, Medinaceli) fueron sometidas durante el cerco de Numancia así como las principales ciudades vacceas (*Cauca*, Coca, Segovia; *Intercatia*, Villalpando o Valverde de Campos y *Pallantia*, Palencia).

El ejército romano luchaba en otro frente contra los lusitanos. Éstos, confiados en las promesas de Roma de concederles tierras, acudieron desarmados ante la presencia del general romano Sulpicio Galba, quien cercó con sus tropas a los lusitanos desarmados y masacró a miles de ellos. Entre los pocos que consiguieron escapar se encontraba Viriato, que se convirtió en el mayor líder lusitano y mantuvo en jaque al ejercito romano, es decir, le amenazó sistemáticamente, le tuvo intranquilo, hasta que fue asesinado por sus propios amigos que habían sido comprados por los romanos. La resistencia lusitana bajo

Viriato fue toda una lección de estrategia militar: frente al cuerpo compacto de las legiones, Viriato se sirvió de la guerra de guerrillas; atacaba inesperadamente y dispersaba sus tropas ocasionando continuas pérdidas al ejército romano. Asesinado Viriato y conseguida la alianza de los romanos con las oligarquías lusitanas, el gobernador romano, Junio Bruto, pudo conducir su ejército, en un paseo militar, a través del territorio lusitano comprendido en la cuenca baja de los ríos Duero y Tajo.

Todas las poblaciones celtibéricas, vacceas y lusitanas quedaron sometidas como *dediticii*, pasando a integrarse en las provincias romanas ya existentes. Así, el año 133 a.C., con el fin de las Guerras Celtibérico-Lusitanas, todos los pueblos de la Península excepto los del Norte (galaicos, astures y cántabros), quedaban bajo la autoridad de Roma.

La conquista de Baleares

La piratería, muchas veces consentida o propiciada por Roma por su capacidad para abastecer a los mercados de esclavos, era una forma de vida para algunas poblaciones del Mediterráneo. Al parecer, la población de Baleares no era ajena a tales actividades. Con el pretexto de que los piratas de estas islas dificultaban el comercio en el Mediterráneo occidental, Roma envió a Cecilio Metelo con la misión de someter a las islas.

En el relato de las operaciones militares, se cuenta la habilidad de los baleáricos en el manejo de la honda. Los barcos romanos tuvieron que protegerse con fuertes lonas para librarse de las piedras lanzadas. Sometidas las islas, fueron añadidas al territorio de la provincia Citerior. Una parte de los soldados veteranos recibió lotes de tierra en las nuevas colonias latinas de *Palma* (Palma de Mallorca) y *Pollentia* (Pollensa, en la misma isla). Con la anexión de Baleares, se aseguró otra vía marítima para conectar Italia con la Península, más rápida que la costera que seguía por el golfo de León.

Hispania durante las Guerras Civiles

El último siglo de la República estuvo repleto de grandes tensiones sociales y políticas. La sociedad romana se dividió en dos sectores: por una parte, los *optimates* o defensores de los privilegios de la oligarquía y del mantenimiento de la forma tradicional de gobierno; por otra, los *populares*, integrados por algunos senadores, por gran parte de los caballeros y por una amplia masa de ciudadanos de las capas bajas. Los populares exigían el reparto de las tierras del Estado, controladas por las grandes familias senatoriales, la concesión de la ciudadanía a los ítalos y la adaptación de las estructuras de gobierno a la nueva realidad; ello debía implicar el abrir a los caballeros el acceso a cargos de responsabilidad estatal así como el modificar algunas leyes y los medios de control de los magistrados.

Hispania fue escenario de diversos conflictos entre los dos bandos. En los años 81-73 a.C., Sertorio defendía en Hispania la causa de los populares con el apoyo de muchas poblaciones indígenas frente a los ejércitos de Metelo y de Pompeyo, defensores de los optimates.

Sertorio llegó a convertirse en una leyenda entre los hispa-

Restos del foro de Tarraco (arriba).
Busto de Livia Augusta, Museo de Tarragona (izquierda)

tarde de la muerte de César; el hijo más joven de Pompeyo, Sexto, consiguió resucitar la causa pompeyana gracias al apoyo de una parte de la población hispana. Sexto Pompeyo terminó perdiendo sus razones políticas y convirtiendo su lucha en una forma de bandidaje y de piratería. En el año 36 a.C., con su muerte, desapareció el conflicto. La participación de Hispania en las Guerras Civiles se explica, en gran parte, por el elevado número de romanos y de itálicos que se habían asentado en el territorio peninsular así como porque muchos indígenas de las oligarquías locales habían accedido a la ciudadanía romana.

nos; su carisma* y su identificación con los hispanos lo hicieron sumamente popular.

Pero mientras Sertorio ganaba todas las batallas, sus lugartenientes las perdían; y si en eso se asemejaba a Aníbal, su muerte fue una réplica de la de Viriato: fue asesinado por sus propios colaboradores que habían sido comprados por los optimates.

Años más tarde, una nueva versión de los conflictos entre optimates y populares tuvo de nuevo su escenario de lucha en Hispania: los seguidores de César o populares frente a los de Pompeyo u optimates. La batalla final de *Munda* (provincia de Córdoba) puso a Hispania bajo el mando de César. Esta guerra entre cesarianos y pompeyanos fue renovada y se prolongó unos años más

El sometimiento de los pueblos del Norte

Uno de los objetivos del emperador Augusto fue el de establecer las fronteras del Imperio en lugares que ofrecieran una defensa natural. Por ello, era imprescindible eliminar las bolsas de pueblos independientes que quedaban dentro de tales límites naturales. En Hispania, seguían siendo independientes los galaicos, astures y cántabros.

Calzada y arco triunfal del puente de Alcántara (Cáceres) realizados en época de Trajano

La defensa de su libertad por esos pueblos fue feroz. Roma se vio obligada a emplear numerosas legiones, apoyadas por la armada que operaba desde el Mar Cantábrico. El propio Augusto estuvo presente en algunos enfrentamientos. Pero la guerra fue resuelta por Agripa, el mejor general romano de aquel tiempo, con el empleo de siete legiones que batieron el territorio metro a metro. Una parte de la población sometida fue vendida en los mercados de esclavos; otros fueron destinados a las explotaciones de las minas. Todos perdieron sus derechos de propiedad sobre sus tierras, aldeas y ciudades, quedando sometidos al pago de impuestos. Terminada la guerra, quedaron asentadas tres legiones en el Norte con el fin de desaconsejar cualquier intento de independencia: la legión IVª Macedónica, asentada en Herrera de Pisuerga (Palencia), la Xª Gémina cerca de Rosinos de Vidriales (Zamora) y la VIª Victoriosa en otro punto del Norte aún no precisado (¿en León?).

ADMINISTRACIÓN ROMANA DE HISPANIA

Cada nuevo territorio de Hispania que pasaba a la dependencia de Roma era organizado de acuerdo a los intereses y modelos administrativos romanos. Ahora bien, Roma respetó durante algún tiempo muchas particularidades locales, tanto en las formas de poblamiento como en los modos tradicionales de gobernarse muchos indíge-

Vista parcial de las murallas de Lucus Augusti, actual ciudad de Lugo

nas. Un ejemplo significativo se encuentra en la pervivencia de régulos* indígenas durante las primeras décadas de la conquista.

La administración central se basó en las provincias. Ahora bien, éstas vieron modificar sus límites o fueron subdivididas de forma distinta según las épocas, cambiando el número, la titulación o las competencias de sus responsables.

Divisiones provinciales

En el año 197 a.C., Hispania quedó dividida en dos provincias: la Ulterior y la Citerior. Cada nuevo territorio conquistado pasaba a sumarse a la provincia más cercana. Los gobernadores de ambas provincias tenían el rango de pretores. El pretor era el máximo representante del Estado para asuntos financieros, militares, judiciales, administrativos y religiosos.

En época de Augusto, el incremento de nuevos territorios impuso la necesidad de subdividir la Ulterior en dos provincias: la Bética que tenía como capital a *Corduba*, Córdoba, y la Lusitania, con capital en *Emerita Augusta*, Mérida. El área galaica pasó a depender de la Citerior, la provincia más extensa cuya capital era *Tarraco*, Tarragona.

La división realizada por Augusto se completó con la creación de otras unidades administrativas inferiores, los conventos jurídicos, destinados a la administración de justicia. La Lusitania se dividió en tres conventos con capitales en *Scallabis* (Santa-

Panorámica de la escena del teatro de Emerita Augusta, año 19 a.C.

rem), *Pax Iulia* (Beja) y *Emerita Augusta* (Mérida), que era además la capital provincial. Las capitales de los conventos jurídicos de la Bética fueron éstas: *Gades* (Cádiz), *Astigi* (Écija), *Hispalis* (Sevilla) y *Corduba* (Córdoba). En la extensa provincia Citerior, las cabeceras conventuales quedaron fijadas en *Bracara Augusta* (Braga), *Lucus Augusti* (Lugo), *Asturica Augusta* (Astorga), *Clunia* (Coruña de los Condes, Burgos), *Caesaraugusta* (Zaragoza), *Carthago Nova* (Cartagena) y *Tarraco* (Tarragona). Los conventos jurídicos del Noroeste sirvieron además de unidades religiosas para la atención del culto al emperador.

En enero del año 27 a.C., el Senado puso en manos de Augusto la capacidad de gobernar directamente sobre más de la mitad de los territorios del Imperio así como la de ir sumando a su gobierno cualquier nuevo territorio que se conquistara. Así, las provincias senatoriales se rigieron por la administración tradicional del Senado y las provincias imperiales fueron gobernadas por *legati,* legados o representantes del emperador. La Bética siguió siendo provincia senatorial, mientras la Lusitania y la Citerior pasaron a la dependencia directa del emperador.

Durante el siglo III se había ido produciendo un cambio de modelo social y económico cuyos exponentes más significativos eran: la emigración al campo de muchos miembros de las oligarquías locales con la consiguiente crisis de muchas ciudades y la profunda inestabilidad política, jalonada de nuevas amenazas de los pueblos bárbaros en las fronteras.

El emperador Diocleciano consiguió superar la crisis mediante una nueva política que implicaba profundas reorganizaciones económicas, administrativas y militares. En este nuevo marco, Hispania pasó a dividirse en cinco provincias: Bética, Lusitania,

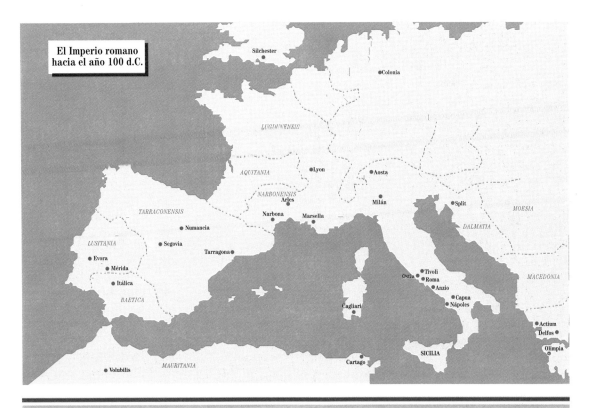

El Imperio romano hacia el año 100 d.C.

Mapa que representa el Imperio romano hacia el año 100 d.C.

Tarraconense, Gallaecia y Cartaginense. Unas décadas más tarde, las Baleares, que habían estado incluidas en la Cartaginense, pasaron a ser la sexta provincia.

El conjunto de provincias quedaba incluido en una circunscripción más amplia, en la *diocesis Hispaniarum*, a la que pertenecía también la provincia Mauritania Tingitana. Al frente de la diócesis estaba un representante imperial con el título de *vicarius*, quien controlaba a los diferentes gobernadores provinciales, llamados ahora *praesides*.

Las ciudades hispano-romanas

La civilización romana era esencialmente urbana. Las principales actividades de la vida política se centraban en la ciudad. En cierto modo, el Imperio romano parecía una federación de ciudades.

En Hispania, Roma mantuvo las ciudades existentes y, desde finales de la República, comenzó a ser grande el número de ciudades que tenían el estatuto de municipios y colonias, ciudades organizadas a semejanza de Roma. Contaban con una población mayoritaria de personas romanizadas que contribuyeron a un desarrollo urbanístico muy activo.

Además de las grandes calzadas* imperiales, se contruyeron otras muchas que comunicaban entre sí las ciudades. Importantes obras de ingeniería consiguieron canalizar el agua para abastecer a las ciudades. Todavía hoy causan admiración acueductos como los de Segovia, Mérida y otros.

En las ciudades de nueva creación, se pretendía hacer plantas ortogonales, orientadas según dos grandes ejes: el *kardo* (dirección Norte-Sur) y el *decumanus* (dirección Este-Oeste). El recinto urbano se protegía con murallas, cuyos restos se conservan aún en muchas ciudades españolas como Barcelona, Tarragona, Astorga, Lugo, León etc. Toda ciudad presentaba un mínimo de requisitos urbanísticos entre los que se encontraba la plaza o foro en cuyo entorno se asentaban los templos más importantes, la basílica, destinada a la administración de justicia, la curia o sede del senado local y las *tabernae* o tiendas comerciales.

La existencia de termas o baños públicos así como la de otros edificios destinados al ocio (teatros, anfiteatros...) eran también elementos esenciales del urbanismo romano. En ese marco, la romanización de los hispanos (ante todo, los del Sur y Este peninsular) se realizó con rapidez.

Las aristocracias locales abandonaron pronto sus nombres indígenas para adoptar la onomástica de tipo romano. Los modelos romanos de educación, incluso en sus niveles superiores como el de la retórica, llegaron a numerosas ciudades hispanas. Muchos hispanos emigrados a Roma destacaron por sus conocimientos; basten unos ejemplos: Quintiliano, nacido en *Calagurris* (Calahorra), fue un pedagogo colmado de honores por los emperadores de la dinastía de los Flavios gracias a sus tratados sobre educación y retórica; Marcial, nacido en *Bilbilis* (Calatayud) fue uno de los mejores poetas satíricos latinos de la segunda mitad del siglo I d.C.; el cordobés Séneca marcó la vida intelectual romana de mediados del si-

HISPANIA EN LA VISIÓN DE UN NATURALISTA DEL SIGLO I

"Después de ésta (Italia) y si se exceptúan las fabulosas maravillas de la India, yo desde luego situaría después a Hispania (...).

Aunque sea en parte árida, sin embargo allí donde produce es fecunda en cereales, en aceite, en vino, en caballos y en metales de todo tipo; en eso la Galia está a su altura, pero Hispania la supera por el esparto de sus tierras desérticas y también por la piedra especular así como por la calidad de sus tinturas, por su animación en el trabajo, por el entrenamiento de sus esclavos, por la capacidad de resistencia física de sus hombres y por la vehemencia de sus sentimientos".

(Plinio el Viejo, Historia Natural, 37, 203)

glo I d.C. con sus tratados sobre filosofía, retórica y política, además de haberse distinguido como consejero político del emperador Nerón; Lucano, también cordobés, fue muy popular como creador de poesía épica.

A medida que los hispanos iban accediendo a los privilegios de la ciudadanía romana, se sentían más romanos que hispanos. Así, el objetivo de todo hispanorromano con ambiciones era triunfar en Roma, su capital. La documentación antigua nos informa sobre gladiadores, bailarinas, cómicos, clérigos como Osio de Córdoba, e incluso espías del emperador que tenían un origen hispano. Marcial menciona a muchos de sus conciudadanos que iban a Roma a probar fortuna; incluso instruye sobre la forma de proceder para no fracasar. Con cierta sorna le dice a uno: "Pero ten por cierto que, si eres honrado, no es seguro que llegues a nada". Pero en otros casos, las buenas dotes permitieron el triunfo: así, Diocles fue uno de los hispanos que obtuvieron éxito con victorias en los circos romanos además de conseguir una enorme fortuna. No es por tanto sorprendente que tres emperadores fueran hispanos: Trajano y Adriano, de la Bética, y Teodosio, originario de Coca, Segovia.

LA ECONOMÍA HISPANA

El sector económico que generaba mayores recursos, durante el período republicano, era el minero. Muchos itálicos llegaban a la Península como miembros de sociedades de publicanos o como particulares para poner en explotación minas alquiladas al Estado que trabajaban con mano de obra esclava.

También durante el *Alto Imperio* la explotación de las minas tuvo gran importancia para Roma. Las minas de alta rentabilidad (las de Sierra Morena, Riotinto...), que producían cobre y plata, seguían siendo de propiedad estatal; el emperador ponía cada distrito bajo la autoridad de un *procurator*, administrador, que tenía la responsabilidad de alquilar cada pozo minero a particulares.

A su vez, el Estado se reservó la explotación directa de las minas de oro del Noroeste, por ser el oro el patrón del sistema monetario y la mayor parte de los metales utilizados para las acuñaciones monetales (oro, plata, cobre y estaño) era destinada a Roma.

A comienzos del siglo III, habían entrado en crisis los grandes distritos mineros de Hispania. Una de las causas residía en la escasez de mano de obra. A pesar de haber mejorado las condiciones técnicas del trabajo en las minas, la actividad minera seguía siendo muy dura. Para mantener algunas explotaciones vitales, el Estado se vio obligado a hacer hereditario el trabajo de los mineros y a dar normas para la búsqueda de los fugitivos de las minas.

En cuanto a la agricultura, el vino y el aceite fueron desde el período republicano objeto de exportación. La estrategia comercial de los hispanos consistió en ofrecer vinos más baratos, aunque no fueran de la calidad de los vinos griegos e itálicos. Abiertos los mercados, comenzaron a distribuir vinos de mejor calidad. Algún otro producto como los higos de Sagunto, el salazón o *garum*, los jamones, etc., siempre fueron productos a exportar durante todas las épocas de dominio romano. A esas exportaciones vino a sumarse, durante el Alto Imperio, la de la cerámica conocida como *sigillata*, producida en los alfares de Tricio

Escultura romana tradicionalmente conocida como retrato de Séneca

(La Rioja): terminó contando con una amplia red de distribución por toda Hispania y por otras provincias del Occidente. Hispania compitió también en los mercados mediterráneos con sus tejidos de lino, cuya producción tenía una larga tradición desde época ibérica.

Mientras la mayor parte de la producción artesanal hispana no era de gran calidad e iba destinada a los mercados locales, las oligarquías romanizadas, lo mismo que las de otras provincias, consumían muchos productos de lujo importados desde diversas ciudades del oriente del Imperio (Antioquía, Mileto, Alejandría y otras). Más aún, grupos de artesanos sirios y judíos emigraron a Occidente trayendo algunas técnicas artesanales nuevas: un ejemplo elocuente fue el de la producción de vidrio que estuvo en manos de sirios y de judíos.

Torre de los Escipiones, Tarragona

Esculapio; los protectores de la fertilidad femenina a Juno y a Diana y el antiguo dios Melqart, que los fenicios habían implantado en sus colonias, principalmente en Cádiz, fue equiparado a Hércules en todas sus funciones. Mediante este proceso de sincretismo, la religión romana se impuso en la Hispania romanizada, conservándose sólo en algunas áreas del Norte el culto a algunas divinidades prerromanas.

Hasta comienzos del Imperio, los dioses de la Tríada Capitolina (Júpiter, Juno y Minerva) eran venerados en todas las ciudades privilegiadas, colonias y municipios. Su culto tenía carácter público y su templo estaba situado generalmente en el foro.

Durante el Imperio, fue ganando terreno el culto imperial. El objeto de culto eran los emperadores muertos y divinizados, los *divi*, a los que se fueron sumando los emperadores vivos, los *augusti*. Este culto, de evidente carácter político, tuvo su primera manifestación hispana en Tarragona, y en vida de Augusto. Pronto las oligarquías de otras ciudades imitaron ese comportamiento. El culto imperial se impuso en todas las capitales provinciales de Hispania, así como en varias capitales de los conventos jurídicos e incluso en muchas otras ciudades del Sur y del Este. Cada templo consagrado al culto imperial era atendido por un sacerdote con el título de *flamen* y por el plazo de un año. Posteriormente, al ser asociadas al culto las mujeres de los emperadores, apareció la figura de la sacerdotisa o *flaminica*. Así, el culto imperial se convirtió en un medio para aglutinar a las oligarquías romanizadas de las ciudades.

A partir de comienzos del Imperio se fueron difundiendo algunos cultos orienta-

Durante el *Bajo Imperio**, las exportaciones hispanas experimentaron un retroceso, limitándose a esporádicas exportaciones de trigo, caballos para los circos o aceite. El declive de las ciudades se correspondió con el del artesanado. Aun así, los grandes propietarios hispanos siguieron las tendencias del resto de las oligarquías del Imperio y dedicaban grandes fortunas en signos externos de su posición social: las grandes villas rústicas muestran una profusión de mosaicos fabricados por artistas africanos y de otros objetos que son un exponente del lujo de esas capas sociales y de la continuidad de las importaciones desde las ciudades orientales.

LAS RELIGIONES DE HISPANIA

Salvo la prohibición de sacrificios humanos que se practicaban esporádicamente en algunos pueblos prerromanos, Roma permitió que sus dioses coexistieran con los dioses indígenas. Con la progresiva romanización, los dioses locales se asimilaron o sincretizaron con los dioses romanos. Así, por ejemplo, los dioses protectores de la salud se asimilaron a las Ninfas, a Apolo o a

Templo de Diana *o del culto imperial, Mérida*

les que pronto contaron con muchos adeptos. Estas religiones tenían un marcado carácter mistérico: en sus ritos, el creyente entraba en comunicación con la divinidad; se potenciaba la interiorización religiosa así como la idea de una vida tras la muerte más claramente definida que en la religión romana. Entre estas religiones, desta-

Torre de Hércules, *La Coruña*

caron el culto a los dioses egipcios Isis y Sérapis, al persa Mithra y a la diosa griega Némesis. El cristianismo fue otra de las religiones orientales que ha pervivido hasta nuestros días.

El cristianismo primitivo en Hispania

Los primeros testimonios concretos de la existencia de comunidades cristianas en Hispania son de mediados del siglo III. El primero es una carta con la que Cipriano, obispo de Cartago, intervenía en un conflicto provocado por los obispos de Astorga y Mérida, Basílides y Marcial. Éstos, durante la persecución de Decio, se habían procurado un documento, llamado libelo, en el que se afirmaba que habían sacrificado a los dioses, por lo que se libraban de la persecución. No sólo los fieles de estas comunidades sino otros obispos, como los de Córdoba y Zaragoza, intervinieron en el litigio pronunciándose a favor o en contra de la destitución de los obispos libeláticos.

Paralelas en el tiempo son las *Actas* de los mártires hispanos; no son sino las actas de los procesos judiciales seguidos contra algunos cristianos, acusados de revueltas públicas (Justa y Rufina de Sevilla), de deserción o rebeldía militar (los soldados de la Legión VII, Celedonio, Marcelo y Emeterio) o de instigadores contra la unidad del Imperio, acusación que se dirigía principalmente contra los "jefes" de las comunidades cristianas, esto es, los obispos. Tales son los casos de Félix de Gerona o el de Fructuoso, obispo de Tarragona. Estos procesos judiciales, dirigidos por un procónsul o un legado imperial, se atenían al derecho romano, en el que no se contemplaba como delito la pertenencia a una religión, a no ser que ésta incluyera un enfrentamiento o un comportamiento subversivo respecto al emperador o las instituciones políticas romanas.

La brevedad de las persecuciones en Hispania no fue un freno para la difusión

Mausoleo romano de Fabara, Zaragoza

del cristianismo. En una fecha que oscila entre el 295 y el 313, tuvo lugar en *Iliberris* (Granada) el primer concilio de Hispania, el más antiguo de todos los concilios cristianos. A él acudieron representantes de 37 comunidades cristianas de Hispania, lo que demuestra la gran vitalidad del cristianismo peninsular. A través de diferentes cánones, observamos que el cristianismo había penetrado en sectores sociales muy diversos: propietarios agrícolas, magistrados municipales e incluso sacerdotes de dioses paganos. De los cánones del mismo concilio se desprende que el medio social estaba aún escasamente cristianizado y que muchas creencias ancestrales de las religiones anteriores estaban mezcladas con las creencias cristianas, incluso en las autoridades eclesiásticas. Así, se prohíbe "que se enciendan cirios en los cementerios durante el día, porque molestarían a los espíritus de los muertos". Otro ejemplo: se prohíbe matar a alguien por medio de un maleficio "porque tal crimen no ha podido realizarlo sin idolatría", lo que supone que los obispos otorgan a los dioses romanos la capacidad de actuar contra la vida de alguien.

Las sanciones que se imponen por determinadas faltas resultan también sorprendentes y contrarias a la moral actual, pero no a la sociedad en la que el cristianismo estaba inserto y a la que ciertamente pertenecía. Así, el castigo por golpear a una esclava con alevosía, hasta matarla, era de cinco años de excomunión, la misma pena que se aplicaba a los padres que consintieran que sus hijas se casasen con un pagano o un judío. Por supuesto, la hija era excomulgada de por vida.

A partir del edicto de tolerancia religiosa, promulgado por el emperador Constantino en Milán, en el 313, la Iglesia hispana fue consolidando sus posiciones cada vez más fuertes ante un Estado cada vez más débil. Una vieja teoría (mantenida por Gibbon en el siglo pasado) sostenía que la Iglesia fue uno de los factores que contribuyeron a la caída del Imperio romano. Lo cierto es que al pagano instruido los bárbaros le aterrorizaban; no veían posibilidad alguna de conciliar mínimamente los ideales de la cultura clásica con la violencia primitiva y la rudeza de los invasores germánicos. Pero la Iglesia católica tenía otra actitud: siempre podía convertirlos. Muchos de esos bárbaros ya se habían hecho cristianos, aunque, desgraciadamente, para la Iglesia católica, los evangelizadores habían sido arrianos. Sólo ese hecho alteró a muchos obispos, pues el rechazo a la herejía era mucho mayor que el existente contra el paganismo, condenado a desaparecer.

Los más antiguos edificios cristianos pertenecen al siglo IV. El mejor conservado es el mausoleo de Centcelles (Tarragona), en el que se habilitó una estancia destinada a ser el mausoleo del emperador Constante, hijo de Constantino y que murió en la Tarraconense en el 350. Menos espectaculares, pero pertenecientes también al siglo IV son: el *martyrium* de Marialba (León), el de La Alberca (Murcia), la basílica de Bruñel (Jaén) y la de La Cocosa en Badajoz.

La Hispania visigoda

A finales del siglo V, el Imperio Romano Occidental había desaparecido como unidad política. Las provincias occidentales estaban gobernadas por reyes bárbaros. En Italia, el ostrogodo Odoacro había ocupado el lugar del destronado emperador Augústulo. Tres grandes pueblos germánicos se hallaban asentados en las Galias: los borgoñones en el valle del Ródano, los francos, que terminaron absorbiendo a los anteriores, y los visigodos en el Sudoeste de las Galias y en Hispania.

Los visigodos habían cruzado la frontera del río Danubio ya en el 376, y se habían asentado en los territorios romanos como un pueblo más de la gran masa de bárbaros, reconocidos como federados por la autoridad imperial a cambio de prestar servicios militares.

Las relaciones entre la población romana —sobre todo la urbana— y estos pueblos bárbaros se caracterizaron por una antipatía cercana al odio, incluso cuando muchos de estos invasores se manifestaban dispuestos a asumir la civilización y cultura romanas, consideradas superiores por ellos mismos. Es significativo el comentario de Teodosio: "Un godo capaz quiere ser como un romano; sólo un romano pobre querría ser como un godo". Así, las aristocracias guerreras de los bárbaros se dejaron influir muy pronto por las formas de vida romanas.

No obstante, se tiene la impresión de que los dos siglos y medio que duró la dominación visigoda en Hispania no fueron suficientes para que se asimilaran con la población hispanorromana. Los visigodos eran una pequeña minoría en el conjunto de la población. Su civilización estaba mucho menos desarrollada que la romana y, aun cuando algunos vivían en las ciudades, no hubo un tipo de ciudad específicamente visigoda: éstas eran las mismas antiguas ciudades romanas.

El código de leyes de Eurico estaba escrito en latín y sus redactores eran juristas romanos. Eran arrianos y, por tanto, su propia teología había sido desa-

La conversión de Recaredo, *por Antonio Muñoz Degrain*

rrollada por romanos. Sus propias monedas eran *tremises* romanos. La lengua gótica apenas ha dejado alguna huella en la lengua española. Resulta por tanto sorprendente que esta casta guerrera, enfundada en cotas de malla, gobernase en un país en el que las relaciones con la población local fueron tan limitadas.

El reino visigodo de Tolosa

Los vándalos, los alanos y los suevos fueron los primeros pueblos bárbaros que habían franqueado los Pirineos occidentales en el 409 para instalarse en la Península. La invasión tuvo características apocalípticas si atendemos a las impresionantes *Crónicas* del obispo Hidacio: el hambre, tras la devastación, llevó al canibalismo y a la desesperación. En el 411, estos pueblos se repartieron las zonas peninsulares por sorteo: los vándalos silingos ocuparon la Bética. La provincia Gallaecia se dividió en dos partes: en el Oeste se establecieron los suevos y, en el Este y hacia el interior, los vándalos asdingos, mientras los alanos se establecían en Lusitania y en la Cartaginense.

Los visigodos pusieron pie en Hispania en el 416, como pueblo aliado de Roma. En nombre del Imperio combatieron contra esos otros pueblos y lograron liberar tres cuartas partes de la Península que volvieron a quedar bajo la autoridad imperial. Sólo la Gallaecia permanecía en manos de los bárbaros. Los posteriores enfrentamien-

Broches de cinturón de orfebrería goda, procedentes del Norte de Italia, en los que pueden apreciarse elementos bizantinos, romanos y germánicos

tos entre suevos y vándalos decidieron que estos últimos pasaran a África en el 429.

A resultas de la eficaz ayuda visigoda, el emperador Constancio concluyó en el 417 un tratado, *foedus*, con los visigodos, en virtud del cual les permitía instalarse en Aquitania y tener a *Tolosa* (Toulouse) como capital.

Hasta el 456, los suevos iniciaron una expansión progresiva a otras regiones a partir de Galicia. En realidad se trataba más de operaciones de saqueo y pillaje que de conquista. En tales campañas tuvieron frecuentemente el apoyo de los "bagaudas", bandas de desheredados cuyo único modo de vida era el robo. El ocaso de su poder fueron los diez años de guerras civiles que, tras la muerte de su rey Requiario, debilitaron el reino suevo. A partir del 455, el rey visigodo Teodorico dirigió una serie de ofensivas contra los suevos: tomó la ciudad de Braga en el 455; al año siguiente, Mérida y Astorga y, en el 457, Palencia. Teodorico volvió a Aquitania dejando a sus generales la vigilancia del Oeste peninsular.

Los suevos volvieron a retomar parte de los territorios. Pero el visigodo Eurico reconquistó Galicia, Lusitania y gran parte de la Tarraconense. El obispo Hidacio nos informa de estos acontecimientos y de los enormes e ininterrumpidos sufrimientos de las poblaciones desde la llegada de los bárbaros. Hispania se había convertido en el sufrido escenario de guerras y saqueos incontables.

Tras la batalla de Vouillé en la que los francos derrotaron a los visigodos, éstos perdieron casi todos sus territorios de la Galia y sus intereses se centraron en Hispania dejando de ser Narbona la capital del reino visigodo.

Fue Theudis el primer soberano en llevar la sede del poder a España: primero a Barcelona; tras el asesinato de Theudis, su sucesor Agila trasladó la capital a Mérida.

Visigodos y bizantinos

Los reinados de Agila y de Atanagildo constituyeron una de las fases más caóticas de la Hispania visigoda. Fue una época de avance territorial hacia el interior de la Península —la capital se estableció en Toledo—, de desplazamiento de los centros vitales y de segregación de la Bética y de parte del litoral levantino.

Atanagildo se rebeló contra Agila al año de la proclamación como rey en el año 550. La guerra civil entre ambos llevó a Atanagildo a solicitar la ayuda de los bizantinos que, al frente del conde Belisario, habían llegado a África en el año 534. En el año 552, los bizantinos desembarcaron en España para unir sus fuerzas a las de Atanagildo con las que consiguieron derrotar al ejército de Agila.

Cumplidos ya los deseos de Atanagildo y proclamado rey tras el asesinato de Agila, aquél intentó alejar a los bizantinos de España. Les combatió en numerosas ocasiones, les derrotó en algunas batallas, tomó algunas de las ciudades ocupadas, pero no pudo expulsar a los bizantinos. Tampoco pudieron hacerlo sus sucesores durante tres cuartos de siglo (552-624).

Atanagildo dejó el reino arruinado y en el año 568, tras su muerte, daba la impresión de que la España visigoda se fuera a fragmentar en una serie de reinos independientes. La lucha entre los diferentes grupos rebeldes debilitó notablemente la Monarquía e hizo que, durante seis meses, el trono permaneciera vacante. Finalmente fue sucedido por Liuva, quien tuvo el acierto de asociar al trono a su hermano Leovigildo. Mientras tanto, los bizantinos habían constituido en Cartagena, *Carthago Spartaria*, la capital de su nueva provincia. El gobierno estaba al mando de un *magister militum* que tenía, a su vez, funciones civiles y militares. Durante este período se incrementaron las relaciones entre el Sur peninsular y Constantinopla. La presencia de

Otro broche de cinturón de orfebrería goda (arriba). Bellísimo capitel decorado con motivos animales y vegetales, que representa el sacrificio de Isaac, iglesia de San Pedro de la Nave, Zamora (abajo)

Vista de la iglesia visigótica de Quintanilla de las Viñas, Burgos

Curiosamente los cronistas de la época consideraron digno de mención que el hijo de Leovigildo pudiera sucederle en paz; pero, incluso en este caso, se trató de su hijo segundo, puesto que el primero fue derrotado por su propio padre.

Leovigildo

Fue el más notable de los reyes arrianos de España. Reimplantó el control visigodo sobre la parte del país que Atanagildo había perdido, excepto sobre la zona bizantina. Reformó la moneda que sirvió para restablecer el orden tras el caos financiero de los últimos años. Las monedas acuñadas incorporaban la efigie y el nombre del rey. Éste llevaba ropajes regios y estaba sentado en un trono. Puesto que, hasta entonces, los reyes godos vestían de forma parecida a sus súbditos, la imagen de Leovigildo se destacaba por la influencia de la pompa bizantina.

Publicó un Código que no ha llegado a nosotros, pero muchas de sus medidas fueron incluidas por Recesvinto en el Código del año 654. Una de las leyes incluidas en el mismo fue la aceptación de los matrimonios mixtos entre hispanorromanos y visigodos, si bien parece que esta ley no vino sino a refrendar una práctica antes establecida. No obstante, es significativo que sus leyes estaban dirigidas sólo hacia los godos. Con frecuencia hace distinciones entre ambas nacionalidades: hispanorromanos y godos, presentados estos últimos con un evidente trato de favor.

hispanos en las provincias orientales, bien en misiones oficiales como la de Leandro de Sevilla en el año 589 buscando convencer a Bizancio de que apoyara al rey rebelde Hermenegildo, o bien en misiones privadas, como la de Juan de Biclaro que permaneció allí 16 años instruyéndose en la cultura griega y latina, fueron muy abundantes.

Mientras tanto, volvía a manifestarse la extrema inseguridad de la Monarquía visigoda. Entre los años 531 y 555, cinco reyes sucesivos fueron asesinados. Gregorio de Tours observa que "los visigodos han adoptado la odiosa costumbre de matar con la espada a los reyes que no les satisfacen y la de hacer rey a cualquiera que les venga en gana". El principio de transmisión hereditaria no había arraigado entre ellos y la forma de sucesión constituía todavía un problema cuando el reino visigodo fue destruido. A lo largo de todo el período de la España visigoda, sólo dos reyes fueron sucedidos por sus hijos durante más de dos años: Leovigildo y Chindasvinto.

Leovigildo llevó a cabo una serie de campañas contra algunos pueblos del Norte, especialmente contra los vascones, y creó un *limes* con guarniciones visigodas en ciudades como Amaya y Victoriaco, fundadas por él mismo.

Para solucionar el viejo problema de la sucesión, en el 573 asoció al trono a sus dos hijos con la intención de que le sucedieran a su muerte. A uno de ellos, a Hermenegildo, le hizo príncipe cogobernante y le responsabilizó de la parte de la Bética colindante con los dominios bizantinos. Hermenegildo y su esposa Ingundis, hija de un rey franco y católica ferviente, establecieron su sede en Sevilla. Allí, Ingundis y Leandro de Sevilla consiguieron que Hermenegildo se convirtiera al catolicismo; adoptó el nombre de Juan. Este fue el inicio del enfrentamiento entre Leovigildo y su hijo. Hermenegildo se proclamó independiente y solicitó el apoyo de los bizantinos. La guerra entre padre e hijo dividió de nuevo al país en dos bandos.

Se ha querido ver un apoyo de los terratenientes béticos a Hermenegildo, hecho probable. Pero la revuelta se planteó fundamentalmente como un conflicto de godos contra godos; los suevos se sumaron a los que apoyaban a Hermenegildo. Aunque el reino suevo se había convertido al catolicismo desde el siglo VI, las razones que decidieron su apoyo a Hermenegildo no fueron tanto religiosas como motivadas por la amenaza que Leovigildo significaba para su propia existencia.

Iglesia de San Pedro de la Nave, Zamora

En el año 582, Leovigildo ocupó la Bética y puso cerco a Sevilla. Sobornados los bizantinos por Leovigildo y castigados los suevos, Hermenegildo fue derrotado y enviado por su padre a Tarragona donde fue asesinado el año 585, al parecer por orden de su padre si atendemos a la opinión de Gregorio de Tours.

A la muerte de Leovigildo, toda la Bética no bizantina así como el reino suevo habían sido anexionados al reino visigodo; con los territorios suevos se constituyó una nueva provincia. Tal como estaba previsto, su hijo Recaredo le sucedió en el año 586.

El reino visigodo católico

La política de Recaredo puede considerarse como una prolongación de la llevada a cabo por su padre, aunque, en su caso, el factor religioso cambió de signo.

Tal vez el fracaso de la política religiosa de Leovigildo indujo a Recaredo a seguir el

Fachada de la iglesia de San Juan de Baños, Palencia

procedimiento inverso, o tal vez fue la vía para reconciliarse con el rey franco Childeberto. La esposa de Leovigildo había sido asesinada y Recaredo selló la amistad con el católico Childeberto al casarse con la hija de éste, llamada Baddo. Lo cierto es que, en el 587, un año después de acceder al trono, Recaredo se convirtió al catolicismo; poco después, convocó un concilio de arrianos, a los que propuso que se unieran al dogma católico. Después celebró una reunión conjunta de obispos católicos y arrianos. Una tercera reunión fue convocada sólo para los obispos católicos y en ella decidió que las iglesias arrianas y sus propiedades fueran entregadas a la Iglesia católica.

En su empeño por conseguir aglutinar en torno a la fe católica a la mayoría visigótica, convocó finalmente el III Concilio de Toledo en el año 589. En él, el propio Recaredo y el grupo de notables visigodos convertidos a la nueva fe abjuraron públicamente de las enseñanzas de Arrio y de todo lo que ellas implicaban. También se procedió a la reglamentación de la periodicidad de los concilios provinciales, a los que se concedía un carácter administrativo, ya que admitían en su seno a altos funcionarios civiles con el fin de aceptar las normas propuestas por los obispos sobre materia fiscal. Se producía, por consiguiente, una interacción entre las dos esferas, la civil y la eclesiástica, concediéndose los obispos atribuciones de carácter civil y otorgando al rey competencias sobre aspectos eclesiásticos, como la potestad de convocar los concilios y la de confirmar las medidas tomadas en los mismos.

La conversión de Recaredo no resolvió la fragilidad de la Monarquía visigoda; el rey se tuvo que enfrentar a más de una rebelión y a dos conspiraciones contra su vida, una de ellas promovida por Gosvinda, su madrastra. Una de las rebeliones surgió en Narbona, donde los nobles se propusieron destronar a Recaredo; la otra, dentro de la Península. No obstante, Recaredo continuó hasta su muerte tomando medidas para afianzar la nueva religión: mandó hacer una quema de libros arrianos con tal esmero que no ha quedado en España un solo texto arriano; excluyó a los arrianos de todos los cargos públicos y suprimió la organización eclesiástica arriana.

Los últimos reyes visigodos

La sucesión de Recaredo se realizó bajo el signo de la rebelión interna. Liuva II, hijo natural de Recaredo, fue destituido al cabo de año y medio de gobierno por Viterico (603-610), quien, a su vez, fue derrocado y asesinado siete años después. Este rey luchó varias veces y con energía contra los bizantinos asentados en Hispania, aunque con escaso éxito.

Se enfrentó con algunos sectores de la nobleza para intentar limitar sus prerrogativas. El creciente malestar de los nobles desembocó en el asesinato de Viterico en el año 610, en que fue proclamado rey Gundemaro, quien había sido gobernador de la Narbonense, provincia que sirvió de refugio a muchos de los exiliados y perseguidos por Viterico, como indica Isidoro de Sevilla.

Corona del Tesoro de Guarrazar, Toledo

La política de los reyes visigodos respondía a un esquema que pasó a convertirse en frecuente: después de un rey que aplicaba una política rigurosa y enérgica con la nobleza para frenar las concesiones recibidas a cambio de los apoyos políticos a la Monarquía, seguía otro con una política favorable a los nobles. Este segundo caso fue el de Gundemaro. Isidoro de Sevilla lo presentó como un rey piadoso. Gundemaro mandó construir varias iglesias, entre ellas la de Santa Leocadia, en Toledo, escribió también poemas religiosos e incluso intentó, sin ningún tacto, convertir al catolicismo a Adauldaldo, rey arriano de Italia, cuyo fracaso le valió un enfriamiento en las relaciones entre ambos reinos. Isidoro de Sevilla lo admiraba incluso por haber dicho: "¿Por qué tendrá que existir tal matanza en mi reinado?", cuando luchaba contra los bizantinos.

En el año 612, le sucedió Sisebuto, quien llevó una marcada política antijudía: no sólo negó a los judíos la posibilidad de tener esclavos cristianos, sino que prohibió los matrimonios mixtos entre judíos y cristianos. Consiguió conversiones forzadas de judíos, lo que le valió las críticas de Isidoro, quien lamentaba la falta de prudencia del rey, pues consideraba que la fuerza no es un buen camino hacia la conversión.

El éxito más notable del nuevo rey, Suintila, fue la expulsión de los bizantinos de España. Por lo mismo, fue el primer rey visigodo que reinó sobre la totalidad del territorio de la Península.

A partir de él, se abrió un período que terminó con la entrada de los musulmanes en Hispania. El carácter independentista de la nobleza llevó a una fragmentación política cada vez mayor: cada *dux provinciae* disponía de la gestión de todos los medios de su provincia. La mayoría de los reyes llevaron a cabo una política de grandes concesiones y, en ocasiones, de un sometimiento total a la nobleza y a los obispos. En la revisión militar de Wamba se encuentra una demostración de su intento de no capitular plenamente ante la Iglesia y la nobleza. Wamba promulgó que, en caso de una posible incursión del enemigo —tal vez los francos— sobre las fronteras del reino o bien ante una rebelión militar, todos los que se encontrasen en un radio de cien millas deberían acudir al llamamiento de los jefes militares con las tropas que pudieran reunir, sin exceptuar al clero. De las quejas formuladas por los obispos en el reinado de su sucesor Ervigio (681), puede deducirse que Wamba había mantenido una política poco favorable a la nobleza eclesiástica; la opinión de los obispos sobre Wamba era muy negativa. Egica, a diferencia de su antecesor Ervigio, llevó a cabo una política dura con los nobles, pues su propio cronista, en el año 754, dice que "persiguió a los godos con amargas muertes". En el 693, hubo una conspiración, organizada por el obispo metropolitano de Toledo, un godo llamado Siseberto, que pretendía asesinar a Egica y a algunos de sus principales.

La debilidad creciente de la Monarquía llevó a Egica a legislar contra los usurpadores y a tratar de imponer en los concilios la necesidad de jurar lealtad a la Corona. Los obispos se limitaron a disponer que se ofrecieran oraciones por la salvación del rey y su familia en todas las iglesias catedralicias del reino. Sus oraciones fueron eficaces: Egica murió en el 702 de muerte natural. Pero los árabes habían conseguido, ya en el 698, ocupar Cartago. El reinado de Witiza (702-710) coincide con la progresiva expansión del Islam, mientras que la nobleza se dividía en grupos, partidarios unos de Witiza y otros del rey Rodrigo. Muza, gobernador árabe del Norte de África, envió a

España a su general Tarik Ibn Ciyad quien cruzó con sus tropas desde Ceuta hasta la zona de España que lleva su nombre (Tarifa). En una batalla, en Guadalete, Rodrigo hizo frente a los invasores con un ejército dividido y, en una sola batalla, según el cronista, perdió su trono y su patria; probablemente, también su vida, pues no se vuelve a saber de él. Su viuda, Egilo, se casó poco después con un gobernador árabe de España. El metropolitano de Toledo huyó a Roma y la guerra civil desencadenada entre los godos no hizo sino propiciar el avance de los árabes en España.

En el año 716, los invasores musulmanes habían alcanzado ya la Narbonense, poniendo así punto final a la realeza visigoda.

Rasgos de la sociedad visigoda

El conocimiento de la vida visigoda se deriva casi exclusivamente de lo que ha quedado del Código de Leovigildo, de las escasas noticias de Isidoro de Sevilla y de los escasos restos arqueológicos. Sobre la pobreza de los hallazgos arqueológicos se ha dicho que "si sólo tuviéramos que basarnos en la arqueología, nunca hubiéramos adivinado que España había sido gobernada por germanos durante el siglo VII". La mayor parte de la cultura material siguió siendo la hispanorromana y sólo detectamos rasgos diferenciados en las hebillas de cinturón, los pendientes y pocos objetos más. Tras su conversión, se considera que tienen una huella artística visigoda algunas iglesias o *martyria*, como la de San Juan Bautista (Palencia), la de Santa Comba de Bande (Orense), la de Santa María de las Viñas (Burgos) o la de Santa Leocadia de Mérida.

Los visigodos no se dispersaron uniformemente por todo el país. Las zonas de mayor concentración de población visigoda corresponden al territorio de las actuales provincias de Segovia, Palencia, Burgos, Soria, Guadalajara, Madrid y Toledo. Se asentaron tanto en el campo como en las ciuda-

Entrada de Wamba en Toledo (dibujo del siglo XIX)

des. Éstas siguieron el proceso de decadencia iniciado durante el Bajo Imperio; en los siglos VI-VII, sólo alcanzaron cierto auge Mérida y Toledo, esta última por ser capital del reino visigodo y, por lo mismo, punto aglutinador de toda la población vinculada al Gobierno. Otras ciudades como *Barcino* (Barcelona), *Tarraco* (Tarragona), *Hispalis* (Sevilla) y *Corduba* (Córdoba) continuaron siendo importantes centros de actividades artesanales y mercantiles, pero su población mayoritaria estaba compuesta por hispanorromanos que seguían manteniendo sus curias· municipales y su administración tradicional.

El sistema de reparto de la tierra debió ser análogo al seguido en la Aquitania cuando el patricio Constancio los instaló conforme al sistema conocido como *hospitalitas*: en virtud del mismo, los visigodos recibían los dos tercios de las propiedades galas en las que se les asentaba. Evidentemente, este asentamiento sólo afectaba a los grandes dominios, los de los grandes propietarios senatoriales, puesto que las pequeñas posesiones no se repartieron. Quien más se benefició de este reparto fue la élite dirigente de la población visigoda. En el Código de Leovigildo se mantienen aún normas relativas a "los dos tercios que pertenecen a los godos" y al "tercio de los romanos". De ellas se deduce que los hispanorromanos pagaban impuestos, mientras que los grandes terratenientes visigodos gozaron de importantes exenciones fiscales.

La sociedad visigoda estaba muy jerarquizada. En el vértice de la pirámide, junto al rey se encontraban dos grupos de hombres: los "gardingos" y los "palatinos". Los primeros acompañaban al rey en sus campañas y constituían un séquito real integrado por nobles. Los segundos tenían cargos

Escena que representa la batalla de Guadalete (dibujo del siglo XIX)

vinto menciona en sus leyes a personajes que poseían más de 10.000 sueldos, cantidad que no era considerada suficiente para incluir a su propietario entre las clases superiores. Evidentemente esas riquezas requerían extraordinarias medidas de presión fiscal. En las leyes visigodas se considera todo tipo de castigos a aquellos que se

de responsabilidad en la administración central o palatina. En las leyes de Chindasvinto se hace mención de los *inferiores humilioresque*, que constituían la mayoría de la población visigoda.

Había godos extremadamente ricos. En tiempos de la conquista árabe, a un godo llamado Atanagildo, los árabes le impusieron una multa de 27.000 sueldos, cantidad equivalente a 375 libras de oro. Y Chindas-

negaran a pagar o que regatearan una parte de lo exigido por el fisco. En tales condiciones, durante el siglo VII, los esclavos y colonos escapaban masivamente y el propio Egica admitía que no había ciudad, villa o pueblo en que no se ocultasen. No es extraño que esta población considerara que no perdía nada con los nuevos invasores, los musulmanes, a los que no ofreció resistencia alguna.

La España musulmana

Los ejércitos árabes llegaron a España después de un amplio recorrido victorioso a lo largo de todo el Mediterráneo: habían aniquilado a los bizantinos en la batalla de Yarmuk, en el año 636; Alejandría cayó bajo su dominio en el 642; Cartago en el 698; el objetivo siguiente fue cruzar Gibraltar. Ningún ejército cristiano retornó a las orillas del Sur del Mediterráneo hasta la época de las Cruzadas. La dinastía de los Omeyas de Damasco se basaba en la aristocracia guerrera de las tribus árabes islamizadas. Fueron los cabecillas de las tribus beduinas quienes crearon la maquinaria de guerra árabe y fue el modo de vida de esas aristocracias guerreras el que mantuvo unido el nuevo Imperio. Esto hizo que los conquistadores árabes no perdieran su identidad en medio de la abrumadora cantidad de poblaciones tan diversas conquistadas.

El estilo de vida de estos conquistadores y especialmente la peculiar literatura poética que los árabes llevaron consigo fueron elementos básicos de su cohesión. Los cris-

Miniatura del Libro del ajedrez *de Alfonso X el Sabio*

tianos del Sur peninsular fueron llamados "mozárabes" porque, aunque eran cristianos, vivían como los árabes. A diferencia de la difícil y lenta compenetración entre los hispanos y los visigodos, el mundo árabe arraigó en la nueva Al-Andalus dejando una marca imborrable y un legado histórico importante. Ya en el siglo IX, escribía un obispo de Córdoba: "Muchos de mis correligionarios leen poesías y cuentos de hadas de los árabes; estudian las obras filosóficas y las de los teólogos mahometanos, no para refutarlos sino para aprender a expresarse en su lengua con una mayor corrección y elegancia".

Los beduinos omeyas habían sentado las bases del gran Imperio árabe, pero, a mediados del siglo VIII, el califato' omeya de Damasco fue sustituido por una dinastía sustentada por los persas islamizados, los abásidas. La revuelta comenzada en Irán en el año 750 se había concluido con éxito y en el 762 fue construida su capital, Bagdad. Su cultura, desarrollada en lengua árabe, se nutría también del helenismo que había pervivido en Mesopotamia. Esta región volvió a adquirir la posición central que había perdido desde la época de Alejandro Magno.

El Imperio abásida ejerció su presión expansionista hacia Oriente, llegando hasta los límites de China. Este cambio de orientación fue la salvación de Europa. El lejano Occidente dejó de sentir la opresión de la máquina militar del Estado árabe. Bajo esas condiciones, se intensificaron las rivalidades y los sentimientos independentistas de Al-Andalus.

La creación de Al-Andalus

Después de la batalla de Guadalete, los árabes se plantearon el objetivo de conquistar la Península Ibérica. En el año 712, Muza desembarcó con un imponente ejército de 18.000 hombres, con el que se fue apoderando de los principales centros del Suroeste peninsular, entre los que se contaban Sevilla y Mérida. Controlado el valle del Tajo, sometió en poco tiempo casi toda la Península.

En el año 714, su hijo Abd-al-Aziz Muza, quien tenía la sede de su Gobierno en Sevilla, estableció las primeras estructuras administrativas. A su muerte, salvo los pueblos del Norte, todo el territorio de España se encontraba bajo el dominio árabe.

Detalle de restos de arquería en Madinat al-Zahra

A la población hispanorromana no le fue desfavorable el cambio de patronos: la presión fiscal se atenuó y a nadie se le obligó a abjurar de su credo en homenaje al nuevo señor, si bien es cierto que la conversión al Islam ofrecía considerables ventajas. Menor aceptación encontraron entre las aristocracias godas. Muchos de ellos huyeron a la provincia Narbonense y otros encontraron refugio en los montes del Norte peninsular. Uno de estos aristócratas visigodos, Pelayo, había logrado infligir una parcial derrota a un ejército musulmán en Covadonga (Asturias) en el 718. Esa victoria adquirió un carácter casi mítico. Pelayo creó

RESISTENCIA DE PELAYO A LA INVASIÓN ÁRABE

"Cuentan algunos historiadores que el primero que reunió a los fugitivos cristianos de España, después de haberse apoderado de ella los árabes, fue un infiel llamado Pelayo, natural de Asturias (...) al cual tuvieron los árabes como rehén para seguridad de la gente de aquel país, y huyó de Córdoba en tiempo de Al-Hurr ben Abd Al-Rahman Al-Thaqafi, segundo de los emires árabes de España, en el año sexto después de la conquista, que fue el 98 de la hégira (=716-717). Sublevó a los cristianos contra el lugarteniente de Al-Hurr, le ahuyentaron y se hicieron dueños del país, en el que permanecieron reinando, ascendiendo a veintidós el número de reyes suyos que hubo hasta la muerte de Abd Al-Rahman III".
(Al-Maqqari, Faft al-tib, según C. Sánchez Albornoz)

en la región de Oviedo un pequeño reino, liberado de toda sumisión musulmana. En el 716, el califa de Damasco envió a un gobernador llamado Abd al-Rahman (con nombre completo, Abd al-Rahman al-Ghafiqi), al frente de una fuerza armada con el objetivo de asegurarse el control de la Península, pues los elementos militares árabes y bereberes venían mostrando demasiada inde-

Columnas y sucesión de arcos en el interior de la Mezquita de Córdoba

pendencia respecto al poder central. El objetivo no era de fácil cumplimiento, como lo muestra que, sólo entre los años 716-741, Damasco tuvo que enviar a 15 gobernadores. La frecuencia de ceses y de nuevos nombramientos manifiesta el grado de inestabilidad política, pero también el deseo del poder central omeya de ejercer un fuerte y efectivo control sobre la provincia occidental.

En el 719 las tropas musulmanas emprendieron la conquista de la Galia Narbonense. Se vieron obligadas a retirarse dos años más tarde al ser vencidas por el duque de Aquitania. En un nuevo intento, en el 725, lograron ocupar Nîmes y Carcasona y llegaron con sus tropas hasta Autun. Una nueva ofensiva, dirigida por el gobernador Abd al-Rahman el año 732, iba destinada a ocupar toda la Galia. Se dirigían al valle del Loira, pero el merovingio Carlos Martel logró detener a los musulmanes cerca de Poitiers; en la batalla pereció Abd al-Rahman. Nuevas acometidas para someter la Galia continuaron hasta el año 740, pero una segunda derrota cerca de Narbona obligó a los árabes a retirarse de la Galia. En adelante concentraron todos sus esfuerzos militares en mantener sometidas a las poblaciones de España.

El emirato* de Córdoba

La revolución abásida en Oriente, que había eliminado a la dinastía Omeya y había consagrado el ascenso de los persas, provocó la huida de algunos omeyas afortunados que, escapando de la masacre, lograron llegar a España. Entre estos se hallaba Abd al-Rahman Abd al-Malik, nieto del penúltimo califa de Damasco, quien, más tarde, lograría romper los vínculos de Al-Andalus con Bagdad, la nueva capital abásida. Nada más desembarcar consiguió atraerse a toda la oposición yemení y beréber, recién derrotada, así como el favor de la gran masa musulmana. En el año 755 se hizo proclamar emir y se encaminó hacia Córdoba, la capital de la primera entidad política independiente del mundo musulmán.

Durante varios años hubo de sofocar revueltas de los proabásidas, los quasyes; para evitar que atentaran contra su vida, se rodeó de una guardia beréber. Pero otros factores colaboraron a favor del nuevo emir. En primer lugar, la afluencia hacia España de grupos bastante numerosos de omeyas supervivientes, que reforzaron el núcleo de poderosos que rodeaban al emir. Por otra parte, la gran distancia entre Bagdad y Al-Andalus favoreció igualmente al afianzamiento de Abd al-Rahman antes de que estallara la revuelta del 767, inspirada por los abásidas.

El nuevo emirato se organizó como un verdadero Gobierno autónomo: la creación de un ejército integrado por beréberes y esclavos, calculado en torno a los 40.000 hombres, la creación de los visires encargados de la administración pública con

Arqueta de marfil procedente de Al-Andalus, actualmente en el Museo Victoria y Alberto, Londres

sede central en Córdoba, y la utilización del Islam como amalgama social.

Las fronteras de Al-Andalus se protegieron con la creación de una zona despoblada que disuadía al enemigo de ataques inesperados: el llamado "desierto del valle del Duero", donde, más tarde, se asentarían los primeros repobladores de los minúsculos Estados cristianos. En torno a esta "tierra de nadie", el emir estableció tres regiones militares o "marcas" cuyos centros eran Zaragoza, Toledo y Mérida.

En el año 778, tuvo lugar la expedición de Carlomagno a Zaragoza; el jefe rebelde de la marca de Zaragoza, Sulayman al-Arabi le había solicitado ayuda hasta el punto de llegar a convencerle de que reconocería su autoridad si se la prestaba. Pero los conflictos internos hicieron que el mando del ejército recayera sobre Husayn al-Ansari, un yemení partidario del emir Abd al-Rahman I. En la retirada de Carlomagno, el ejército árabe, ayudado por los vascos, infligió a los francos la derrota de Roncesvalles. El mismo año 778, murió el emir y fue sucedido por uno de sus hijos, por Hisham.

El breve emirato de Hisham I se caracterizó por sus constantes esfuerzos por controlar el Norte peninsular. Vencieron a los cristianos en Álava y a Vermudo I, un rey de León, en el Bierzo; dos años después, Gerona fue asediada y Narbona incendiada, aunque no logró recuperar el control de ninguna de estas ciudades. En el 794, Oviedo fue saqueada por los cordobeses, pero los astures lograron derrotar al ejército

del emir en Lutos. No obstante, un año antes de su muerte (795), los musulmanes lograron apoderarse de Astorga.

Esta especie de "yihad" o guerra santa canalizó un importante botín hacia Córdoba y los éxitos suavizaron las diferencias entre los diversos grupos árabes.

Sin embargo, las tensiones no habían desaparecido como se evidenció en época del tercer emir, Al-Hakam (796-822) y de su sucesor Abd al-Rahman II. Las marcas fronterizas venían desarrollando una política autónoma como si fueran pequeños Estados llegando a establecer pactos con sus vecinos cristianos. El hecho de que en cada marca se hubieran establecido dinastías unidas por la sangre o el vasallaje reforzaba a estos grupos frente al poder central de Córdoba y alimentaba sus deseos separatistas. La rebelión de Toledo (820), en la que se había establecido una alianza con Ordoño I, rey de León, tuvo que ser sofocada por Al-Hakam sirviéndose de varios procedimientos como los siguientes: recortar las influencias de determinados cortesanos apartándoles de las tareas de Gobierno, crear una eficaz red de espionaje e incrementar el número de tropas del ejército central.

Durante el periodo de gobierno de Abd al-Rahman II tuvieron lugar ataques de poblaciones normandas en Sevilla y Cádiz, lo que obligó a crear una gran flota capaz de rechazarlos. Pero el hecho más destacado es el conflicto religioso que estalló en Córdoba. La conciencia del declive cristiano en Al-Andalus, debilitado numé-

Globo celeste del periodo de taifas, Biblioteca Nacional de París, Departamento de Cartas y Planos

ricamente por las conversiones y culturalmente por la arabización y la influencia del Islam, propició el caldo de cultivo para que algunos clérigos extremistas propagaran la idea del enfrentamiento y la exaltación del cristianismo.

Así, el clérigo Eulogio llegó a alentar a los cristianos a buscar el martirio voluntario; tal revuelta costó la vida a Eulogio y a muchos de sus seguidores. En todo caso, esa revuelta es indicativa del malestar de un grupo etnocultural irremediablemente amenazado en su existencia.

El califato de Córdoba

El período de Abd al-Rahman III (912-961) corresponde a la época de esplendor del territorio de Al-Andalus y, de modo especial, de Córdoba, Sevilla, Zaragoza, Toledo, Algeciras y otras ciudades. También la cultura andalusí conoció su época de oro: la medicina, la física, la astrología, el arte... alcanzaron niveles tan elevados como para convertirse en polo de atracción de muchos occidentales emigrados a Al-Andalus. La biblioteca reunida por el califa llegó a contar con más de 40.000 volúmenes, lamentablemente pasto posterior del fuego de los inquisidores almohades. El califa Al-Hakam, sucesor de Abd al-Rahman III, ejerció un verdadero mecenazgo cultural atrayendo a su Corte a gran número de sabios y letrados orientales y creando, en Córdoba, un centro cultural comparable al de Bagdad en su época de máximo esplendor.

Tal cultura se asentaba sobre la prosperidad económica derivada de los avances introducidos en la agricultura y de las redes comerciales desarrolladas a partir de las antiguas vías comerciales del Mediterráneo, por las que surcaban naves cargadas de productos de un artesanado muy especializado: joyas, textiles, vidrio, sedas, pieles... cuya difusión contaba con el proteccionismo califal.

Esos avances fueron posibles a partir de la estabilidad política y la consolidación del aparato burocrático cordobés, obra de Abd al-Rahman III. Inicialmente designado emir, emprendió al punto la tarea de reducir los focos rebeldes de Al-Andalus. Como en otros momentos, los factores externos del mundo islámico interferían en la política andalusí. Desde comienzos del siglo X se había roto la unidad —al menos, teórica— del califato de Bagdad, constituyéndose en el Magreb un Estado independiente, el de los fatimíes. El fuerte poder shiíta del Estado magrebí representaba un peligro para el Islam ortodoxo o sunnita de Al-Andalus. Los fatimíes intervenían alimentando divisiones internas o respaldando a los focos rebeldes. La tarea pacificadora era pues el paso primero e imprescindible. También explica que en el año 929 adoptara el título de califa, pues, de este modo, pasaba a si-

Arqueta de Palencia del periodo de taifas, realizada en marfil, cuero y oro, Museo Arqueológico Nacional, Madrid

tuarse al nivel del califa abásida y además como califa frente a los fatimíes del Magreb.

Tras la sumisión de los rebeldes andalusíes de Las Alpujarras, se dispuso a reorganizar y defender las fronteras de la amenaza de los cristianos, pues Ordoño II de León había atacado Évora, Alanje y Talavera. En el año 917 lanzó la primera expedición, seguida de otras dos en los años sucesivos. El éxito obtenido en las batallas de Muez y de Pamplona compensaron el fracaso de la de Simancas. Abd al-Rahman se sirvió hábilmente de las querellas intestinas de los reinos cristianos, pero también, en ocasiones, los gobernadores de las fronteras musulmanas eran alentados por los reyes cristianos en sus deseos de independencia frente al califa.

La necesidad de restaurar la afinidad entre ambas orillas del Estrecho de Gibraltar le llevó a una serie de campañas, como consecuencia de las cuales quedaron sometidas Ceuta y Melilla.

Las empresas militares durante el califato —particularmente en la época de Al-Mansur— consolidaron el prestigio del Estado omeya fuera de Al-Andalus. Desaparecido el Estado carolingio, el califato omeya quedó como el Estado más poderoso del Mediterráneo occidental.

Durante la época califal, la administración se hizo más compleja: los visires eran supervisados por uno de ellos, investido con un doble visirato y sometido al control directo del califa. El territorio fue dividido en 21 provincias, gobernadas por un *walli*, aunque en las fronteras siguieron conservándose las tres marcas militares ocupadas por ejércitos mercenarios.

Jarrita almorávide de la primera mitad del siglo XII, Ayuntamiento de Valencia, Servicio Arqueológico (arriba). Astrolabio del siglo XI, actualmete conservado en un museo alemán (abajo)

Crisis y desaparición del califato

El comienzo de la crisis se remonta a la época de Al-Mansur (Almanzor). En el año 978, aprovechando la minoría de edad del heredero Hisham II, logró concentrar en sus manos todo el poder, reduciendo al califa a una figura meramente simbólica. Ahora bien, sus apoyos estaban, lógicamente, entre los elementos menos adeptos al califato. Propició la entrada masiva de mercenarios beréberes y cristianos en el ejército, a los que entregó los principales mandos y desarrolló una serie de relaciones personales convirtiendo en clientes suyos a muchos amiríes. Sus campañas contra los reinos cristianos y contra el Norte de África adquirieron el carácter de "guerra santa", con lo que encubría su poder ilegítimo, su dictadura, y obtenía un cuantioso botín destinado a acrecentar las arcas del Estado.

Durante casi diez años, logró gobernar a través de los amiríes gran parte del Magreb occidental; ahora bien, la crisis posterior del califato (que estalló en 1009, con el golpe de Estado que destronó a Hisham II) hizo que esta alianza política se rompiese. No obstante, durante estos años, hubo una mayor cantidad de oro acuñado en Al-Andalus, puesto que el control andalusí del tráfico de oro por las rutas transaharianas era más o menos absoluto.

A su muerte, se desató una guerra civil entre los partidarios de su hijo Abd al-Malik, que también fue reconocido como dictador por el califa nominal Hisham II. Al igual que su padre, se apoyó en los amiríes y obtuvo algunos éxitos en sus batallas contra los cristianos. Muerto en 1008, su hermano Abd al-Rahman fue asesinado a los pocos meses y se produjo un enfrentamiento entre dos candidatos a califas: Sulayman y Al-Mahdi. En los años 1009-1010 concurrieron varios acontecimientos que simbolizan el cambio de situación. Las fuerzas en litigio eran: los beréberes que apoyaban a Sulayman, los amiríes desterrados a las regiones levantinas por Sulayman y posteriormente árbitros de la situación, y el propio Al-Mahdi amenazado en Córdoba, llevó a los tres contendientes a solicitar la ayuda de los reyes cristianos. Sulayman se dirigió a los cristianos de Castilla y Al-Mahdi pidió ayuda a los catalanes que le enviaron importantes contingentes. Los complots se sucedieron a ritmo rápido: Al-Mahdi fue asesinado; en su lugar, fue elegido califa His-

Miniatura de un manuscrito musulmán de época califal

ham II. Los bereberes saquearon Córdoba y Sulayman gobernó sólo lo suficiente para conceder a los bereberes los lugares por ellos ocupados en régimen de señoríos, dando así carta de naturaleza a la fragmentación política de Al-Andalus.

En 1031 un noble cordobés, Yahwar, organizó un motín y expulsó al último califa cordobés Hisham III, cuyos dominios apenas sobrepasaban ya los alrededores de Córdoba. Todo Al-Andalus se remodeló en torno a unas nuevas estructuras políticas: los reinos de taifas*. Los jefes locales pasaron a detentar el poder del nuevo Al-Andalus fragmentado en minúsculos reinos. En plena anarquía, los reyes y condes cristianos del Norte aprovecharon la oportunidad para saquear cuanto pudieron. Ningún vínculo unía ya al antiguo reino andalusí; cada ciudad buscaba su independencia según su componente racial o el poder alcanzado por los gobernadores en las regiones militares que constituyeron las taifas más poderosas: Toledo y Zaragoza.

Las taifas y el final de Al-Andalus

El antiguo reino andalusí, fraccionado en unidades político-administrativas denominadas taifas, pervivió hasta 1492, en que la última taifa, el reino nazarí de Granada, fue integrado por Isabel de Castilla y Fernando de Aragón en la unidad nacional de España.

Durante estos últimos siglos de su historia Al-Andalus fue un territorio cambiante en continuo retroceso. Desde comienzos del siglo XII, con la caída de la taifa de Toledo en manos de Alfonso VI, éstas dejaron de tener un espacio fronterizo y pasaron a disponer de plazas fronterizas, castillos y villas fortificadas, como las plazas fuertes de Córdoba, Guadalix, Baza o Almería entre otras. Durante el siglo XII, los almorávides, pueblo magrebí, consiguieron la unificación política de las taifas con capital en Granada. El territorio se dividió en 24 distritos.

Tras un nuevo período de desintegración, los almohades, en el siglo XIII, lograron de nuevo el control unitario de todas las taifas. Este pueblo había logrado dominar el Magreb a mediados del siglo XII y desde allí comenzaron a enviar tropas a Al-Andalus.

Detalle de un bote de marfil de época califal, Museo del Louvre, París

Las constantes reorganizaciones del territorio eran un indicador de la inestabilidad política del momento: ni fueron capaces de frenar el avance territorial cristiano, a pesar de la entrega de elevadas sumas a algunos monarcas de Aragón y Castilla, ni lograron someter a los jefes locales respaldados por la población andalusí, sometida a una incesante presión fiscal.

Tras la nueva desmembración en taifas,

entre 1232-1237, se constituyó el reino nazarí de Granada, última taifa amparada entre montes y mar que pervivió aún dos siglos bajo la dinastía de Banu Nasr o Nasries (nazaríes, castellanizado). Esta taifa comprendía Granada, Málaga y parte de Almería; más que una taifa, que significa grupo, separación, pasó a ser todo el Al-Andalus, o más exactamente, lo que quedaba del antiguo territorio de Al-Andalus. Los sultanes de la Alhambra pudieron sobrevivir gracias a los disturbios internos de Castilla, que frenaron la conquista de esta última taifa y a la ayuda prestada por los benimerines, que entonces controlaban el Magreb; éstos apoyaban con el envío de tropas y con intercambios comerciales que permitieron la supervivencia de la taifa granadina.

El fundador de esta dinastía fue Muhammad b. Yusuf, que pretendía descender del Profeta. El último de los emires granadinos fue Boabdil, proclamado en 1482 por medio de una intriga tramada por la poderosa familia granadina de los Abencerrajes que lo enfrentaron contra su padre Muley Hacén. Nada pudo venir mejor a los intereses del reino de Castilla que la guerra civil en la que se enfrentaron Boabdil, apoyado por su hermano El Zagal, y Muley Hacén. Los Reyes Católicos intervinieron en el conflicto apoyando a Boabdil contra su padre a cambio de convertirlo en vasallo del reino castellano-aragonés. En estos últimos años, la ayuda magrebí se li-

Torre de defensa o albarrana, conocida como Torre del Oro, Sevilla

ciudades de Al-Andalus: "Todas estas ciudades son famosas por sus cercales, sus artículos de comercio, sus viñedos, sus edificios, sus mercados, sus tiendas, sus baños... Las ciudades rivalizan entre ellas por su emplazamiento, sus impuestos, sus rentas, sus funcionarios y sus jueces...". La ciudad era el centro administrativo, religioso e intelectual, además de ser el núcleo económico donde se producía todo lo necesario para la vida de sus habitantes y donde convergían las redes comerciales regionales o de larga distancia. El corazón de la ciudad era la *medina*, donde se alzaban la mezquita, los centros administrativos, los zocos y las escuelas. La *medina* solía estar amurallada y a ella se adosaban los arrabales, generalmente rodeados también de una cerca. Córdoba se constituyó en una ciudad muy populosa para aquella época. Al-Maqqari escribía: "Los arrabales de Córdoba eran 21 en total, cada uno de los cuales estaba provisto de una mezquita, mercados y baños para el uso de sus habitantes, de modo que los de un suburbio no tenían necesidad de recurrir a otros ni para asuntos religiosos ni para comprar lo necesario para vivir".

El número de ciudades fundadas o reconstruidas en época andalusí fue muy significativo y se calcula que fueron más de treinta; entre ellas, hay que citar a Calatayud, Tudela, Murcia, Úbeda, Almería, Medinaceli, etc. Se trató de una política semejante a la que llevó a cabo Roma en Hispania.

Ciertamente este florecimiento urbano se explica por la prosperidad comercial, pero también por la agrícola, ya que mejoraron o recuperaron algunas técnicas perdidas desde época del dominio romano.

mitó a acoger a los exiliados, mientras contemplaba el hundimiento del reino granadino. El último exiliado fue el propio Boabdil, en agosto de 1492, tras la capitulación del ya desaparecido reino nazarí de Granada.

La sociedad andalusí

Un cronista de la época de Ibn Hawqal definía claramente la importancia de las

Detalle del Salón de Embajadores de los Reales Alcázares de Sevilla

ductores musulmanes, cristianos y judíos reunidos en Toledo, la antigua capital visigoda. El interés por la cultura islámica fue grande por parte de los cristianos españoles y por los de otros países europeos. Ibn Abdun, en su tratado de "Censura de costumbres", en el siglo XII, proclamaba que no debían venderse, ni a judíos ni a cristianos de ningún lugar, libros de medicina, astrología, ni ninguna otra ciencia... "salvo los que traten de su ley, porque luego traducen los libros científicos y se los atribuyen a los suyos y a sus obispos, siendo así que se trata de obras nuestras (de musulmanes)".

Un sector social superior estaba constituido por la *jassa* o grupo de parientes más o menos próximos a la dinastía gobernante, además de otros grupos no ligados por relaciones de parentesco entre los que sobresalían los funcionarios: visires, magistrados judiciales... La escala más baja de la jerarquía social la formaba la *amma*, es decir, las clases trabajadoras de las ciudades que no ocupaban ningún cargo administrativo en las mismas y los trabajadores agrícolas asalariados.

A diferencia de la sociedad visigoda, en Al-Andalus existió una amplia clase media, representada por los comerciantes y *alfaquíes*, equivalentes a los intelectuales y profesionales de la época. Esos intelectuales permitieron que España entrara en contacto con el mundo cultural griego que los árabes habían conocido a través de los bizantinos y de la conservación de tradiciones de las ciudades conquistadas; la difusión cultural se potenció gracias a los tra-

Sin ser el grupo social más numeroso, es destacable la pervivencia de esclavos que formaban una mercancía nada insignificante. Ibn Hawqal decía: "un artículo de exportación muy importante consiste en muchachos y muchachas, tomados en Francia y en Galicia, así como los eunucos esclavos. Todos los eunucos esclavos que se encuentran en la superficie de la Tierra proceden de Al-Andalus. Se les practica la castración en este país por comerciantes

Vista del Patio de los Leones, con la fuente que representa a los ríos del universo, en el conjunto palaciego de la Alhambra de Granada

judíos". No todos eran exportados; con frecuencia aparecen mencionados en las crónicas grupos de esclavos. Aun cuando no se conocen las actividades precisas a las que se aplicaban, no hay duda de que no habría actividad rentable o útil en que no se encontrara el empleo de mano de obra esclava.

El componente étnico de la población no era mayoritariamente árabe. Más de la mitad de los andalusíes eran hispanorromanos. Según las crónicas del siglo VIII, el 80% del total de la población era cristiana, mientras que, cuatro siglos después, sólo había un 10% de cristianos.

Este dato, indicativo del proceso de islamización, refleja no sólo los efectos de una convivencia larga sino también el deseo de muchos de servirse de las ventajas que reportaba la conversión al Islam.

La Hispania cristiana

Paralelamente al proceso de desintegración del califato de Córdoba, los pequeños reinos del Norte peninsular fueron extendiendo sus dominios a expensas de Al-Andalus. Durante los siglos XI y XII, estos Estados incipientes fueron consolidando sus propias entidades y dirigiendo sus ofensivas hacia las taifas musulmanas.

Las milicias castellanas, leonesas, navarras y catalano-aragonesas fueron incorporando bajo su bandera la mayor parte de la Península. Los primeros avances permitieron a la Monarquía leonesa en el siglo X, situar su frontera en la línea del Duero. Enseguida, el reino de Castilla-León la extendió hasta el Sistema Central y Alfonso VI ocupó Toledo en 1085. Aragón, en época de Alfonso I (1110-1134), presionando en el valle del Ebro, se anexionó el reino de Zaragoza y posteriormente Huesca y Teruel.

Hacia mediados del siglo XII, Castilla y Aragón negociaron un reparto de áreas de influencia. Castilla se ampliaría hacia el sur del Tajo, La Mancha y Sierra Morena, mientras los catalano-aragoneses se reservaban Valencia y Baleares.

La ayuda prestada por dos pueblos norteafricanos (los almohades y los almorávides) a sus correligionarios hispano-musulmanes frenó el avance de los reinos cristianos durante algún tiempo. Tras la batalla de Las Navas de Tolosa (1212), la política expansionista de los cristianos recobró nuevo empuje: Fernando III de Castilla ocupó Sevilla en 1248 y su hijo Alfonso X el reino de Murcia; Jaime I de Aragón se adueñó de Valencia y de Denia (1231 y 1245). Tales conquistas señalan el comienzo del ocaso definitivo del mundo islámico en la Península. En los siglos siguientes, Castilla, debilitada demográficamente y sumida en intrincadas querellas dinásticas, detuvo la expansión, hecho que permitió la pervivencia del reino de Granada durante otros doscientos años.

Los distintos reinos y condados

Alfonso V el Noble (999–1028)

Alfonso I el Batallador, en el Libro de retratos de los reyes del Alcázar de Segovia

estructuras sociales e iniciaron una vida política autónoma por primera vez en la historia de España. Sólo mucho más tarde la unificación política de España volvió a reconducir por un cauce común la vida de los diferentes pueblos y entidades políticas altomedievales.

El reino astur-leonés

Los reyes asturleoneses se consideraban herederos directos de los reyes visigodos. Gozaban de una cierta supremacía en el conjunto de los reinos cristianos del siglo X. Su importancia se reforzó por la fama del sepulcro de Santiago que convirtió a Compostela en la segunda sede apostólica de Occidente y que pertenecía al reino de León. Por otra parte, había sido en Asturias donde había tenido lugar el comienzo del primer enfrentamiento con los árabes en la batallas de Covadonga. Por ello, el reino astur-leonés gozaba del privilegio de ser el iniciador de la Reconquista.

Cuando se trasladó la capital del reino de Oviedo a León se aceleró la ocupación-repoblación del valle del Duero que, como zona fronteriza entre León y Al-Andalus, era una especie de tierra de nadie apenas poblada. Los reyes leoneses se mostraron muy pronto incapaces de mantener la unidad de sus dominios. Los condes gallegos, súbditos de León, actuaban con gran independencia, apoyados en ocasiones por los musulmanes e interviniendo como árbitros entre los aspirantes al trono leonés.

En los años finales de Alfonso III, las diferencias entre los territorios que constituían el reino surgieron de forma violenta. Sus hijos se sublevaron y, a la muerte del rey, se proclamaron reyes de León, de Asturias y de Galicia, respectivamente, aun reconociendo una cierta supremacía a León.

cristianos vivían durante este periodo una etapa de alianzas y enfrentamientos entre sí que, sumados a sus propios conflictos internos, ralentizaron la reconquista peninsular. Las circunstancias particulares de cada uno de ellos marcaron una idiosincrasia y un carácter que, en algunas ocasiones, han sido mitificados y que, en gran parte, se explica por tratarse de la creación de comunidades nuevas que, partiendo de un sustrato romano-visigodo, fueron dotándose de instituciones propias, organizaron sus

Ordoño II (914-924) reconstruyó la unidad del reino, pero las tensiones con los condes castellanos no desaparecieron. El malestar que les producía la política monárquica de alianzas entre León y Navarra (en la práctica se traducía en una expansión de Navarra por La Rioja a costa de los castellanos) hizo que se negaran a participar en la batalla de Valdejunquera (920) en la que Abd al-Rahman III dejó claro que impediría la repoblación de lugares estratégicos, como Osma o San Esteban de Gormaz.

A la muerte de Ordoño II, se desató una guerra interna y León no recobró la unidad hasta el reinado de Ramiro II (931-951), que intentó unir a todos los cristianos contra el califa. El resultado de esta unidad transitoria fue la victoria de Simancas (939) frente al gran Abd al-Rahman III. Esta victoria consolidó las posiciones leonesas en el valle del Duero, lo que permitió la repoblación de Sepúlveda, Ledesma y Salamanca. No obstante estos éxitos, el conde castellano Fernán González se sublevó contra León y sentó las bases de la futura independencia del condado de Castilla.

Fernando I en una miniatura del Libro de las Estampas, *catedral de León*

A la muerte de Ramiro II, se inició la decadencia del reino leonés. Sus reyes eran nombrados por castellanos y navarros, tan pronto aliados como enfrentados entre sí y ambos sometidos a la tutela de los Omeyas en cuya Corte hallaban refugio tanto los monarcas destronados como los aspirantes al trono. Así, por ejemplo, Sancho I de León, depuesto por Fernán González, huyó a Córdoba, de donde regresó con tropas cordobesas: con ellas y con la ayuda de Navarra logró recuperar el trono leonés.

La desintegración del reino se puso de manifiesto en la época de Al-Mansur. Éste no sólo destruyó Zamora en el año 981, sino que derrotó a castellanos, leoneses y navarros en Rueda, aquel mismo año. No obstante, los candidatos al trono leonés recurrieron a Al-Mansur y su ejército en busca de apoyo, lo que permitió que, en cierto modo, éste controlase el reino en el 987. Ese mismo año, con ayuda de condes gallegos y rebeldes leoneses, Al-Mansur saqueó Coimbra, Sahagún y otras ciudades pertenecientes al reino leonés, en respuesta a los intentos de Vermudo II de librarse del protectorado musulmán.

El reino leonés, debilitado por las guerras civiles que se sucedieron desde mediados del siglo X, no pudo librarse de la presión castellana, ni posteriormente de la navarra, cuyas tropas, al mando de Sancho el Mayor, llegaron a ocupar León. Cuando su hijo Fernando I se convirtió en rey de Castilla en 1035, derrotó al último rey leonés Vermudo III e incorporó a Castilla todo el reino de León. A partir de entonces, la hegemonía se trasladó al nuevo reino de Castilla.

El reino de Castilla

Las condiciones de Castilla a principios del siglo X (época en la que la frontera con los musulmanes se desplazó más al sur del valle del Duero) eran muy especiales. En realidad, Castilla había sido la frontera Sur-oriental del reino astur-leonés, el ámbito de separación con el reino musulmán. Era, pues, una región escasamente poblada y sus habitantes alternaban el trabajo en los campos con el ejercicio de las armas. Mientras la guerra en Asturias y León era una tarea nobiliaria como lo había sido en época visigoda, en Castilla era una actividad de campesinos.

La configuración geográfica castellana, con extensas llanuras, hacía más insegura la defensa de la población, por lo que no resultaba atractiva ni para la vieja nobleza visigoda, ni para los eclesiásticos, monjes o pertenecientes a sedes episcopales. Estos últimos grupos eran los propietarios absentistas de la tierra y de la fuerza necesaria para mantener sometidos a los campesinos, aunque las plenas relaciones feudales no se estable-

cieron hasta el siglo XI, contrariamente a lo que ya sucedía en el reino astur-leonés o en Aragón.

Los reyes astur-leoneses habían delegado el gobierno de Castilla en varios condes; el primer conde castellano conocido es Rodrigo (850). Estos condes habían erigido fortalezas en los núcleos de población más importantes a fin de suplir la ausencia de defensas naturales. Desde ellas, los condes no tardaron en desafiar a la autoridad de los reyes.

La primera noticia de este enfrentamiento se encuentra en una crónica que relata la prisión de los condes de Castilla, ordenada por Ordoño II. La razón fue la ne-

Página del Beato de Fernando I

gativa de esos condes a combatir junto a los ejércitos navarros y astur-leoneses en Valdejunquera frente a Abd al-Rahman III.

Mientras Castilla permaneció dividida en varios condados, León mantuvo su autoridad sobre la zona, principalmente por los desacuerdos entre unos condes y otros. Pero las necesidades militares aconsejaron concentrar el mando militar castellano en una sola persona y Ramiro II eligió al conde Fernán González como el más digno de su confianza. Aun así, para garantizar la fidelidad de éste, propició su matrimonio con una de sus hijas. La prematura muerte de Ramiro selló el fin de toda fidelidad. Fernán González consiguió una independencia de Castilla y se dedicó a ampliar sus dominios combinando la sublevación armada contra los reyes leoneses con la sumisión y los pactos con Navarra.

A su muerte, fue su hijo García Fernández (970-995) quien le sucedió al frente de los condados castellanos. Para lograr un ejército estable favoreció a los campesinos: quienes dispusieran de un caballo apto para la guerra recibían el título de infanzones. De igual modo, favoreció la repoblación de Castilla con el traslado de cántabros y vascones. A la muerte de Al-Mansur, su hijo Sancho, actuando como aliado de los beréberes en los conflictos entre éstos y los eslavos, logró la cesión de algunas plazas fronterizas al sur del valle del Duero. La autoridad condal se fortaleció hasta el punto que, a la muerte de Sancho (1017), el condado pudo ser regido por su hijo García quien era aún menor de edad. En esta época, el peligro para Castilla no venía de León, sino de Navarra; para mantener la independencia, se firmó una nueva alianza entre castellanos y leoneses, confirmada con el compromiso de matrimonio de García con Sancha, hermana de Vermudo III de León; el conde de Castilla fue reconocido como rey. Pero el asesinato de García, en León, llevó a los castellanos a entregar el condado a Sancho el Mayor de Navarra.

El Cid Campeador

El afán de la reconquista hizo surgir un tipo de hombre nuevo: el hombre que vivía en esta tierra de nadie, en la frontera, capaz de entenderse con los cristianos y con los musulmanes. Eran hombres cautos y reservados pero capaces del más alto grado de desprendimiento; justos y leales pero desconfiados de aquel a quien debieran entregar su lealtad y, sobre todo, eran soldados ejemplares. El prototipo de ese modelo fue Rodrigo Díaz de Vivar, que pasó a la historia y a la literatura épica como "Cid Campeador". Fue exiliado de Castilla por desafiar lealmente

Escena de una página del Beato de Fernando I

al rey de León, Alfonso VI, haciéndole jurar públicamente no haber participado en el asesinato de su hermano Sancho II, que había recibido el reino de Castilla. El juramento en sí mismo implicaba la desconfianza de un noble; sin duda —como se desprende del exilio posterior— constituyó una humillación para el rey.

Rodrigo luchó a favor y en contra del rey Mustain II de Zaragoza o de Sancho Ramírez y Pedro I de Aragón. Era capaz de repartir el botín entre sus soldados, pero también de quemar vivo a su adversario, como hizo con Ibn Yahhaf en Valencia, donde se asentó como señor de la ciudad tras duros enfrentamientos contra los almorávides. La totalidad de Valencia fue ocupada en el año 1102, muy poco después de la muerte de Rodrigo.

Su figura se convirtió en una leyenda y su vida era cantada en todas las tierras de Aragón, Cataluña y Castilla.

El cobro de las parias, los impuestos que debían pagar las taifas sometidas a vasallaje o controladas por los diversos reinos cristianos, fue una importante entrada de riqueza para esos reinos. Y, como demuestra un cronista almorávide, Ibn Idari, el Cid debió de aplicarse con dedicación a esta tarea; en ella se dice que: "Cada musulmán tuvo detrás, a partir de entonces, a un esbirro que salía con él todas las mañanas para hacerle ingresar algo en las cajas del señor de la ciudad, so pena de azotes o tortura". Aunque tal vez la noticia sea exagerada, según Menéndez Pidal, el Cid debía cobrar anualmente,

por "proteger" a los habitantes de los castillos o ciudades, más de 144.000 dinares de oro, que equivalían a un peso aproximado de 273 kg de oro amonedado, lo que suponía una suma fabulosa. Es cierto que una parte de esas cantidades fue entregada como presente al rey, a cambio de que dejase ir a su esposa Doña Jimena y a sus hijas a reunirse con él.

El "Cantar de Mío Cid" reúne muchos elementos de ficción, pero el transfondo histórico y los personajes existieron realmente, al igual que la mayoría de los hechos que narra. Su verdadero valor reside en el carácter simbólico y modélico que la figura del Cid adquirió entre los cristianos.

El reino de Navarra y Aragón

A diferencia de Castilla, el valle del Ebro estaba mucho más poblado. Sus dirigentes, árabes o miembros de la nobleza visigoda convertidos al islamismo, ofrecieron una gran resistencia a los avances de los ejércitos cristianos.

El condado aragonés había logrado extenderse, a mediados del siglo X, hacia el Este por la cuenca del río Aragón y, por el Norte, hasta Nájera, Calahorra y Arnedo. Terminó no obstante siendo anexionado por Navarra en época de la reina Toda, regente de García Sánchez I. Esta

El conde Ramón Berenguer I y su esposa Almodís, en una miniatura de un libro del siglo XII

unión no fue definitiva. En 1137, Aragón se unió al condado de Barcelona con el que se mantuvo unido durante la Edad Media, aunque cada Estado conservara su propia organización, intereses políticos, sus Cortes, etc. Zaragoza, que había sido uno de los reinos de taifas más importantes, fue conquistada por Alfonso el Batallador (1104-1134) y posteriormente incorporada a Aragón.

El reino de Navarra mantuvo, durante toda esta época, una hábil política de equilibrio entre Aragón y Castilla, a pesar de los diversos pactos establecidos entre estos últimos para ocupar y repartirse el reino navarro. Tal amenaza llevó, a veces, a Navarra a solicitar ayuda militar y política, primero, a algunos miembros de la nobleza francesa, como los condes de Champagne, y, desde mediados del siglo XIII, también a la casa real francesa, cuyos herederos fueron al mismo tiempo reyes de Navarra.

El territorio de Navarra tuvo la hegemonía sobre los reinos cristianos durante el reinado de Sancho III el Mayor (1005-1035), ocupando Castilla, parte de León y los condados de Sobrarbe y Ribagorza, además de obtener el vasallaje del conde de Gascuña. Con razón, el rey se jactaba de que su poder se extendía desde Zamora hasta Barcelona.

El Camino de Santiago había servido de estímulo para mejorar la infraestructura ur-

Rodrigo Díaz de Vivar, el Cid, (del Libro de los retratos de los reyes)

BURGOS EN EL SIGLO XII, SEGÚN EL RELATO DEL GEÓGRAFO ÁRABE EL EDRISI

"Burgos es una gran ciudad, atravesada por un río y dividida en barrios rodeados de murallas. Uno de esos barrios está habitado por judíos. La ciudad es fuerte y preparada para la defensa. Tiene bazares, comercio, mucha población y riquezas. Está situada sobre una importante ruta de viajeros. Sus alrededores están cubiertos de viñedos, de aldeas y de otras dependencias. De Burgos a Nadjira (Nájera), ciudad muy poblada, hay una jornada; de allí a Castillia, plaza fuerte habitada por una población hermosa, brava y vigilante, una jornada".

(La Géographie d'Edrisi, 1975, p. 233)

bana. Igualmente se repararon y mejoraron los caminos seguidos por los peregrinos que atravesaban Navarra. Se introdujeron los monasterios cluniacenses por mediación de Sancho el Mayor, que aumentaron la influencia de la Roma papal, considerada como poder supremo de Occidente y garantía de estabilidad. Entre los primeros monasterios cluniacenses estaban San Juan de la Peña y el de Leire: desde ellos, se realizó una importante labor de cristianización de las masas rurales.

La muerte de Sancho el Mayor puso fin a la obra unificadora que había emprendido. Más que una decisión de dividir el reino, Sancho se limitó a confiar el gobierno de Castilla, de Aragón y de Sobrarbe-Ribagorza a sus hijos: a García le correspondió Navarra; a Fernando, Castilla; a Gonzalo, Sobrarbe-Ribagorza y a Ramiro, todo Aragón. Jurídicamente dependían del hijo mayor y único rey, García de Navarra. En la práctica, actuaron como

reyes independientes. La quiebra de la unidad tuvo fatales consecuencias para el reino navarro: quedó encajonado entre la tensa resistencia de la población islámica de Zaragoza y los reinos de Aragón y de Castilla, deseosos de aumentar sus áreas de influencia a sus expensas. En la batalla de Atapuerca (1054), los ejércitos navarros de García fueron aniquilados por su hermano Fernando I de Castilla. La situación se invirtió y el nuevo rey de Navarra, Sancho IV, pasó a ser vasallo del rey de Castilla.

A partir de entonces, el reino de Aragón dirigió sus conquistas a lo largo del valle del Ebro. Entre los años 1096 y 1100, fueron sometidas las ciudades de Huesca y Barbastro, mientras Castilla concentraba sus esfuerzos en la expansión por la Meseta. Bajo Alfonso VI de Castilla, se ocuparon las taifas de Toledo y Badajoz y quedaron en régimen de vasallaje las taifas de Zaragoza y Valencia. En este juego de la búsqueda de una supremacía, Castilla alcanzó la hegemonía sobre el conjunto de los reinos cristianos.

Los condados catalanes

El uso de la expresión "Marca Hispánica" en los textos del siglo IX y la posterior unión política de la zona catalana, han sido interpretados como un agrupamiento de tierras, limítrofes a los dominios musulmanes, que constituían una entidad administrativa y militar. Esta "Marca", en sus orígenes, incluía las regiones de Toulouse, Septimania y los condados catalanes. En el año 817, se dividió en dos:

Partida de ajedrez entre un caballero árabe y otro cristiano, Libro del ajedrez *de Alfonso X*

al Oeste, quedó la marca de Toulouse, Carcasona y Ribagorza y, al Este, los condados de Urgel, Cerdaña, Gerona, Barcelona, Narbona, Rosellón y Ampurias. La primera tenía como capital a Toulouse y la segunda a Barcelona. Los condes de estas dos ciudades recibían el título de duque o marqués, aludiendo a sus poderes militares. Esta Marca se reorganizó de nuevo en el año 865, quedando fuera los condados de Narbona y Rosellón, mientras los demás constituían la "Marca Hispánica". Cada condado era independiente, si bien se unieron ocasionalmente frente a los musulmanes.

Durante el siglo IX, el mayor peligro para la independencia de los condados catalanes lo constituyeron los condes francos, altos personajes de la Corte carolingia. Durante esa época, los condados fueron utilizados como recompensa de los reyes carolingios a sus nobles. A la muerte de Carlos el Calvo, los condados catalanes recuperaron su autonomía, que se manifestaba en el reparto de los mismos entre los hijos del conde. Los condes ejercían un dominio patrimonial sobre los condados. Sólo se mantuvo la unión de Barcelona, Vic y Gerona, aunque, para lograrlo, fuera preciso transmitir estos territorios conjuntamente a dos o más hijos, como hicieron Wifredo (898), Suñer (954) o Ramón Berenguer I (1035).

Los condados catalanes constituían un modelo de sociedad feudal, en el que unas pocas familias ejercían un pleno dominio patrimonial, apoyados por los obispos de los respectivos condados. Aunque permanentemente divididos, existía el reconocimiento de que el condado de Barcelona tenía mayor prestigio y autoridad, ya que, bajo la dirección del conde de Barcelona, Wifredo, habían logrado independizarse del dominio de los soberanos francos.

Los condes de Barcelona, aprovechando esta supremacía, intentaron durante siglos someter a su autoridad a todos los demás: Urgel, Ampurias, Ripoll, Vic, Cerdaña, Gerona... La primera unificación lograda en el siglo IX por Wifredo el Velloso no le sobrevivió. El escaso papel jugado en la reconquista y un nuevo y frustado intento de integración por parte de Ramón Berenguer provocaron una situación caótica, que nos es conocida por el abad de Ripoll, Oliba. La causa parece residir en los enfrentamientos entre Ramón Berenguer y su madre Ermesinda, que dividió a los nobles a favor de uno o de la otra o bien les estimuló a buscar su propia independencia. Ramón pidió ayuda a Sancho el Mayor de

Alfonso II de Aragón y I de Cataluña dota a su esposa Sancha de Castilla

Navarra y Ermesinda contó con el apoyo de tropas normandas. Oliba actuó como mediador en los conflictos. Su actuación como pacificador culminó con la difusión en Cataluña de unas "Constituciones de paz y tregua" que fijaban los derechos y deberes de los señores y sus vasallos. La precariedad de la situación quedó, no obstante, bien reflejada en ese documento: se ordenaba el mantenimiento de la paz desde el jueves al lunes, además de los días festivos y los días de mercado, así como en determinados periodos del año. El matrimonio de Ramón Berenguer con Petronila de Aragón supuso la unión del condado barcelonés al reino de Aragón y el comienzo de una expedición territorial que culminó con la incorporación de Valencia y, posteriormente, de Zaragoza, en el 1158, siendo rey Alfonso el Casto.

La época de Alfonso X

Tras el agitado período de construcción política de los siglos precedentes, España había quedado dividida, a mediados del siglo XIII, en cuatro reinos, todos ellos claramente vinculados a Europa, frente a unas taifas vinculadas al Magreb.

Navarra encontraba en Francia protección frente a sus poderosos vecinos, el reino de Aragón (incluía a Cataluña, Valencia y Mallorca, además de Aragón) y el reino de Castilla. Este último se había anexionado Asturias, León, Galicia, Toledo y un amplio número de antiguas taifas como la de Córdoba, Jaén...; estos últimos territorios estaban poco integrados políticamente. Portugal, a su vez, se había convertido en un reino independiente.

Tras el impulso expansionista de la época anterior, los problemas centrales de ahora eran de carácter interno. Tanto Alfonso X de Castilla como Jaime I de Aragón y Alfon-

so III de Portugal, así como los sucesores de éstos, tuvieron que hacer frente a las continuas revueltas nobiliarias en las que se vieron envueltos miembros de las familias reinantes; actuaban como jefes naturales de los nobles en las luchas por alcanzar la sucesión monárquica. Entre varias razones que estimulaban la protesta de los nobles, una muy importante residía en el descenso de su relevancia política y también en la pérdida de sus elevados beneficios.

Dos caballeros cristianos jugando a la tabla, Libro del ajedrez *de Alfonso X*

Por una parte, la introducción de nuevo del Derecho Romano en Occidente disminuyó las atribuciones y privilegios de la nobleza, mientras se reforzaba la posición y la autoridad del monarca. Por otra parte, la caballería, integrada por los nobles, se evidenció poco eficaz en muchas batallas, mientras se revalorizó la infantería. Los ejércitos compuestos de vasallos de los nobles tampoco fueron ya tan esenciales, pues las riquezas conseguidas por las conquistas permitían al rey servirse de soldados mercenarios, auténticos profesionales de la guerra.

En la pérdida de influencia de los nobles influyó también el ascenso de dos grupos sociales: el de los mercaderes, enriquecidos por encima de los nobles con el desarrollo de los intercambios y el de los juristas. Estos últimos, convertidos en funcionarios de la Monarquía, adquirieron un gran prestigio social que se tradujo en poder político y económico.

Decididos a mantener su posición, los nobles recurrieron a las revueltas para ampliar sus dominios en el interior de los reinos o en el exterior. El enfrentamiento entre los nobles y Alfonso X, rey de Castilla, se desató cuando el rey partió hacia Roma para intentar, sin éxito, lograr el apoyo del pontífice romano para conseguir la Corona imperial en Alemania; aspiraba a ella por ser hijo de Beatriz de Suavia y por contar con el apoyo de numerosos electores alemanes. Durante su ausencia, la nobleza se dividió entre los que apoyaban al hijo de Al-

Alfonso X de Castilla y León, en el Libro de los retratos de los reyes, *procedente del Alcázar de Segovia*

fonso, Sancho IV, y los que tomaron partido por sus sobrinos, los infantes de la Cerda.

Los partidarios de Sancho impulsaron a éste a la conquista de Navarra, donde existía un partido favorable a la unificación con

Jaime I el Conquistador (litografía de Pablo Pellicer, siglo XIX)

flicto entre los nobles partidarios de Alfonso y los de su hijo. Las revueltas se prolongaron hasta la muerte de Alfonso en 1284. En su último testamento, Alfonso había desheredado a su hijo y proclamado herederos a los infantes de la Cerda, que quedaban bajo la tutela de Felipe III de Francia, quien heredaría Castilla si los infantes morían sin descendencia. Su testamento no fue respetado.

En Aragón, las revueltas nobiliarias se complicaban con tendencias nacionalistas o anticatalanas. El apoyo de los catalanes a Jaime I de Aragón obligó a una tregua en los enfrentamientos entre los nobles aragoneses, pero éstos constituyeron una alianza destinada a luchar contra el monarca.

La hostilidad de los nobles se manifestó en 1264 con motivo de la petición del rey de ayuda económica y militar para intervenir en Murcia contra los mudéjares que se habían sublevado contra Castilla. Las Cortes de Aragón, controladas por los nobles, negaron al rey la ayuda solicitada. El aumento de las tensiones hizo que Jaime I tuviera que acceder a la concesión de parte de las aspiraciones nobiliarias: no dar tierras ni honores a los extranjeros o a quienes no fueran ricos hombres por sangre y por naturaleza, entendiéndose que los aragoneses debían ser los más favorecidos.

Castilla, y otro partidario de unirse con Aragón. Los nobles intentaban anexionarse Navarra, pero el resultado de la guerra fue indeciso y, con el fracaso, desapareció el apoyo a Sancho.

El regreso de Alfonso X y su apoyo a los infantes de la Cerda, a los que pareció designar herederos, volvió a desatar el con-

Tras la muerte de Jaime I, los problemas sucesorios volvieron a manifestarse con nuevos enfrentamientos entre los nobles. Los mayores apoyos nobiliarios a Pedro le dieron la Corona frente a Fernán Sánchez. Tras la ocupación de Sicilia por el nuevo rey en el año 1282, —el rey actuaba en nombre de su esposa Constanza de Sicilia—, los nobles volvieron a la amistad con el monarca.

La supremacía de Castilla y de Aragón

La guerra fratricida que enfrentó a Pedro I, hijo de Alfonso XI, y a su hermanastro Enrique de Trastámara (1366-1369) fue una de las etapas más duras de la Castilla medieval. Poco antes se había extendido una epidemia de peste negra que había causado tal mortandad en Castilla (murió también el rey Alfonso XI), que, en las Cortes de Valladolid (1351), se aludió repetidas veces a la carencia de brazos para trabajar la tierra. De hecho, se dispararon los precios de los alimentos por el menor rendimiento de la producción agraria. La principal víctima de la peste había sido la población rural. Los grandes propietarios de tierras veían cómo disminuían sus rentas.

Las condiciones de descontento general condujeron a que una facción de los nobles se enfrentara a Pedro I —designado en la campaña de desprestigio como "El Cruel"—. Los nobles sublevados apoyaban a Enrique de Trastámara, hijo bastardo de Alfonso XI y de su amante Leonor de Guzmán. Los nobles lograron primero el apoyo de Aragón, deseoso de modificar las fronteras con Castilla y de obtener otras ventajas de la fragmentación política del reino vecino. Consiguieron también el apoyo de Fran-

Pedro I, El Cruel (del Libro de los retratos de los reyes)

cia, cuya Corona se hallaba molesta por el repudio de Pedro I a su joven esposa, la francesa Blanca de Borbón. El resultado de la terrible contienda fue la implantación de la dinastía de los Trastámara en Castilla.

Durante los primeros Trastámaras se impulsó el desarrollo de las instituciones centralizadas de Gobierno (creación de la

Audiencia, del Consejo Real...) y Castilla alcanzó, en las últimas décadas del siglo XIV, una notable proyección tanto en el marco peninsular como en el europeo.

A la muerte de Enrique III, la política castellana dio un giro inesperado. Puesto que el sucesor Juan II (1406-1454) tenía sólo un año, Fernando de Aragón ejerció la regencia dejando a sus tres hijos, los "infantes de Aragón", en la cúspide de la nobleza castellana; pareció imposible gobernar sin contar con ellos. De los tres, el mayor, Alfonso, sucedió a su padre en el trono aragonés en 1416 y Juan se convirtió en rey consorte de Navarra (1425).

Cuando Juan II tuvo la mayoría de edad, actuó como un fiel portavoz —o prisionero, se podría decir mejor— de los llamados "infantes de Aragón", que ejercían su constante influencia en Castilla. Habían logrado el encierro y la posterior ejecución de Álvaro de Luna por haberse constituido en el principal defensor del fortalecimiento de la autoridad monárquica y excepcional defensor de Juan II.

Mientras tanto, la posición política de Aragón se había elevado considerablemente, pues las empresas italianas de Alfonso V le llevaron al trono de Nápoles en el año 1442.

Tras la largísima pugna sostenida en Castilla entre los "infantes de Aragón", Álvaro de Luna y las ligas nobiliarias divididas entre el apoyo a los primeros o al rey Juan II, el sucesor de éste, Enrique IV de Castilla, avivó el enfrentamiento entre la Monarquía y la nobleza.

Enrique IV tomó importantes medidas para impulsar la industria textil castellana, pero no supo atraerse el apoyo de la nobleza. Debía de ser un hombre débil y enfermizo (según G. Marañón, un *displásico eunocoide*), a tenor de su comportamiento político: su debilidad le llevó, por ejemplo, a rechazar —después de un largo periodo de gran indecisión— la aceptación del principado que le ofrecían los catalanes insurrectos contra el rey de Aragón en el año 1462. En 1465, Enrique IV fue depuesto y proclamado rey su hermano Alfonso. Se rechazaron las pretensiones al trono de la hija de Enrique IV, Juana, sobre la que difundieron la sospecha de que no era hija del rey sino fruto de los amores libres de la reina (Juana de Portugal) con Beltrán de la Cueva.

La muerte prematura de Alfonso trajo consigo el inicio de una guerra sucesoria entre la hermana del rey, Isabel, y Juana, apodada "La Beltraneja". El matrimonio

Retablo dels Consellers, por Lluis Dalmau, 1443–45, óleo sobre tabla

de Isabel con el aragonés Fernando, heredero del trono de Aragón, celebrado en Valladolid, inclinó a la nobleza a apoyar a Juana, lo que no hizo más que prolongar la guerra durante varios años, hasta el 1479. La victoria final se inclinó por Isabel, que contaba con el apoyo de lo que todavía quedaba de los antiguos partidarios e intereses de los "infantes de Aragón" en Castilla.

Durante esta guerra, los nobles castellanos, ante la debilidad de la política de Enrique IV, habían establecido una lucha por el poder a través de los dos candidatos al trono. Los adversarios de Juana habían llegado a negociar el matrimonio de Isabel con Alfonso V de Portugal a cambio de dejar el gobierno de Castilla en manos de la oligarquía nobiliaria, fiel al marqués de Villena y a Pacheco. Frente a ellos, otro sector se manifestaba partidario de Juan II de Aragón. Cuando en 1469 se celebró el matrimonio entre Isabel y Fernando, los nobles descontentos, dirigidos por el marqués de Villena, se volvieron a favor de Juana: los que antes habían utilizado a Isabel para oponerse a Enrique IV estaban ahora al lado de éste y de su hija, y quienes, antes, habían sido partidarios del rey, como los Mendoza, se proclamaban defensores de Isabel. La situación se complicó con revueltas sociales, como las de los "irmandiños" gallegos, que llegaron a derribar castillos y casas de nobles. Se trataba de revueltas de campesinos enfrentados a una nobleza feudal y decididos a combatir los abusos señoriales.

Sociedad y economía

Como hemos visto, la sociedad castellana y aragonesa se hallaba con mucha frecuencia dividida en bandos antagónicos. No siempre resultan explicables para el historiador actual los motivos de esos constantes sobresaltos. A menudo, en la base de esas alteraciones se encontraba la voluntad de forzar a los reyes a reajus-

Juan II (del Libro de los retratos de los reyes)

tes más ventajosos en la percepción de impuestos.

En los dominos de los nobles funcionaba, al servicio del señor correspondiente, su "aparato de Estado", que reproducía a menor escala el de la propia Monarquía. Los señores eran los jueces de sus súbditos, cobraban rentas de muy diversa índole, controlaban monopolios diversos y siempre aprovechaban cualquier resquicio para obtener nuevos beneficios. Los castillos eran el símbolo de su poder y de su dominio sobre los vasallos de las tierras circundantes.

Los servicios prestados por los nobles a los reyes se recompensaban en muchos casos con la donación de nuevos dominios, que a veces incluían villas y aldeas. Los vecinos de estas aldeas pasaban a depender directamente de los nuevos señores.

En muchas ocasiones, el abuso de poder por parte de estos nobles provocó reacciones antiseñoriales. Estos movimientos alcanzaron su punto álgido a comienzos del siglo XIV, época en la que se crearon las primeras Hermandades, equivalentes a asociaciones de plebeyos para defenderse de las tropelías de los grandes señores. A veces estas Hermandades derivaron en el uso de armas de combate contra los poderosos, como en Galicia, donde la revueltas adquirieron el carácter de guerras.

A partir del siglo XI, el comercio adquirió una mayor pujanza. Los reyes protegieron a estos burgueses —los comerciantes eran los habitantes de los burgos o villas—, concediéndoles franquicias y libertades. El vino, la lana, los productos artesanales, el cuero y los tejidos eran los principales objetos de comercialización. Por este medio, se fue creando una dualidad conceptual sobre la riqueza a lo largo de esta época: la nobleza laica y clerical consideraba a la agricultura y la ganadería las bases de la riqueza; por ello, se esforzaban por incrementar la extensión de sus tierras. Por otra parte, los burgueses valoraban sobre todo la riqueza en bienes muebles. Las dos clases comenzaron a enfrentarse a partir del siglo XII. El clero denunciaba constantemente como inmoral y usuraria cualquier forma de comercio, mientras los burgueses apoyaban a los labriegos contra los propietarios de tierras —nobles o clérigos—. El rey se inclinó hacia uno u otro grupo según las conveniencias coyunturales del poder central.

El arte y la cultura

A pesar de la inestabilidad política de la época medieval, se realizaron grandes obras de arte, entre las que sobresalen las relacionadas con la vida religiosa: escultura sacra, iglesias y monasterios. El conjunto de arquitectura prerrománica más importante se encuentra en Asturias, en las iglesias de San Miguel de Lillo, Santa María del Naranco y Santa Cristina de Lena. Pero el arte más característico de esta época y del que hay decenas de testimonios es el románico que surgió a mediados del siglo XI. La arquitectura románica tuvo en la orden monacal de Cluny uno de sus mejores difusores; a fines del siglo XI, había más de 2.000 monasterios cluniacenses extendidos por toda Europa.

Sancho el Mayor dedicó la capilla de San Antolín de Palencia. Sus hijos y nietos levantaron Santa María de Nájera (1052), San Isidoro de León (1063), Frómista (1066) y la catedral de Jaca (1077) entre otras. La fecha de la mayoría de estas iglesias coincide con la fijación del "Camino de Santiago" por la ruta que terminó convirtiéndose en la tradicional. Las obras públicas que esta ruta impulsó incluyeron también la construcción de puentes, hospitales y hospederías, como las de Santo Domingo de la Calzada, Sahagún, Burgos y Villafranca del Bierzo, casi todas construidas en torno a 1085.

El arte mozárabe, el de los cristianos que conservaron su religión en territorio musulmán, ha dejado buenos testimonios como las iglesias de San Miguel de Escalada y de Santiago de Peñalba, ambas en la provincia de León, la de San Miguel de Celanova (Orense) o la iglesia de San Cebrián de Mazote (Valladolid).

La literatura cristiana debe mucho a las escuelas de traductores de musulmanes y

Fachada Este de la magnífica iglesia de Santa María del Naranco (Asturias)

Esta obra llamada *Libro de la Escala* recoge una serie de leyendas relativas a un viaje hecho por Mahoma al Infierno y al Paraíso. En los reinos cristianos, la ciencia y la cultura fueron, hasta el siglo XII, patrimonio exclusivo del clero. Las primeras universidades hispánicas fueron la de Palencia (finales del siglo XII) y la de Salamanca. A mediados del siglo XIII, bajo el impulso de Alfonso X, se crearon las universidades de Valladolid y de Sevilla.

Alfonso X es considerado el creador de la prosa literaria castellana. Además de las obras escritas por él o por sus colaboradores (*Las Cantigas* o *La Crónica*), impulsó la traducción al castellano de obras que compendiaban todo el saber de su tiempo: *Las Siete Partidas*, tratados científicos de astronomía, de ajedrez, de derecho, el *Libro de las Cruces*, etc. Los traductores de estas obras eran sabios judíos, musulmanes y cristianos, reunidos en la Escuela de Traductores de Toledo.

La literatura popular se centra en la literatura épica que incluye los cantares de judíos que difundieron la cultura oriental por toda Europa. Entre la ingente cantidad de autores clásicos traducidos y de creaciones propias destacaremos una obra que fue traducida en el siglo XIII al latín, al castellano y al francés y que sirvió de base argumental a la *Divina Comedia* de Dante.

gesta como *El Cantar de Mío Cid, El Cantar de Roncesvalles, El Cantar de la Condesa Traidora, El Cantar de los Siete Infantes de Lara, El Poema de Fernán González...* Eran recitados por juglares a lo largo de villas y campos de España.

También en el terreno de la poesía, constituye una importante creación el llamado *Mester de clerecía*. Se trata de un género de poesía narrativa de los siglos XIII y XIV que se servía sólo del castellano. La creación literaria siguió aumentando en variedad de modalidades y géneros; resultaría ahora interminable el ofrecer un compendio de los muchos títulos. Los libros de aventuras caballerescas como *El Amadís de Gaula,* los tratados científicos, filosóficos, históricos o los libros de sentencias como el *Libro de los enxemplos del Conde Lucanor, El Libro del Buen Amor* y las cantigas que pertenecen a la lírica galaico-portuguesa. Hay "cantigas de amor", "cantigas de amigo" y "cantigas religiosas", que constituyen la primera riqueza cultural escrita en el idioma gestado en esa época, el castellano. La poesía de esta época, tiene su mayor representante en Gonzalo de Berceo, clérigo formado en el Monasterio de San Millán de la Cogolla, muy influenciado por la poesía latina.

Actividades

Itinerarios/Museos

Para conocer restos materiales de todas las fases culturales de la Prehistoria, Historia Antigua e Historia Medieval, pueden visitarse los Museos Arqueológicos Provinciales. Muestras representativas de toda España se encuentran en el Museo Arqueológico Nacional (Madrid).

Prehistoria. La cueva con pinturas paleolíticas más conocida es la de Altamira (Cantabria), pero hay muchas en España con una concentración mayor en el Norte de la Península: así, la cueva de El Pindal (Asturias) con el famoso elefante enamorado, la de Tito Bustillo (Asturias) o la de El Castillo (Puente Viesgo, Cantabria). Una de las más representativas de la pintura neolítica es la cueva de Valltorta (Castellón) con excelentes pinturas de escenas de caza. Entre las muchas muestras del megalitismo, conviene visitar el dolmen de Dombate (La Coruña) o el dolmen de El Oficio en Almería, visita que puede ampliarse para conocer el poblado de época del Bronce de Los Millares.

El Museo Arqueológico Provincial con mejores muestras de la escultura ibérica es el de Jaén.

Época romana. Un buen itinerario para conocer restos arqueológicos romanos consiste en la visita a Mérida, la que fue capital de la provincia lusitana, a la antigua Itálica (Santiponce, Sevilla) y a Bolonia (Cádiz) para terminar con la visita a los restos de la necrópolis de Carmona. En otra dirección, merece la pena conocer Tarragona, la que fue la capital provincial de la provincia Citerior. Y entre las muchas ciudades con itinerario específico pueden situarse Tiermes y Numancia (Soria) o la antigua Segobriga (Saelices, Cuenca).

Época visigoda. Además de los objetos contenidos en el Museo Arqueológico Nacional y en el de Toledo, puede visitarse la iglesia de Santa María de Melque (Toledo) o

la de Fuente de Guarrazar (Toledo). Una de las muestras más importantes del arte visigodo es la iglesia de San Pedro de la Nave (Zamora), con capiteles representando escenas bíblicas. De interés son también la iglesia de Santa Comba de Bande (Orense) así como la de San Juan de Baños (Palencia), fundada por Recesvinto, y la cripta de San Antolín en la catedral de Palencia, de finales del siglo VII.

España musulmana. En todo el Sur peninsular, hay numerosos restos del pasado musulmán; basta recordar la Torre del Oro de Sevilla y el Generalife de Granada.

La obra más representativa del califato es la mezquita de Córdoba, de época de Abd al-Rahman; a la misma época pertenecen los restos del conjunto palaciego de Madinat al-Zahra, cerca de Córdoba.

Una visita obligada es la de la Alhambra de Granada, construida a mediados del siglo XIV, obra básica del periodo nazarí. Casi desconocida por el gran público es la ciudad de Vascos en excelente estado de conservación (Toledo), de la que se ignora el nombre que tuvo en época musulmana.

Época medieval. El mejor conjunto de arte prerrománico se encuentra en Asturias. De la primera época (791-842) son la Cámara Santa y San Tirso (Oviedo) y merecen ser visitadas también las iglesias de Santullano y San Pedro de Nora. De la segunda época (842-850) son Santa María del Naranco y San Miguel de Lillo (Oviedo) así como Santa Cristina de Lena. Y de la tercera época (866-910), las iglesias de Valdediós, Tuñón, Gobiendes, Priesca y Foncalada.

Más al Sur, en la provincia de León, se encuentra la iglesia de S. Miguel de la Escalada, ejemplo significativo de la arquitectura mozárabe, de comienzos del siglo X. En la propia ciudad de León, merece una visita detenida la iglesia de San Isidoro de León con el famoso Panteón de los Reyes. La catedral de Santiago de Compostela (1075-1078), fin de la ruta jacobea, así como el primer templo del Monasterio de Silos (1088) pueden ser otras dos buenas visitas para conocer el arte románico.

Entre los muchos testimonios del arte gótico, merecen una visita particular la catedral de León, la catedral de Burgos y el palacio más la iglesia de Santa María en Olite (Navarra), construida por la reina Blanca en el año 1432.

Cronología

1.000.000 a.C.	Primeros yacimientos paleolíticos de la Península Ibérica.
700.000-500.000 a.C.	Cúllar-Baza. Atapuerca.
300.000 a.C.	Ambrona, Torralba, Atapuerca.
95.000-35.000 a.C.	Paleolítico Medio.
35.000-10.000 a.C.	Paleolítico Superior.
10.000-6.000 a.C.	Epipaleolítico. Asturiense Cantábrico.
5.500-3.500 a.C.	Neolítico.
3.200-2.500 a. C.	Megalitos. Inicios del Bronce.
2.500 a.C.	Cultura de Los Millares.
1.800-1.500 a.C.	Cultura de El Argar
800 a.C.	Primeros colonos fenicios.
600 a.C.	Fundación de la colonia griega de Ampurias.
750-250 a.C.	Formación de los pueblos prerromanos de la Península.
218-206 a.C.	La Segunda Guerra Púnica en la Península.
197 a.C.	División de Hispania en dos provincias romanas.
153-133 a.C.	Guerras Celtibérico-Lusitanas.
123 a.C.	Conquista de Baleares.
133-36 a.C:	Hispania, escenario de las guerras civiles romanas.
29-19 a.C.	Guerras contra cántabros, astures y galaicos. Fin de la conquista romana de Hispania.
30 a.C.-14 d.C.	Época del primer emperador, Augusto.
98-117	Trajano, primer emperador hispano.
117-138	Adriano, emperador hispano.
284-305	Reformas de Diocleciano.
316-324	Legislación cristiana de Constantino. Concilio de Nicea.
379-410	Teodosio I, emperador. En el 383: el cristianismo pasa a ser la religión oficial del Imperio.
409	Entrada de los bárbaros en Hispania.
457	Campaña de Teodorico contra los suevos.
549	Ocupación de la Bética por los bizantinos.

574-581	Unificación de la Península por Leovigildo. El 580 promulgación del *Código de Leovigildo*.
624	Isidoro de Sevilla escribe la *Historia de los godos, vándalos y suevos*.
710-711	Entrada de los musulmanes y victoria de Guadalete.
722-732	En Covadonga y en Poitiers se frenan los avances de los musulmanes.
756	El omeya Abd al-Rahman I se proclama emir de Al-Andalus.
785	Se inicia la construcción de la Mezquita de Córdoba.
852	Muere Ibn Habib, autor de una *Historia del Islam* en la Península.
929	Abd al-Rahman III se declara califa.
950	Fernán González actúa con independencia de los reyes de León.
961-976	Al-Hakam II crea en Córdoba una gran biblioteca.
987	Desaparece la dinastía carolingia y, con ella, la dependencia catalana.
1035	Sancho el Mayor crea los reinos de Castilla y Aragón.
1080	Llegan a Castilla clérigos cluniacenses y caballeros francos.
1085	Ocupación de Toledo por Alfonso VI de León y Castilla.
1092-1099	Rodrigo Díaz de Vivar, El Cid, ocupa Valencia.
1096	Predicación y Iª Cruzada.
1140 (ca.)	Se escribe la *Historia Compostelana*.
1172	Se inicia en Sevilla la construcción de la mezquita, la Giralda.
1188	El maestro Mateo trabaja en el "Pórtico de la Gloria", en Santiago de Compostela.
1212	Victoria cristiana de Las Navas de Tolosa.
1218-1254	Creación de la Universidad de Salamanca.
1255-1300	Construcción de la catedral gótica de León.
1324	Ocupación de Cerdeña por Jaime II de Aragón.
1335	D. Juan Manuel escribe *El Conde Lucanor*.
1369	Entronización de los Trastámara en Castilla.
1465	Enrique IV de Castilla, depuesto en Ávila.
1467-1469	Revuelta de los "irmandiños".
1469	Matrimonio de Isabel de Castilla y Fernando de Aragón.

España moderna
y contemporánea

Julio Gil Pecharromán

La formación de la España moderna

A finales del siglo XV, las dos principales potencias de la Península Ibérica eran Castilla y Aragón. Entre ellas existía, sin embargo, un considerable desequilibrio. Territorialmente más extensa, Castilla tenía una población de unos cinco millones de habitantes, con tendencia al crecimiento. Beneficiada por su rica ganadería ovina, de carácter trashumante˙, la economía castellana tenía sus elementos más dinámicos en el comercio de la lana y en la explotación de sus recursos mineros, en estrecho contacto con los puertos europeos del Atlántico y del Mar del Norte. A partir de 1492 se añadiría la conquista y explotación de los nuevos territorios americanos, una fuente de inmensa riqueza disfrutada inicialmente sólo por Castilla. Por el contrario, los reinos de Aragón, Valencia y Mallorca, y el principado de Cataluña, integrantes de la Corona de Aragón, sufrían un cierto declive demográfico —su población no llegaba

al millón de habitantes— y un estancamiento económico, provocado en buena medida por la pérdida de los mercados del Mediterráneo oriental, como consecuencia del avance de los turcos otomanos. Estas circunstancias, unidas al hecho de que la complejidad de las instituciones aragonesas dificultaba la centralización administrativa, facilitó que Castilla desempeñara un papel hegemónico en la construcción del nuevo Estado surgido de la unión dinástica de ambos reinos.

Los Reyes Católicos

El matrimonio de Fernando II de Aragón (1452-1516) con Isabel I de Castilla (1451-1504) en el año 1469 ha sido considerado tradicionalmente como el acontecimiento fundamental en el surgimiento de la nación española. Aunque esta tesis lleva algún tiempo sometida a una profunda revisión, que hace hincapié

Los Reyes Católicos en una miniatura de Marcuelo, siglo XVI

en que se trató de una mera unión personal y que los Estados confederados mantuvieron sus respectivas instituciones soberanas y sus sistemas legales, resulta evidente que la Monarquía de los Reyes Católicos supuso una decisiva etapa de transición hacia la creación del Estado unitario de España.

Como gobernantes conjuntos de ambos reinos, el primer objetivo de Fernando e Isabel fue consolidar la autoridad real, muy debilitada durante los reinados de sus antecesores. Una de las primeras medidas en este sentido fue la creación de la Santa Hermandad, un cuerpo de policía de ámbito local, pero controlado por la Corona, que actuó para acabar con el bandolerismo, que florecía tras la guerra civil que había sacudido Castilla al inicio del reinado de Isabel. Los monarcas también emprendieron acciones contra algunos nobles especialmente revoltosos, a fin de recortar el enorme poder que habían adquirido en la etapa precedente. Pese a ello, los Reyes Católicos contaron con muchos partidarios entre la alta nobleza, cuyos privilegios señoriales respetaron e incluso incrementaron, en perjuicio de las ciudades y del campesinado.

Mayor trascendencia tendría la reforma de la Administración de los reinos. En Castilla, una vez superada la guerra civil, Fernando e Isabel impusieron una progresiva centralización, que ha permitido hablar de "Monarquía autoritaria". Las Cortes reunidas en Toledo en 1480, reorganizaron el Consejo de Castilla, restando poder a los votos de la nobleza y creando la figura de los *secretarios reales*, auténticos ministros colocados al frente de una maquinaria burocrática cada vez más compleja.

En el terreno local, la Corona se aseguró el control del gobierno de las ciudades mediante el nombramiento de *corregidores*, representantes del poder central frente al municipal, que eran decisivos en cuestiones tan importantes como la elección de los procuradores urbanos en las Cortes castellanas. En cuanto a éstas, los reyes procuraron recortar su poder, que había crecido

enormemente a lo largo del siglo XV en beneficio de la nobleza. De hecho, este Parlamento de tipo medieval sólo fue convocado cinco veces entre 1476 y 1502, prácticamente con la única misión de aprobar nuevos impuestos para sufragar los gastos de la Administración real. En cambio, en los diferentes territorios de la Corona de Aragón las Cortes siguieron disfrutando de una amplia capacidad legislativa y del control de la actuación de los monarcas.

Uno de los apoyos de la Monarquía fue la *Santa Inquisición*, que ya existía en Aragón, y que fue introducida en Castilla en este periodo. Cuando, en noviembre de 1478, el Papa Sixto IV autorizó a los reyes a nombrar a los inquisidores, este tribunal eclesiástico pasó a convertirse en un instrumento de la Corona para luchar contra los disidentes políticos y contra aquellas minorías religiosas —judíos, musulmanes conversos y, más tarde, protestantes— cuya heterodoxia* (*herejía*) hacía peligrar el modelo de sociedad católica que impulsaban los monarcas. En 1492, éstos ordenaron la expulsión de todos los judíos que se negaran a convertirse. Unos 100.000 abandonaron entonces España y se establecieron fundamentalmente en el Mediterráneo oriental, donde formaron la comunidad de los *sefardíes*. Los tribunales de la Inquisición aplicaban libremente la tortura y, en ocasiones, condenaban a la hoguera a los reos que se negaban a renunciar a sus creencias. Estos actos constituyen una de las páginas más oscuras de la España moderna.

Junto a la reorganización administrativa, los Reyes Católicos protagonizaron una activa política exterior, orientada a lograr la unificación peninsular, la creación de un Imperio colonial ultramarino, la contención de la expansión francesa en el Mediterráneo occidental y el estrechamiento de relaciones con los países del Mar del Norte, socios naturales del importante comercio lanero castellano.

En la Península Ibérica, el avance territorial se concretó en un primer momento en la larga guerra de conquista del último Estado musulmán, el sultanato de Granada. Con la caída de esta ciudad, en 1492, finalizaron ocho siglos de presencia islámica en España, aunque siguió existiendo en suelo español una importante comunidad musulmana, los *moriscos*. Tras la muerte de la reina Isabel, y siendo Fernando regente de Castilla, las tropas castellanas terminaron con la independencia del reino de Navarra, cuya política se inclinaba demasiado a los intereses franceses (1512).

El enfrentamiento con Francia presidió en esta época la actividad exterior de la Corona de Aragón, lo que implicó forzosamente el final de la tradicional alianza franco-castellana. Haciendo gala de su habilidad diplomática, Fernando II obtuvo en 1493 la devolución de los condados catalanes del Rosellón y la Cerdaña, ocupados por los franceses treinta años antes. A cambio, se suponía que

Corte de los Reyes Católicos en una miniatura de Marcuelo

dejaría manos libres a Francia en el Sur de Italia, donde reinaba una dinastía de origen aragonés. Pero cuando el monarca francés, Carlos VIII, se lanzó a la conquista de Nápoles, Fernando organizó una Liga con otros Estados europeos y con el Papa para oponerse. Los franceses fueron expulsados de Italia, pero ello dio origen a nuevas guerras en las que se impusieron las tropas españolas, organizadas en grandes unidades, los *tercios*, y mandadas por Gonzalo Fernández de Córdoba, *El Gran Capitán*. Finalmente, por el tratado de Blois, en 1505, Luis XII de Francia reconoció a Fernando de Aragón como rey de Nápoles y Sicilia.

Los intereses expansionistas de Castilla se orientaban preferentemente hacia el Atlántico, en abierta competencia con los del vecino Portugal. El Tratado de Alcaçoba (1480) otorgó a los portugueses una ocasional exclusividad en el continente africano, lo que forzó a los castellanos a interesarse por nuevas rutas transatlánticas. Las Islas Canarias, formalmente incorporadas a Castilla en 1477, fueron íntegramente conquistadas en este período.

Pero el paso más trascendental fue la ayuda otorgada por Isabel la Católica a Cristóbal Colón, un marino de probable origen genovés, para la expedición naval que permitió, en octubre de 1492, el descubrimiento de América. Colón, que realizó otros viajes en los años siguientes al área del Caribe, tomó posesión del Nuevo Continente en nombre de los Reyes Católicos.

Retrato del cardenal Cisneros, consejero de la reina Isabel la Católica, Museo Lázaro Galdiano

Pero no tardaron en surgir problemas con Portugal, interesada también en la colonización de las tierras americanas. Final-

mente, en 1494, el Tratado de Tordesillas, negociado bajo el arbitraje del Papa Alejandro VI, permitió un acuerdo, por el que los portugueses se aseguraban la posesión de lo que luego sería el Brasil, a cambio de dejar el resto de América a los españoles.

La política imperial de Carlos I

El período comprendido entre 1516 y 1598, es decir, los reinados de Carlos I y Felipe II de Habsburgo, los llamados *Austrias mayores*, constituye no sólo el punto de partida de una Monarquía propiamente española —sin que ello implique aún la construcción de un Estado unitario—, sino la etapa de mayor expansión imperial, fundamentalmente en Europa y América, en la que España se convierte en la primera potencia mundial.

Comunidades y Germanías

Como otros monarcas europeos de su época, los Reyes Católicos habían basado buena parte de su acción internacional en una política de matrimonios de sus hijas, destinada a garantizar alianzas con otras potencias, que aislaran a Francia. La hija mayor, Juana, que se convirtió en reina de Castilla a la muerte de su madre, en 1504, estaba casada con Felipe I de Habsburgo, hijo del emperador alemán Maximiliano. La súbita muerte de Felipe, llamado *el Hermoso*, agravó los problemas mentales de la joven reina, que hubo de ser internada en una fortaleza, mientras Fernando de Aragón asumía la regencia en Castilla.

La muerte del monarca aragonés, en 1516, entregó las dos Coronas al primogénito de Felipe y de Juana, Carlos I de Habsburgo, quien en Castilla hubo de fingir, por el momento, que compartía el trono con

Retrato ecuestre del emperador Carlos V, por Tiziano

su madre enferma. Carlos reunía en su persona un considerable patrimonio territorial. De su abuela paterna, María de Borgoña, heredó los Países Bajos, Luxemburgo y el Franco Condado. Del emperador Maximiliano, los territorios de los Habsburgo en Alemania. Y de sus abuelos maternos, los Reyes Católicos, la mayor parte de la Península Ibérica, el Sur de Italia, un rosario de ciudades en el Norte de África y un Imperio transatlántico que ya comenzaba a ser una realidad.

Carlos llegó a España en 1517, poniendo fin a la breve regencia del cardenal Jiménez de Cisneros, quien gobernaba el país desde la muerte de Fernando el Católico. Educado en la tradición borgoñona, rodeado de consejeros flamencos, y sin conocer la lengua del país, apenas puso el pie en la Península, Carlos I se vio enfrentado a dos movimientos insurreccionales*, de características diferentes, que derivaron en auténticas guerras civiles.

La crisis de las Comunidades estalló en Castilla. Reunidas las Cortes en Valladolid al poco de la llegada de Carlos, sus miembros dieron muestras de descontento, fundamentalmente por la confianza depositada por el rey en sus consejeros extranjeros, y por el envío de fuertes sumas del Tesoro castellano a Alemania, a fin de sufragar los enormes gastos ocasionados por la aspiración de Carlos de sustituir a su abuelo al frente del Sacro Imperio. En 1519, en efecto, el joven monarca fue elegido emperador, con el título de Carlos V, y partió hacia Centroeuropa, dejando como regente en España a su mano derecha, el obispo Adriano de Utrecht. Ello fue la chispa que provocó el levantamiento.

Varias ciudades castellanas se unieron en una Comunidad y designaron una Junta Santa, que se autoproclamó única autoridad del reino en nombre de la reina Juana. No tardaron en surgir, sin embargo, los desacuerdos ante el aspecto revolucionario que adquiría la actuación de la Junta, dominada por la pequeña nobleza y la burguesía urbana. Algunas ciudades, como Burgos, que tenían fuertes lazos comerciales con la Europa del Norte, se fueron apartando poco a poco. A finales de 1520, casi toda la alta nobleza, alarmada por el inicio de algunos movimientos antiseñoriales, se había pasado al bando de Carlos, quien en la primavera del año siguiente consiguió castigar a los comuneros con una derrota

definitiva en Villalar. Ejecutados los líderes de la revuelta, sólo la ciudad de Toledo continuó siendo durante algunos meses el último baluarte* de la *revolución* comunera.

Paralelamente al movimiento castellano, estalló en la Corona aragonesa la revuelta de las Germanías, iniciada en la región de Valencia. A la situación de crisis económica que se arrastraba desde hacía tiempo, se sumaron los efectos de una peste y el desabastecimiento de grano en las ciudades. La revuelta social, dirigida por los artesanos de los gremios contra la oligarquía* urbana, encontró al principio cierta comprensión en la Corona, pero la presión de los sectores privilegiados y la extensión de la protesta al campo en otras zonas de Valencia, Cataluña, Aragón y Baleares, donde amenazaba con convertirse en una revolución campesina, decidieron a las autoridades reales a intervenir para imponer el orden. Pese a la resistencia armada de algunos núcleos de *agermanados*, la revuelta pudo darse por terminada en 1522.

La política exterior

La Corona imperial otorgó a Carlos I, por lo menos en teoría, una dignidad superior a la de los restantes monarcas europeos, pero también grandes responsabilidades en la política continental. Este hecho obligaría a España, y sobre todo a Castilla, a realizar enormes esfuerzos para satisfacer las necesidades en hombres y dinero de la actuación imperial.

La acción internacional de la Monarquía hispana de los Habsburgo se orientó, por lo tanto, a tres objetivos: a la defensa de una serie de intereses dinásticos, religiosos y políticos que, durante casi dos siglos, la llevaron a profundizar el enfrentamiento con Francia por el control de la península italiana; a oponerse al avance turco en el Mediterráneo; y a intervenir en las luchas religiosas de la Europa central.

El control de España y del vasto Imperio germánico le permitía a Carlos establecer

INGLATERRA

Londres

Gante PAÍSES BAJOS

Bruselas

NORMANDÍA LUXEMBURGO

BRETAÑA

París

CHAMPAÑA

FRANCIA

CHAROLAIS

FRANCO
CONDADO

SABOYA

SUIZA

MILANESADO

Niza GÉNOVA

PRESIDIOS
DE
TOSCANA

DINAMARCA

IMPERIO

Mühlberg 1547

Smalkalda SAJONIA

ALEMÁN

Worms Praga
Spira

BAVIERA

AUSTRIA

Innsbruck ESTIRIA

TIROL

Trento CARINTIA

CARNIOLA

VENECIA

Varsovia

POLONIA

BOHEMIA

Viena

HUNGRÍA

IMPERIO

TURCO

ESTADOS
DE LA
IGLESIA

La Coruña

GALICIA ASTURIAS

Santiago

Villalar 1521

Pamplona

NAVARRA

Tordesillas Valladolid

Yuste

Toledo Alcalá

Lisboa

CORONA
DE
CASTILLA

Sevilla
Cádiz GRANADA

Granada

PORTUGAL

Zaragoza CATALUÑA

CORONA Barcelona
DE
ARAGÓN

BALEARES

Valencia

Palma

Játiva

CÓRCEGA

CERDEÑA

Roma

Nápoles

NÁPOLES

Palermo

Melilla Orán Argel

Túnez

Mapa de las posesiones en Europa del emperador Carlos V

un auténtico cerco a Francia, cuyo monarca, Francisco I, dedicó grandes esfuerzos a intentar romper este aislamiento. En 1521, con la rebelión comunera aún activa, los franceses invadieron Navarra, pero fueron rechazados, al tiempo que el emperador buscaba desalojarlos del Norte de Italia. En la batalla de Pavía, Francisco I fue hecho prisionero y tuvo que firmar el Tratado de Madrid, por el que renunciaba a sus aspiraciones territoriales en Italia, Borgoña y Navarra.

Pero el triunfo del emperador Carlos causó alarma en las capitales europeas, y a la Corte francesa no le fue difícil levantar la Liga de Cognac, en la que se integraron varios Estados italianos, Inglaterra y el propio

Papa. Desatada de nuevo la guerra, las tropas imperiales, formadas por alemanes y españoles, ocuparon Roma, a la que sometieron a un duro saqueo. Finalmente, en 1529, Francisco I arrojó la toalla, es decir, cedió en sus intentos y aceptó, mediante la Paz de Cambray, o de las Damas, el predominio español en Italia.

Ni ello, ni la muerte del rey francés en 1547, pusieron fin al enfrentamiento. Su sucesor, Enrique II, mantuvo las reivindicaciones sobre Italia, en un marco europeo que se complicaba por el conflicto desatado en el Imperio con la Reforma luterana. La guerra intermitente se mantendría hasta 1559, con el hijo del emperador Carlos, Felipe II, ya en el trono español, y concluyó con la renuncia francesa a mantener la costosísima intervención en Italia, que en adelante, y por siglo y medio, quedaría sometida a los intereses de España, dueña del Milanesado y de la mitad meridional de la península.

Si la lucha con Francia suponía una continuación de la política de los Reyes Católicos, la herencia imperial forzó a Carlos I a desarrollar una activa presencia en otros escenarios. La extensión del poder de los turcos otomanos por los Balcanes y el Sur del Mediterráneo constituían una amenaza para la Europa cristiana que el emperador y rey de España no podía ignorar. Los ideales de cruzada*, tras ocho siglos de Reconquista, estaban muy vivos entre los españoles, por lo que la guerra contra los turcos era muy popular. En 1532, las tropas otomanas llegaron hasta Viena, centro del poder de la Casa de Habsburgo en las tierras del Imperio. Un ejército conjunto de alemanes y españoles logró derrotar a los invasores, deteniendo su avance hacia el corazón del continente. Tres años después, Carlos inició las operaciones contra el almirante turco Barbarroja, que desde sus bases de Argel y Túnez interrumpía el comercio en el Mediterráneo y devastaba las costas españolas e italianas con pillajes. Una escuadra hispano-italiana desembarcó junto a Túnez y se apoderó de la ciudad, en la que se llegaron a juntar 20.000 prisioneros cristianos.

Pero este triunfo no fue definitivo, y en los años siguientes los berberiscos argelinos, aliados en ocasiones de Francia, siguieron representando un grave peligro para la Monarquía española. En 1541, el emperador intentó ponerle fin enviando una expedición contra Argel, pero el ataque fue un fracaso, que terminó con los sueños del monarca de encabezar una gran cruzada contra los musulmanes norteafricanos.

La abdicación del emperador

Una vida de continuos viajes, sosteniendo guerras en los más variados frentes,

Francisco Pizarro, conquistador del Perú

terminó por mermar la salud del enérgico Carlos I. A partir de 1548, se planteó la cuestión sucesoria que, dada la variedad

Fray Bartolomé de las Casas, el hombre que alzó su voz en favor de los indígenas

Moctezuma recibe a Cortés en México

Retrato de Cristóbal Colón

de territorios sobre los que reinaba, se presentaba complicada. Su primogénito, el príncipe Felipe, era el más claro heredero

Enfrentamiento entre españoles e indígenas americanos, grabado de Teodoro de Bry

de la Monarquía española, a la que añadiría el recién adquirido ducado de Milán.

El hermano del emperador, Fernando, había recibido en el año 1521 los Estados patrimoniales de los Habsburgo en el Este del Imperio —Austria y Bohemia, fundamentalmente— y luego se había convertido en rey de Hungría.

Quedaba la cuestión de la sucesión imperial, y el dominio de los Países Bajos. Carlos quería ceder la Corona del Imperio a su hermano, a condición de que Felipe le sucediera después. Pero Fernando se negó a esta alternancia entre las dos ramas de la dinastía. Finalmente, en octubre de 1555, en Bruselas, el emperador abdicó como rey de España y señor de los Países Bajos en su hijo Felipe.

Un año después renunciaría al trono imperial en beneficio de su hermano Fernando, de acuerdo ya con que a éste le sucediera su propio hijo. De este modo, la Casa de Habsburgo se dividía en dos ramas: la de los reyes de España, y la de los emperadores alemanes.

Ambas permanecerían en estrecho contacto, sellando su relación con reiterados matrimonios entre parientes, atentas a desarrollar la lucha contra las iglesias reformadas, conforme a los principios de la Contrarreforma* establecidas por el Concilio de Trento (1545-63), y a ayudarse mutuamente en su lucha contra franceses y turcos.

En cuanto al emperador Carlos, se retiró al monasterio extremeño de Yuste, perteneciente a la Orden de los Jerónimos, donde concluyó apaciblemente su vida en septiembre de 1558.

Formación de la América española

Si la empresa del *Descubrimiento* del continente americano, el Nuevo Mundo, fue realizada por iniciativa de Colón durante el reinado de los Reyes Católicos, la *conquista* de los territorios que formarían durante tres siglos el Imperio colonial español se produjo fundamentalmente a lo largo de la primera mitad del siglo XVI. Fue desarrollada por un número asombrosamente reducido de hombres, muchos de ellos mitad aventureros, mitad misioneros.

El Descubrimiento fue, en cierto modo, una empresa particular, fruto de las Capitulaciones* de Santa Fe, suscritas por Colón y sus financiadores, los Reyes Católicos. En virtud de este acuerdo, Colón obtuvo grandes privilegios, que le convertían en virtual gobernador de las nuevas tierras, que serían conquistadas militarmente en nombre de los reyes de Castilla. Pero apenas tuvo noticia de la importancia de sus viajes, el Consejo de Castilla actuó para recortar su poder. En 1503 se estableció en Sevilla la Casa de Contratación

de Indias, a la que se otorgó el monopolio del comercio y de la emigración al Nuevo Mundo. En 1519, los territorios americanos fueron formalmente incorporados a la Corona castellana, y poco después se les dotó de un órgano de gobierno propio, el Consejo de Indias.

Cuando Carlos I inició su reinado, las posesiones españolas en América se reducían prácticamente a las islas antillanas. Viajes de exploración hacia el Oeste proporcionaron información sobre pueblos de cultura avanzada y poseedores de grandes riquezas. Estas noticias desataron la ambición del gobernador de Cuba, que envió una expedición al mando de Hernán Cortés.

La conquista de México, iniciada en 1519, fue rápida. Cortés se aprovechó del rencor acumulado por varios pueblos contra la explotación que sufrían por parte del imperio militar de los aztecas*, y obtuvo su ayuda para conquistar su capital, Tenochtitlán, en 1521.

Siguió luego una rápida expansión, en la que a los soldados les acompañaban los sacerdotes, que cristianizaban a los nativos. En 1521 se creó la Audiencia de México. Gracias a ello las autoridades de la nueva colonia impulsaron viajes de exploración, seguidos de expediciones y conquista de nuevas tierras. Por el Sur, las regiones selváticas habitadas por los mayas*. Hacia el Norte, los territorios de California, Colorado, Arizona, Texas y Florida. Pero estas regiones, más inhóspitas que las ricas tierras del México central, fueron poco colonizadas, y no serían plenamente incorporadas hasta la segunda mitad del siglo XVII o incluso durante la siguiente centuria.

En América del Sur, el acontecimiento principal de la conquista fue la expedición encabezada por Francisco Pizarro contra el Imperio inca, que dominaba la costa del Pacífico y la cordillera de los Andes. En 1533, los españoles entraron en Cuzco, donde se hicieron con un inmenso tesoro, y poco después pusieron fin al centenario

Pintura de época colonial que refleja las clases sociales en el virreinato de Perú

Imperio de los incas. En los años siguientes, la colonización avanzaría rápidamente, estimulada por el mito de El Dorado, una tierra rica en oro que los colonos buscaban incansablemente, cada vez más lejos. Sólo las selvas amazónicas y las estepas del Sur del Continente detendrían el avance de los españoles.

En 1542 se completó la organización administrativa de la América colonial, compuesta por Audiencias y Capitanías Generales, que se integraban en los virreinatos de *Nueva España,* para México, el Sur de los Estados Unidos, las Antillas y América Central, y del *Perú,* para América del Sur y los territorios del Pacífico, el más importante de los cuales era el archipiélago de las Filipinas. Por entonces habían comenzado a surgir sobre las ruinas del mundo precolombino' las primeras ciudades españolas, con majestuosas catedrales que señalaban la influencia inmensa de la Iglesia sobre la nueva sociedad.

La colonización, fortalecida por una continua llegada de inmigrantes desde España, se organizó mediante el régimen de *encomiendas*, una institución medieval por la que la Corona otorgaba al colono (encomendero) la explotación temporal de los recursos y del trabajo de los habitantes de una tierra conquistada. Ello permitió reducir prácticamente a la esclavitud a cientos de miles de nativos, tanto en las haciendas rurales como en las minas, productoras del oro y la plata que la metrópoli demandaba en grandes cantidades para sostener su política imperialista. Para la mentalidad española de la época, convencida de la superioridad moral de la Europa cristiana y de las ventajas que la evangelización traía a los indígenas paganos, aquella forma de colonización era beneficiosa para todos. Fueron pocas las voces que, como la de fray Bartolomé de las Casas, se levantaron entonces pidiendo un régimen más humano para los nativos americanos.

La organización de la Monarquía

Durante el siglo XVI, los Austrias españoles gobernaron sobre una Monarquía muy compleja, surgida del pacto matrimonial de los Reyes Católicos. La Monarquía Católica, como se la denominaba oficialmente por concesión del Papa, estaba constituida por un conjunto de territorios que conservaban sus instituciones medievales y sus privilegios (fueros) frente a un poder real autoritario, que tendía a afirmarse mediante una centralización administrativa basada en la creación de una compleja burocracia dependiente de la Corona. A finales del siglo, los Austrias españoles gobernaban sobre el conjunto de la Península Ibérica: Castilla, la Corona de Aragón —dividida a su vez en cuatro territorios soberanos— y Portugal, incorporado en 1580. En Italia, sobre Milán, Nápoles y Sicilia, mientras que Flandes —las actuales Holanda, Bélgica y Luxemburgo— y el Franco Condado eran la herencia borgoñona de los Habsburgo, incorporada al dominio español. Fuera de Europa, Castilla levantaba un Imperio ultramarino, que abarcaba inmensos territorios en América y en las islas del Pacífico, al que se habían unido las posesiones portuguesas en África, Asia y América. Con razón podía afirmar Felipe II que en sus Estados "no se ponía nunca el sol".

El gobierno de tan vasto Imperio exigía a los reyes una política de cuidadoso respeto a las instituciones y a las características políticas, sociales y económicas de cada territorio.

Esto no siempre era posible, lo que provocó diferentes conflictos.

Al margen de la existencia de instituciones locales heredadas de la Edad Media, como las Cortes o las Diputaciones, la Monarquía de los Austrias se gobernaba por un sistema *polisinodial*, es decir, a través de una serie de Consejos especializados, independientes entre sí pero sometidos a la autoridad suprema del rey. El más importante, por sus funciones e influencia, era el Consejo de Castilla, llamado también Consejo Real. El presidente de este Consejo, generalmente un obispo, era el segundo personaje del Estado. A partir del reinado de los Reyes Católicos, la alta nobleza fue desplazada del Consejo por funcionarios administrativos, los letrados, mucho más inclinados a seguir los dictados del monarca.

Fuera de Castilla, los reyes gobernaban los diversos territorios a través de sus delegados, los virreyes, pero existían sendos Consejos de Aragón, Italia y Flandes, que intervenían en caso de conflicto entre el poder central y las instituciones, aunque sólo con carácter consultivo. Cuando la expansión americana hizo que fuese recomendable crear un organismo especializado, del seno del Consejo de Castilla surgió el Consejo de Indias, con poderes sobre el Imperio ultramarino y con la importantísima misión de explotar sus tesoros en beneficio de la Corona. El Consejo de Estado, creado por Carlos V también a partir del Consejo de Castilla, tenía competencias sobre la política exterior y su peso político se incrementó notablemente a lo largo de los siglos XVI y XVII. El Consejo de Hacienda era el encargado de controlar los ingresos y gastos del Estado, y el Supremo Consejo de la Inquisición, el encargado de velar por la ortodoxia* moral y religiosa, en estrecha colaboración con la Iglesia católica.

Los Austrias mantuvieron y potenciaron otros aspectos de las reformas administrativas de los Reyes Católicos, como el papel de los corregidores en el gobierno de las ciudades. Cuidaron también que los parlamentos de sus diferentes Estados se reunieran poco y sólo para otorgar una mera aprobación a las decisiones tomadas por el monarca y los Consejos. En cuanto a la anteriormente poderosa alta nobleza, su participación en las cuestiones de gobierno se redujo cada vez más a prestar servicios en la burocratizada administración territorial —virreyes, gobernadores, capitanes generales— o en el Ejército de la Monarquía, que era uno de los elementos fundamentales de poder del Estado y de cohesión entre los diversos territorios que lo integraban.

Renacimiento y Humanismo

Las corrientes de renovación cultural del Renacimiento europeo habían llegado a la Península a lo largo del siglo XV, y se vieron favorecidas por la introducción de la imprenta, en 1472 en Castilla, y al año siguiente en Aragón. Surgieron así varios focos de irradiación, a partir del mecenazgo* de los reyes y de la alta nobleza, así como de la actividad de las Universidades. Estas últimas conocieron un enorme auge a lo largo del siglo XVI, en especial la de Salamanca, que llegó a contar con siete mil alumnos, y la de Alcalá de Henares, creada en 1509. Las cátedras universitarias sirvieron de foco de difusión de las ideas de los *humanistas* españoles, empeñados en una lucha contra la rígida escolástica* medieval. Su influencia fue grande sobre los jóvenes universitarios, procedentes en su mayoría de la pequeña nobleza, que integrarían los cuadros de la nueva y poderosa burocracia al servicio de la Corona.

Con el esfuerzo unificador realizado por los Reyes Católicos, la Monarquía asumió un protagonismo esencial en el fomento de la cultura, y en especial de la erudición clásica. La primera gran figura en este campo fue el andaluz Antonio de Nebrija, profesor de Retórica y Gramática en la Universidad de Salamanca y luego en la de Alcalá de Henares. Nebrija fue el revisor de los textos latino y griego de la *Biblia Políglota Complutense*, encargada por el cardenal Cisneros, y que fue uno de los empeños culturales más importantes e innovadores de la época. Escribió una *Introducción al latín*, ampliamente difundida por Europa como libro de texto, y una *Gramática de la lengua castellana* (1492),

Auto de fe, por Pedro Berruguete, tabla realizada hacia los años 1490-1496

que contribuyó de forma decisiva a fijarla como lengua escrita.

Favorecida por la difusión de la imprenta, la literatura conoció un auge considerable en la primera mitad del si-

Fachada de la Universidad de Alcalá de Henares, uno de los centros más importantes del Humanismo español

glo XVI, que anunciaba la época de esplendor —el Siglo de Oro— que seguiría a continuación. A partir de precedentes como el marqués de Santillana, Ausías March o Juan de Mena, el Humanismo nativo encontró en el mundo caballeresco, de raíces medievales pero influidas por el espíritu del Renacimiento italiano, su principal fuente de inspiración. Ello se manifestó en obras co-

mo el fantástico *Libro de Marco Aurelio* (1528), de Antonio de Guevara, o en la renovación de las popularísimas novelas de caballería, cuyo ejemplo más destacado fue el *Amadís de Gaula* (1508), adaptación por Garci Rodríguez de Montalvo de una obra medieval, que más tarde parodiaría Cervantes en su *Quijote*. En esta época se inicia también un teatro específicamente español, en el que se aúna la tradición de las farsas medievales con la comedia clásica y la renacentista italiana, y cuyos primeros representantes son Juan de la Encina, Lucas Fernández o Bartolomé de Torres Naharro.

Desde luego la obra más influyente del período es la *Tragicomedia de Calisto y Melibea*, conocida como *La Celestina* (1502), atribuida a Fernando de Rojas y directamente inspirada en el teatro clásico. En cuanto a la poesía de corte renacentista, en esta época la cultivaron con éxito figuras como Garcilaso de la Vega y Juan Boscán, traductor al castellano de *El Cortesano*, la influyente obra de Baltasar de Castiglione.

Durante el reinado de Carlos I experimentaron cierto desarrollo entre las élites culturales españolas las ideas reformistas de Erasmo de Rotterdam. El erasmismo era ya conocido en la España de los Reyes Católicos, y el regente Jiménez de Cisneros había

sido uno de sus impulsores. La Universidad de Alcalá de Henares, fundada por él, se convirtió a comienzos del siglo XVI en el principal foco del Humanismo erasmista, impulsando algunos proyectos ambiciosos como la *Biblia Políglota*. Con el emperador Carlos y sus consejeros flamencos y españoles, como su secretario Alfonso de Valdés, las doctrinas erasmistas arraigaron aún más en España, al servicio de los ideales de reforma religiosa y de la ideología imperial que propagaban los Habsburgo, para la que se buscaron justificaciones políticas y paralelismos con el esplendor de la Roma pagana de los césares. Sin embargo, la primavera del Humanismo erasmista fue breve en España. La ortodoxia escolástica, representada fundamentalmente en esta época por el dominico Francisco de Vitoria, seguía siendo dominante en el mundo del pensamiento, hasta el punto de que el más destacado fi-

El nacimiento de Cristo *(arriba)* y El caballero de la mano en el pecho *(Izquierda), por El Greco*

lósofo del Humanismo español, el valenciano Luis Vives, desarrolló casi toda su obra en el extranjero. La actuación de la Inquisición y más tarde de la Compañía de Jesús, opuestas a cuanto significaba una crítica al poder de la Iglesia, y la reacción católica frente a la Reforma protestante, concretada en las tesis contrarreformistas del Concilio de Trento y en su condena de la obra de Erasmo, marcaron en los finales del reinado de Carlos I el descenso del Humanismo, puesto desde entonces bajo la sospecha de herejía. Incluso escritores eclesiásticos como fray Luis de León o el obispo Bartolomé Carranza se vieron sometidos a proceso por la Inquisición y fueron encarcelados bajo la acusación de defender unas doctrinas heterodoxas. La última gran obra literaria manifiestamente erasmista, la novela *El lazarillo de Tormes* (hacia 1549), fue publicada de forma anónima y sufrió la implacable persecución inquisitorial por sus contenidos anticlericales.

Las artes

La arquitectura del Renacimiento llegó con relativo retraso a España, fundamentalmente porque durante el reinado de los Reyes Católicos se siguió respetando en gran medida la tradición gótica para los edificios religiosos, como se aprecia en las catedrales de Salamanca y Segovia. Fue en la arquitectura civil donde se introdujo una variante española de estilo renacentista, conocida como *plateresco*, que encuentra sus mejores expresiones en los edificios de la Universidades de Salamanca y Alcalá. El primer monumento que expresa realmente la influencia del Renacimiento italiano es el Palacio de Carlos V en la Alhambra de Granada, construido por Pedro Machuca en 1527, a imitación de una villa de la Roma antigua. Pero la joya de la arquitectura renacentista es el Monasterio de El Escorial, encargado por Felipe II y realizado por Juan de Herrera a lo largo de veintiún años (1563-84).

En cuanto a la escultura y la pintura, también la tradición gótica continuó teniendo un enorme peso en las primeras décadas del siglo XVI. Aun así, el artista más destacado del primer Renacimiento español, el pintor Pedro Berruguete, se formó en Flandes e Italia. En el campo de la pintura, donde arraigó el Manierismo*, con autores como Juan de Juanes, Correa del Vivar, o Luis de Vargas, destaca por su originalidad también la obra de Domenikos Theotokopoulos, *El Greco*, un cretense que se estableció en Toledo en 1557 y cuya extensa producción, de temática religiosa y que anuncia ya el espiritualismo del Barroco, gozó de una gran popularidad.

La Monarquía universal de Felipe II

Pocas figuras de la historia de España han sido objeto de interpretaciones tan contrarias como Felipe II. Para la corriente nacionalista de la historiografía española se trató de un hombre de integridad a toda prueba —se le llamó el Rey Prudente—, católico sincero, trabajador infatigable, dotado de una visión universalista de la misión de la Monarquía Católica. Los protestantes, en cambio, le convirtieron en la figura principal de la *Leyenda Negra* antiespañola, y le presentaron como el "demonio del Mediodía", un ser fanático, cruel y vengativo, que habría ordenado matar a su propio hijo, el infante don Carlos, para que no pusiera en peligro su obra. Los esfuerzos de los historiadores permiten hoy trazar una imagen más equilibrada de quien fuera el monarca más poderoso de su tiempo. Su abundante correspondencia familiar nos muestra un hombre tierno y sensible, sobrio y honesto en su conducta personal y de convicciones religiosas muy firmes. Pero también poseído de un agobiante sentido de la responsabilidad y de un afán de perfeccionismo, que le llevaba a ser inflexible en la defensa de sus ideas, que intentaba imponer a toda costa.

Dotado de un concepto muy autoritario del poder, se apoyaba en una creciente burocracia que desde Madrid, la nueva capital, extendía sus tentáculos por medio mundo, pero gustaba de controlar personalmente desde su despacho el gobierno de sus Estados. Su visión política se orientó conforme a tres principios: *hispanismo*, ya que, a diferencia de su padre el emperador, era un rey plenamente español, que reinaba para y desde España; *austracismo*, ya que actuó como un Habsburgo, en estrecho contracto con la rama germánica de la fa-

Retrato de Felipe II, *por Tiziano*

milia; y *universalismo*, que entendía como la necesidad de que su Monarquía se convirtiera en el instrumento de expansión de la Íglesia católica en todo el mundo e impusiera en Europa, por los medios que fuera, la Contrarreforma religiosa inspirada por el Concilio de Trento (1562-63).

La rebelión de los Países Bajos

Los Países Bajos formaban parte de la herencia paterna de Felipe II. Eran un conjunto de territorios adquiridos por los Habsburgo en muy distintas condiciones, y cuyas únicas instituciones comunes eran los Estados Generales, una especie de parlamento en el que estaban representadas las diecisiete provincias y que se reunía muy de tarde en tarde, y el propio delegado del soberano, el gobernador, un cargo que con Carlos I había recaído siempre en una mujer de su familia. El emperador se había apoyado en las rivalidades existentes entre la nobleza terrateniente y una rica burguesía urbana, mercantil e industrial, para acrecentar su propia autoridad.

Pero el cambio de orientación real que supuso la llegada al trono de Felipe II tuvo especiales repercusiones en los Países Bajos. Si su padre, impulsor de una política europea que tenía su eje de gravedad en el Imperio Germánico, había procurado mantener un cuidadoso equilibrio en sus posesiones flamencas, en las que el protestantismo hacía rápidos avances, Felipe consideraba su dominio desde una óptica exclusivamente católica y *española*. Nombró

Fernando Álvarez de Toledo, duque de Alba

gobernadora a su hermanastra, Margarita de Parma que, desconocedora de los problemas internos de Flandes, avaló una política impopular —subidas de impuestos, impulso a las actividades contrarreformistas de los jesuitas, establecimiento de guarniciones españolas en las ciudades— que causó un considerable descontento. A partir de 1555, el país fue víctima de una dura crisis económica, que hizo aún más insoportable la alta presión fiscal impuesta por la Monarquía.

En 1566, Felipe II decidió frenar el avance de la Reforma protestante en la región, lo que provocó la protesta de la nobleza que, encabezada por el conde de Egmont y por el príncipe de Orange, Guillermo de Nassau, solicitó la convocatoria de los Estados Generales. A lo largo del verano estallaron violentos motines urbanos que, con el pretexto de la disidencia religiosa, obedecían a un malestar social con motivos económicos, especialmente entre el poderoso gremio de los artesanos textiles. El rey aceptó suprimir la Inquisición en Flandes, pero los protestantes exigían la libertad de cultos. Como respuesta, el monarca envió a uno de sus mejores generales, Fernando Álvarez de Toledo, duque de Alba, un católico fanático al que otorgó plenos poderes para reprimir la sublevación. El duque estableció una auténtica ocupación militar y creó el *Tribunal de los Tumultos* para actuar mediante el terror contra los rebeldes. Los decretos contrarreformistas del Concilio de Trento fueron impuestos por la fuerza a los calvinistas, al tiempo que se creaban nuevos y fuertes impuestos, destinados a pagar a las tropas ocupantes.

La ejecución pública en una plaza de Bruselas, en junio de 1568, de los condes de Egmont y de Hoorn, destinada a amedrentar a la nobleza local, abrió un nuevo foso entre la Monarquía española y sus súbditos flamencos.

Era una política suicida, que no tardó en dar sus frutos. La rebelión estalló en el Norte, entre los pescadores de Zelanda, Holanda, Utrecht, Güeldres y Frisia, quienes profesaban en su mayoría las doctrinas calvinistas. Desde sus bases portuarias, y con el apoyo de la reina Isabel de Inglaterra y de los hugonotes franceses, éstos denominados *mendigos del mar*, organizaron una eficaz guerra que pronto causó graves daños al comercio marítimo español. Hacia 1572, las tropas reales habían perdido el control de las regiones costeras de los Países Bajos, y Guillermo de Nassau, convertido en líder de los rebeldes, parecía en condiciones de pasar a la ofensiva en el Sur, con el apoyo de ingleses y franceses. Pero el reinicio de las guerras de religión en Francia fue una catástrofe para los protestantes flamencos. El duque de Alba pudo hacerse con la iniciativa y tomó Haarlem, tras un largo asedio, pero no pudo seguir adelante. Se inició entonces un período en el que el conjunto de los Países Bajos

Felipe II, *por Pompeo Leoni*

fueron escenario de un duro conflicto, con alternativas diversas. En 1576, se reunieron los Estados Generales de los territorios rebeldes, que se federaron con el nombre de Provincias Unidas.

En el Sur, donde los católicos eran mayoría, la rebelión hacía menos progresos, y parecía posible un acuerdo que permitiera a España mantener su control. A finales de 1576, sin embargo, los soldados de los tercios, a quienes se les debía su salario, saquearon brutalmente la rica ciudad de Amberes, uno de los mayores centros comerciales de Europa, que ya nunca se recuperaría del golpe. Los Estados Generales, reunidos para estudiar medidas de pacificación, exigieron la marcha de los tercios españoles del país, pero Madrid respondió enviando refuerzos al mando de Alejandro Farnesio, hijo de la antigua gobernadora Margarita de Parma. La guerra se generalizó, y las tropas españolas volvieron a perder terreno. Pero Farnesio, hábil diplomático, logró que las provincias católicas del Sur integrasen la Unión de Arrás, fiel a España, y reconquistó Ypres, Gante, Bruselas y Amberes. En cambio, los territorios protestantes del Norte escaparon definitivamente al control español y los Estados Generales de las Provincias Unidas depusieron a Felipe II como rey en 1581, dando paso a una independencia que España tardaría aún muchos años en reconocer.

Portugal y Lepanto

Mientras la hegemonía militar española era puesta en cuestión por los rebeldes flamencos, Felipe II lograba cumplir el sueño de sus abuelos, los Reyes Católicos, de gobernar en toda la Península Ibérica. En 1578 el joven rey portugués, don Sebastián, murió en el Norte de Marruecos cuando intentaba una cruzada contra los musulmanes. El único heredero del rey difunto era su tío, el cardenal don Enrique, que asumió el trono. Pero Felipe II, que era hijo de la princesa Isabel de Portugal, y tío de don Sebastián, reclamó sus derechos a la sucesión. Cuando, dos años después, falleció el anciano don Enrique sin dejar hijos, un ejército español invadió el país, y Felipe II se pudo proclamar rey de Portugal, que, con su extenso Imperio colonial, fue incorporado a la Monarquía hispana como uno más de sus Estados.

En los comienzos del reinado se agudizó el problema que representaba la actividad de los otomanos en el Mediterráneo. En 1568 los musulmanes (*moriscos*) del antiguo reino de Granada se sublevaron contra las medidas políticas y religiosas que pretendían forzar su integración en la sociedad cristiana. Las tropas reales, mandadas por don Juan de Austria, hermanastro del rey, tardaron en imponerse a los sublevados, cuyos contactos con los berberiscos del Norte de África hicieron temer una invasión de la Península. Para evitar que el problema se repitiera, los moriscos granadinos fueron deportados al interior de Castilla.

Los apuros de España en Flandes, y la propia rebelión de los moriscos animaron a los turcos a reiniciar su actividad en el Mediterráneo. Arrebataron la isla de Chipre a los venecianos y en 1570 conquistaron Túnez, donde reinaba desde hacía décadas un protegido de la Corte española. Estos acontecimientos sembraron la alarma entre los Estados católicos del Sur de Europa, y el Papa Pío V les animó a unirse en una Liga Santa antiturca. España, Venecia y Génova acudieron al llamamiento y aportaron sus naves a una flota cuyo mando se encomendó a don Juan de Austria. A comienzos de octubre de 1571 la flota hispano-italiana se encontró con la turca en aguas del golfo de Lepanto, en Grecia. Fue un triunfo rotundo de los cristianos, que pusieron fin a la amenaza que representaba la armada turca. Pero la Liga se deshizo enseguida, y poco después estalló la rebelión en los Países Bajos, por lo que fue imposible sacar mayor partido de una victoria que, sin embargo, tuvo una enorme repercusión moral en el mundo cristiano y que llevó a su apogeo el prestigio internacional de la Monarquía española.

La Armada Invencible

La segunda mitad del reinado de Felipe II estuvo marcada por el desarrollo de un conflicto con la Inglaterra de Isabel I. Felipe había sido rey con-

Alejandro Farnesio, *por J. B. Saive, Galería Nacional de Parma*

sorte de Inglaterra, por su matrimonio con la católica María Tudor, hija de Enrique VIII y de su primera esposa, Catalina de Aragón. La muerte de María en 1558 entregó el trono inglés a su hermanastra Isabel, que se apresuró a restaurar el anglicanismo como religión oficial de Inglaterra y orientó poco a poco la política exterior hacia la ayuda a los protestantes del continente y el enfrentamiento con España. La ruptura entre ambos Estados estuvo marcada por gestos inamistosos: las expediciones de piratería de John Hawkins y de Francis Drake contra las colonias españolas en América; la ayuda que Felipe II prestó a los rebeldes irlandeses y a la reina de Escocia, María Estuardo; el socorro inglés a los protestantes holandeses que luchaban por sacudirse el dominio español, etcétera.

A comienzos de 1587, María Estuardo, prisionera de los ingleses, fue ejecutada por orden de Isabel I. Ello decidió a Felipe II a iniciar un proyecto que estudiaba desde hacía años, la Armada Española: la invasión de Inglaterra para terminar con el *cisma* anglicano y anular su política de expansión marítima, que constituía ya un serio peligro para el Imperio hispano-portugués. La flota prevista —que sería calificada de Armada Invencible— era enorme, unos 130 navíos, y se concentró en la desembocadura del Tajo en mayo de 1588. Al mando del duque de Medinasidonia se dirigió hacia el Norte, en busca de los puertos de Flandes, donde de-

El Escorial

Situado a pocos kilómetros al Noroeste de Madrid, el Real Monasterio de San Lorenzo de El Escorial es la principal obra arquitectónica del Renacimiento español. Lo mandó construir Felipe II para conmemorar la victoria de San Quintín sobre los franceses (1557). El proyecto inicial se le encomendó a Juan Bautista de Toledo, pero a su muerte, en 1567, la dirección pasó al italiano Giambattista Castello, y dos años a Juan de Herrera, quien fue el arquitecto-jefe hasta la conclusión del edificio, en 1584. El monasterio, muy sobrio de formas, tiene una enorme planta rectangular, que incluye un palacio, un convento, una iglesia y un panteón, donde desde entonces se entierra a los reyes de España. El Escorial, reúne una valiosa colección de pinturas y esculturas, así como un mobiliario completo que nos permite hacernos una idea de cómo vivían los Austrias españoles. Su biblioteca guarda una riquísima colección de 60.000 libros, y unos 5.000 manuscritos medievales de valor inapreciable.

bía recoger a los casi veinte mil hombres que participarían en la invasión. Pero en el Canal de la Mancha la esperaba la flota inglesa, cuyos ataques fueron muy efectivos. Tras varios choques desafortunados, Medi-

Barco de la Armada Invencible con las banderas de Portugal, Castilla y Nápoles. En la popa se alza la bandera con las armas reales de Felipe II

nasidonia dio la orden de regresar a España rodeando las Islas Británicas, pero tan largo recorrido sólo sirvió para que la flota, expuesta a fuertes tormentas y a los ataques ingleses, terminase perdiendo casi todos sus buques. Al contrario que Lepanto, el desastre de la Invencible causó un grave perjuicio al prestigio internacional de España, pero no arruinó su potencia naval, que a comienzos del siglo XVII se había recuperado.

En los años finales del reinado de Felipe II, España mantenía una política exterior prácticamente defensiva, marcada por su participación en varios conflictos bélicos cuyos gastos acarreaban una creciente ruina de la Hacienda pública. En la Francia desgarrada por las Guerras de Religión, intervenía decididamente en favor del bando católico en su lucha contra los partidarios de Enrique de Borbón. Pero cuando éste, tras convertirse al catolicismo, accedió al trono francés como Enrique IV, el conflicto civil se convirtió en una guerra abierta entre España y Francia, resuelta por la Paz de Vervins, en mayo de 1598, que puso fin a un siglo de enfrentamientos marcados casi siempre por la superioridad militar española. En los Países Bajos, la Monarquía quemaba hombres y dinero en un empeño inútil por anular la rebelión de las Provincias Unidas. La guerra con Inglaterra siguió siendo básicamente marítima ya que, aunque la reina Isabel envió tropas en apoyo de los holandeses, se desarrollaba en las aguas y las costas de ambos lados del Atlántico y tenía como eje el control de las rutas del comercio colonial en poder de españoles y portugueses. Cuando murió Felipe II, en ese año de 1598, el conflicto anglo-hispano había entrado en una fase de agotamiento, aunque aún deberían transcurrir otros seis años antes de que llegara la paz.

Sociedad y economía en el siglo XVI

La población española creció más de un millón de habitantes, hasta superar los ocho, a lo largo de esta centuria. El mayor crecimiento correspondió a Castilla, no sólo debido a factores biológicos, como la menor incidencia de las epidemias, sino también a la inmigración procedente del Este de la Península y de otros países europeos. Pero también en la Corona de Aragón se produjo un cierto crecimiento, especialmente en Cataluña, donde se asentaron miles de franceses que huían de las guerras de religión de su país.

La estructura social

La población española estaba mayoritariamente integrada por *cristianos viejos*, que podían demostrar poseer varias generaciones de antepasados católicos ("limpieza de sangre"). Pero, además de los extranjeros, franceses e italianos en su mayoría, vivían en malas condiciones varias minorías étnicas, que habían formado comunidades separadas en los siglos anteriores. En primer lugar, los *moriscos*, restos de la población musulmana, dedicados preferentemente a la agricultura como asalariados de los grandes propietarios. Sumaban unos 200.000 en la Corona de Aragón y la mitad en Castilla. Una parte de ellos se había hecho cristiana, y se les denominaba *mudéjares*. Tras la expulsión de los judíos por los Reyes Católicos, habían quedado en España un gran número de judeoconversos, dedicados al comercio y a la artesanía. Al margen de que su conversión forzada fuera más o menos sincera, el conjunto de la población rechazaba a estos cristianos *nuevos*, que no podían acceder a determinados cargos y privilegios, y la Inquisición les vigilaba especialmente. A estos grupos había que unir el de los gitanos, que procedían del Mediterráneo oriental.

El modelo social estamental, de origen medieval, no experimentó modificaciones, aunque varió algo la situación de los distintos grupos frente al poder encarnado por el monarca. En la cúspide social se situaba la reducida alta nobleza, integrada por los *grandes* y los *títulos del reino*, dedicada a la guerra, al gobierno y al disfrute de sus grandes propiedades, que administraban sin apenas controles

Escenas de vida cotidiana de la España del siglo XVI, por Weiditz

estatales en su condición de señoríos territoriales, sobre todo en Aragón. Los nobles de menor rango eran, en cambio, numerosos y su fortuna e influencia variaba mucho, aunque todos compartían determinados privilegios, como no pagar impuestos al

Estado, y algunas prohibiciones, como la de dedicarse al comercio, la industria o los trabajos manuales. Amparada por el *mayorazgo*, sistema que obligaba a traspasar íntegro el patrimonio familiar al primogénito, la aristocracia terrateniente incrementó enormemente su poder económico en el siglo XVI, a costa de los pequeños propietarios no nobles, aunque políticamente se subordinó cada vez más a la Monarquía.

España era un país profundamente católico, en el que la Iglesia constituía un elemento fundamental en el mantenimiento del orden social y del poder político de la Monarquía. A cambio, disfrutaba del monopolio del control de la moral pública y las costumbres e incrementaba continuamente sus rentas con prebendas (beneficios) de la Corona y de la nobleza, donaciones de los fieles y todo tipo de tasas litúrgicas.

El estamento eclesiástico tenía la particularidad de reunir en su seno a gentes de la más variada categoría social, aunque había enormes diferencias entre el alto clero, generalmente de origen noble y beneficiario principal de las inmensas riquezas de la Iglesia, y el bajo clero, que formaba un auténtico ejército de hombres y de muje-

res al servicio de la jerarquía eclesiástica. Se calcula que había unos 100.000 clérigos a comienzos de siglo, y 170.000 al final.

Por encima del pueblo llano, la burguesía industrial y mercantil disfrutó de un período de esplendor en el siglo XVI. Su grupo más destacado lo constituían los exportadores de lana de ciudades como Medina del Campo, Burgos o Valencia, enriquecidos por el comercio con los grandes centros textiles del Norte de Europa y que llegaron a actuar como banqueros, rivalizando con alemanes y genoveses en la financiación de la política exterior de los Habsburgo. No se piense, sin embargo, en que esta burguesía acomodada era una clase numerosa. Lo impedían la falta de grandes ciudades, la carencia de una tradición económica propiamente capitalista y la propia mentalidad de los españoles de la época, que consideraba la actividad financiera y mercantil como algo impropio de un hombre de honor, y prefería por lo tanto la inversión en tierras.

Los artesanos de las ciudades, así como los obreros de las manufacturas, los campesinos y los sirvientes domésticos, que constituían la mayoría de la población,

Página de un códice del convento de San Pedro, Medina de Pomar, Burgos (arriba). La ciudad de Sevilla en el siglo XVI, Museo de América (derecha)

experimentaron un cierto deterioro de su *status* social y económico, aunque el campesinado estaba libre de la servidumbre feudal que pervivía en otras zonas de Europa. Eran ellos quienes soportaban el grueso de la presión fiscal, de la que estaban exentos nobles y clérigos, y quienes sufrían mayormente el continuo alza de los precios, que deterioraba sus condiciones de vida.

Los beneficios que reportaba la producción lanera y la de vino y aceite llevaron a una reducción paulatina de la superficie cerealística. En consecuencia, muchos agricultores asalariados se quedaron sin trabajo y encontraron salida en un cambio radical de vida, alistándose en el Ejército o emigrando a América. Algo parecido sucedería con la industria artesanal, incapaz de competir con los productos manufacturados que se importaban del extranjero.

Todavía por debajo de estos sectores se movía una población creciente de desheredados. En primer lugar, los *pícaros*, que carecían de trabajo estable y sobrevivían a veces como pequeños delincuentes. Luego, los mendigos, que dependían de la caridad ajena y a los que la Iglesia aportaba con frecuencia una ración alimentaria de mera supervivencia, la llamada "sopa boba". Y,

finalmente, los esclavos, unos 100.000, procedentes en su mayoría de América o del África negra, que solían ser empleados en tareas domésticas por la nobleza.

La revolución de los precios

Durante los primeros tiempos de la presencia española en América los metales preciosos eran la principal fuente de beneficios de la explotación económica de las colonias. El oro y, sobre todo, la plata, llegaban en grandes cantidades a una Europa donde eran sumamente escasos, y ello otorgaba a España un enorme poder económico.

En un principio, los navíos que traían los tesoros, procedentes de Veracruz, Cartagena de Indias o Porto Belo, viajaban solos hacia España. Pero la agudización del problema que representaba la piratería en aguas americanas, y la guerra naval de *corso*˙ emprendida por holandeses, ingleses y franceses, llevó a organizar convoyes, las *flotas de Indias*, en los que los buques mercantes navegaban protegidos por galeones de guerra. A partir de 1565, se regularizó este tráfico. Dos grandes flotas partían ca-

Embarcaciones españolas del siglo XVI

productos exóticos, como las pieles preciosas, o la cochinilla y el índigo, que se utilizaban como tintes.

Esta afluencia de metales preciosos contribuyó decisivamente a un fenómeno que alteró la economía española y, en gran medida, la del resto de Europa: la llamada revolución de los precios. El enorme crecimiento de la circulación monetaria, animada por los gastos de la política imperialista de los Habsburgo, provocó una inflación* acelera-

da año de Sevilla, sede de la Casa de Contratación, que tenía el monopolio del comercio americano, cargadas de vino, aceite, tejidos y productos manufacturados que no se producían en las colonias. En su viaje de vuelta, volvían repletas de metales preciosos, y de cantidades mucho menores de da, que afectó sobre todo a los productos agrarios, cuyos precios se multiplicaron a lo largo del siglo XVI por cuatro, o por cinco. A ello se habría unido el crecimiento de la población europea y el aumento del consumo, factores que, según algunos historiadores, explicarían también este proceso inflacionista, que contribuyó a aumentar los desequilibrios sociales y económicos y obligó a la Monarquía española a embarcarse en una espiral de gastos.

El proteccionismo industrial iniciado por los Reyes Católicos, que se vio favorecido por la afluencia creciente de las riquezas de América, permitió cierta bonanza a las manufacturas españolas —paños, tejidos, cuero y guantes— en la primera mitad del siglo. No obstante, la visión mercantilista,

El comercio con América creó una importante flota

que hacía hincapié en que la riqueza de un país se basaba en los metales preciosos que acumulaba fue, en general, negativa, ya que llevó a la realización de experimentos de política económica, que no siempre fueron afortunados. Para abaratar la producción y hacer más competitivas las manufacturas locales, las Cortes castellanas solicitaron al emperador Carlos la prohibición de exportar manufacturas y el permiso para la importación de tales productos y su venta en el mercado americano. El daño causado a la industria nacional obligó a rectificar diez años después, pero para entonces industriales y comerciantes extranjeros se habían hecho con buena parte del mercado español y colonial. España vendía, pues, al exterior, sus materias primas: lana, pieles,

metales, que luego volvían en forma de productos elaborados, mucho más caros, lo que obligaba a una salida de metales preciosos en forma de dinero que contribuyó al desarrollo del capitalismo en otros países, pero no en la propia España. En la segunda mitad del siglo esta tendencia a depender de la importación de manufacturas se acentuó, frenando así el tímido despegue industrial de las primeras décadas de la centuria.

Los problemas de la Hacienda

Durante el reinado de Carlos I, la Hacienda española había podido hacer frente a las necesidades económicas de una política exterior de ámbito mundial y de una buro-

Mapa que representa las posesiones europeas y africanas de Felipe II

cracia gubernamental y un Ejército muy costosos. Con Felipe II, estos gastos se multiplicaron, y llevaron al Tesoro a sucesivas bancarrotas. El rey siguió la tradición paterna de recurrir a las sumisas Cortes castellanas para obtener aumentos de impuestos. Recuperó algunos monopolios que, como la sal o el mercurio, habían sido entregados a los grandes prestamistas a quienes recurría la Corona, creó nuevos derechos aduaneros y logró aumentar los ingresos ordinarios del Tesoro, hasta un 300 por cien. Pero ni con esto, ni con la afluencia de la plata americana se logró equilibrar el déficit. Hubo que recurrir, pues, a remedios extraordinarios: ventas de títulos de nobleza y de cargos públicos, emisiones de Deuda, solicitud de nuevos préstamos, declaraciones periódicas de bancarrota para no hacer frente a los pagos, etc. Las casas de banca de Génova se convirtieron en las principales proveedoras de crédito, pero su exigencia de gravosas garantías, casi siempre a costa de los tesoros llegados de América, terminaron convirtiéndolas en un peso más para la Hacienda, incapaz de retener en el país el flujo monetario procedente de las colonias.

Francisco de Quevedo

Años más tarde, el escritor Francisco de Quevedo afirmaría con ironía que el dinero español "nace en las Indias honrado y es en Génova enterrado".

Las contrariedades exteriores de los últimos años de Felipe II —guerra de Flandes, desastre de la Armada Invencible, piratería holandesa e inglesa en el Atlántico— se produjeron cuando Castilla, hasta entonces motor financiero de la Monarquía, estaba fiscalmente exhausta. En 1590, las Cortes castellanas tuvieron que votar un nuevo impuesto, *los millones*, que afectaba también a los estamentos privilegiados que hasta entonces habían estado libres de tributación directa. Sin embargo, los más perjudicados fueron los pequeños campesinos, que en la segunda mitad del siglo sufrieron un aumento de la presión fiscal de casi un 500 por ciento. Y a ello se añadiría el brote de una gran epidemia de peste en 1596, que terminaría afectando gravemente a la economía castellana.

Cuando murió Felipe II, los gastos del Estado superaban en seis veces a sus ingresos. Tras un siglo de esplendor, la Monarquía española encaraba el difícil siglo XVII en una situación de virtual quiebra económica.

La crisis del siglo XVII

Con la muerte de Felipe II en 1598, concluye el período llamado de los *Austrias mayores* y se inicia el de los tres *Austrias menores*, Felipe III (1598-1621), Felipe IV (1621-65) y Carlos II (1665-1700).

El siglo XVII español ha sido presentado por los historiadores mediante un juego de luces y sombras, en el que predominan éstas, hasta el punto de que tradicionalmente se ha calificado este período como "la decadencia española". Aunque hoy esta visión está muy matizada —es entonces, por ejemplo, cuando España vive su Siglo de Oro cultural— resulta evidente que la presión de un marco internacional desfavorable, unido a los negativos factores demográficos y económicos y a las dificultades políticas de la Monarquía a lo largo de casi toda la centuria, conforman un panorama de crisis que experimentó sus peores momentos en las décadas centrales del siglo.

Los desequilibrios económicos y sociales

Uno de los elementos que más colaboró a desarrollar esta imagen fue el colapso demográfico. En el siglo XVI, la Península Ibérica había vivido una fase de crecimiento de la población,

Felipe III, *por Juan Pantoja de la Cruz*

que llegó a situarse en torno a los 8 millones de habitantes. En el siglo siguiente, en cambio, una combinación de factores adversos redujeron su número a unos 7 millones, a semejanza de lo que sucedió en buena parte de Europa. Este proceso, particularmente fuerte en la primera mitad de la centuria, no fue igual en todo el país. Mientras las zonas del interior no se recuperarían hasta entrado el siglo XVIII, las de la periferia invirtieron esta tendencia ya en los años ochenta. Madrid, la capital, se afirmó como un polo de atracción de inmigrantes, y hacia 1650 contaba ya con 150.000 habitantes.

La primera causa del descenso de población fue una sucesión de epidemias de peste, como las de 1647-51 y 1676-85, que provocaron una elevada mortalidad en regiones como Andalucía y el Levante mediterráneo, hasta el punto de que se calcula que la ciudad de Sevilla perdió cerca de la mitad de su población en esta última epidemia. La despoblación del campo trajo como consecuencia la ausencia de obreros dedicados a la agricultura, lo que provocaba cosechas cada vez más escasas y, en consecuencia, hambres periódicas que aumentaban la mortalidad y forzaban a muchos a la emigración.

La participación española en la Guerra de los Treinta Años y los constantes conflictos con Francia, obligaban a reclutamientos continuos de jóvenes, que en muchos casos no regresaban al país. Se ha calculado que

Retrato de Felipe IV, *por Diego de Silva y Velázquez*

entre 1618 y 1659, España perdió casi trescientos mil soldados, entre muertos, prisioneros y desaparecidos. También era significativo el incremento de las vocaciones religiosas, fruto tanto de la espiritualidad de la Contrarreforma como de la crisis económica, que empujaba hacia la seguridad del convento a los más desfavorecidos. A lo largo del siglo XVII, la cifra de clérigos y monjas, que no podían tener hijos, creció en torno al 50 por ciento, mientras disminuía la del conjunto de la población. Otra causa del descenso estaba en la emigración a América, nunca muy masiva, pero que suponía una pérdida de gente joven, y en la marcha de los *moriscos*, la población de origen musulmán, que fue expulsada por motivos políticos y religiosos entre 1609 y 1614. Establecidos fundamentalmente en Aragón, Valencia y Murcia, los moriscos eran rechazados por los campesinos cristianos por su buena relación con la nobleza terrateniente, para la que trabajaban, y los militares les acusaban de ayudar a los piratas berberiscos en sus ataques a las costas españolas. Pero la expulsión de casi 275.000 agricultores especializados constituyó no sólo una merma demográfica considerable, sino también una catástrofe económica para algunas zonas agrícolas, donde fue imposible sustituirlos con mano de obra importada.

La agricultura, base de la economía española, se vio afectada por el descenso de

Defensa de Cádiz frente a los ingleses, *por Francisco de Zurbarán*

la población agrícola, en especial a causa de la expulsión de los moriscos, y por una sucesión de malas cosechas, fruto en parte de una climatología adversa. Sin embargo, el panorama era menos malo de lo que tradicionalmente se ha dicho. Se roturaron nuevas tierras, es decir, se prepararon para el cultivo, mientras que las menos productivas eran recuperadas por la ganadería. El trigo cedió terreno a la vid y al olivo, sobre todo en Castilla y Andalucía, mien-

tras en el Norte se extendía el cultivo del maíz.

El sector que sí experimentó una crisis considerable a lo largo del siglo XVII fue el industrial, especialmente el textil. La exportación masiva de lana, las leyes suntuarias con las que las autoridades intentaban combatir el lujo excesivo y la competencia de las importaciones del extranjero, sobre todo a partir de los acuerdos de librecambio firmados con Francia e Inglaterra, supusieron una seria amenaza para los productores de paños y de seda. En cuanto a los otros dos sectores industriales básicos, la metalurgia y los astilleros, conocieron un declive menos pronunciado, gracias al comercio con las colonias americanas y a las necesidades que creaban las continuas guerras en que se veían envueltos los ejércitos españoles.

Finalmente, la actividad comercial también se vio afectada por la recesión económica de la primera mitad de la centuria. El comercio interno se veía perjudicado por: la existencia de aduanas interiores entre los diversos territorios de la Monarquía, que dificultaban la creación de un mercado nacional; la alta fiscalidad; las deficiencias del sistema de transportes y la manipulación de las monedas de cobre por el propio Estado, que conducía a frecuentes devaluaciones de su valor e incluso a algunas declaraciones de bancarrota de la Hacienda, con un efecto negativo sobre los precios. En cuanto al comercio exterior, seguía orientado a mantener el monopolio de los intercambios con las colonias americanas, pero se veía estorbado por el florecimiento del contrabando y la piratería en el Atlántico, desarrollada fundamentalmente por franceses, ingleses y holandeses, que suponía un peligro para el flujo comercial y hacía disminuir los vitales envíos de plata a la Península.

A lo largo del siglo XVII, la sociedad española mantuvo su homogeneidad, acrecentada con la expulsión de los moriscos y la adopción de las pautas culturales y morales de la Contrarreforma católica. Aun así, se produjeron algunos cambios. Los estamentos privilegiados, nobleza y clero, vieron aumentar el número de sus miembros gracias a la venta de títulos y honores por una Corte siempre necesitada de dinero. Ambos seguían siendo, por otra parte, los grupos sociales mejor capacitados para soportar las situaciones de crisis, por lo que su poder y riqueza no hizo sino incrementarse en perjuicio del pueblo llano. En cuanto a éste, se acentuaron las diferencias sociales entre sus diversos sectores. Profesionales liberales, artesanos y campesinos acomodados constituían una élite que aspiraba a asimilarse a la nobleza, mientras que el grueso de la población, constituido por campesinos pobres y obreros de las manufacturas, se veía sometido a todo tipo de cargas laborales y fiscales, siempre en peligro de que la pérdida del empleo o una mala cosecha les forzara a integrarse en el grupo creciente de los pícaros y mendigos.

Las dificultades económicas, las contrariedades de la política exterior y el proceso de disgregación de la Monarquía, puesto de relieve en la crisis de los años centrales del siglo, hicieron comprender a muchos españoles de la época, funcionarios, clérigos y militares, que era necesario buscar soluciones a la decadencia, que revitalizaran a la sociedad y permitieran modernizar la Administración y el sistema económico. Tales fueron los *arbitristas*, cuyas propuestas de medidas (arbitrios)* se concretaron en numerosos escritos, con los que pretendían influir a los gobernantes. Autores como Martín González de Cellórigo, Sancho de Moncada o Pedro Fernández Navarrete, dirigieron sus propuestas fundamentalmente al campo económico, solicitando medidas proteccionistas de la producción nacional y una reforma fiscal que acabara con la permanente decadencia del Tesoro público. La crítica de los arbitristas, que influyó muy poco en la obra de gobierno de los Austrias menores, constituye, sin embargo, una precisa visión de la realidad española de la época.

La Guerra de los Treinta Años

El reinado de Felipe III (1598-1621) fue, en su mayor parte, una época de tranquilidad exterior e interior para España aunque, como se ha dicho anteriormente, se apreciaban ya los síntomas económicos y sociales que marcarían la crisis del reinado de su sucesor. El Ejército y la Armada eran aún los más poderosos de Europa, y los continuos envíos de plata americana parecían asegurar una perpetua fuente de ingresos para el Tesoro público. La muerte de Isabel I de Inglaterra, en 1601, permitió finalizar una guerra que ya duraba dos décadas y establecer buenas relaciones con su sucesor, Jacobo I Estuardo. En Francia, el asesinato de Enrique IV dio paso a un período de turbulencias que garantizó por un tiempo la paz a las posesiones de los Austrias en Italia y el área del Rin. Al mismo tiempo, el matrimonio del heredero del trono español con la hermana del futuro Luis XIII de Francia, y de éste con una hija de Felipe III, aseguraba una alianza dinástica. En los Países Bajos, la guerra continuaba consumiendo bue-

Retrato ecuestre del Conde-duque de Olivares, *por Velázquez*

na parte de los recursos de España. No obstante, en 1609 se concertó una tregua por doce años, que si bien garantizaba una etapa de tranquilidad en el ya largo conflicto bélico, ponía también de relieve la incapacidad de la Monarquía para acabar con la rebelión de las Provincias Unidas por la fuerza de las armas.

Hombre de carácter débil, Felipe III era poco dado a los excesos, y tan aficionado a la caza y a las prácticas religiosas como poco amigo de los asuntos públicos. Dada la creciente complejidad burocrática que implicaba el gobierno del inmenso Imperio español, el monarca inició una costumbre que luego conservarían sus sucesores: descargar sus responsabilidades en un hombre de confianza, un favorito o *valido*, que tenía práctica carta blanca (es decir, que no tenía límites o restricciones) para gobernar a su antojo. Felipe III confió el poder al duque de Lerma que, obsesionado con la idea de enriquecerse él y su familia, implantó un régimen de corrupción y de gastos desmesurados, que causó un considerable desprestigio a la Monarquía y contribuyó a la ruina financiera del Estado.

La situación de paz generalizada que disfrutó España en los comienzos del siglo XVII se frustró a partir de 1618, cuando estalló en la Europa central la Guerra de los Treinta Años. Como miembro de la familia Habsburgo, y defensor del catolicismo, Felipe III no podía permanecer ajeno a un conflicto que enfrentaba a su primo el emperador con los príncipes protestantes de Alemania. Pero apenas había empezado a auxiliarle con tropas y dinero cuando el rey español falleció, dejando a su hijo, Felipe IV, ante un largo y difícil conflicto.

A diferencia de su predecesor, el nuevo rey era un hombre amante de los placeres y con una activa vida amorosa, pero también un gobernante inteligente y cultivado, cuyo impulso a las artes y a las letras marcarían el cenit del Siglo de Oro. No obstante, tampoco pudo escapar al sistema de los validos. A su llegada al trono encomendó el gobierno a Gaspar de Guzmán, conde de Olivares y duque de Sanlúcar, conocido como el conde-duque. De personalidad enérgica y ambiciosa, Olivares, que en teoría era un simple miembro del Consejo de Estado, controlaba de hecho toda la Administración, en cuyos puestos claves colocó a parientes y amigos. Fue el primer estadista español del siglo XVII, pero su actuación despótica se desenvolvió en medio de crecientes dificultades, que terminaron acarreando su desgracia.

Su principal obsesión era restaurar el prestigio de España en Europa, abandonando la política pacifista de los años anteriores, reanudando el enfrentamiento con Francia, acabando con la rebelión de los Países Bajos y asumiendo el protagonismo en la lucha contra los protestantes alemanes. Cuando en 1621 terminó la tregua de doce años firmada con los holandeses, nadie mostró interés en renovarla, y se reanudó la guerra. Al principio, las armas españolas obtuvieron algunos triunfos: se rechazó la invasión de Brasil por la Armada holandesa, y las tropas del general Antonio Spínola tomaron la ciudad de Breda (1625). Al año siguiente, el nuevo monarca inglés, Carlos I, abrió las hostilidades contra España, y aunque atacó sin éxito Cádiz, su flota causaría en adelante serios daños al comercio marítimo español.

Mientras tanto, España se implicaba cada vez más en el conflicto centroeuropeo, al ver amenazada por el bando anti-imperial la vital ruta militar entre Italia y Flandes. Las victorias del bando protestante, liderado por Gustavo Adolfo de Suecia, y la ayuda que les prestaban Luis XIII de Francia y su valido, el cardenal Richelieu, forzaron a Madrid a incrementar su presencia en el escenario bélico. En 1634, las tropas españolas obtuvieron una gran victoria en Nördlingen, pero ello animó a Francia a intervenir abiertamente, y la situación cambió. La guerra se hizo general en gran parte de Europa, y España hubo de pasar a la defensiva en los Países Bajos y en su propio territorio. En 1638 los franceses intentaron invadir la Península por Fuenterrabía, pero fueron rechazados. Meses después sin embargo, la escuadra española era destruida en aguas del Canal de la Mancha por los holandeses, y a este desastre militar le seguirían pronto otros.

La crisis de la Monarquía

El enorme esfuerzo realizado en el conflicto centroeuropeo terminó teniendo un alto coste en el interior de los Estados de los Habsburgo españoles. El conde-duque de Olivares había llegado al poder dispuesto a realizar reformas que terminaran con el desprestigio de la Monarquía y, sobre todo, la permitieran desarrollar una brillante política exterior. Convencido de que los Estados modernos requerían un gobierno autoritario y centralizado, en 1624 expuso al

Las Meninas, *posiblemente la obra más universal de Diego de Silva y Velázquez*

rey su programa en un *Gran Memorial*. Aconsejaba al monarca que procurase convertirse en un auténtico "rey de España", y

no sólo de cada uno de los diversos territorios que integraban la Corona: Aragón, Castilla, Portugal, etc. Para lograrlo, debería extenderse al conjunto de la Monarquía el modelo de gobierno propio de Castilla, que el conde-duque consideraba el más adecuado para organizar un Estado moderno sobre bases autoritarias. Uno de los ejes de este proyecto centralizador era la *Unión de Armas*, un pacto entre los distintos reinos de la Monarquía en virtud del cual cada uno aportaría un determinado número de soldados a un poderoso Ejército común. Además, una reforma aumentaría y unificaría determinados impuestos, dando un serio golpe a la autonomía fiscal de los diversos territorios españoles. Pero las negociaciones con los Estados de la antigua Corona aragonesa, siempre celosos de sus libertades, fueron difíciles. Los reinos de Valencia y Aragón terminaron cediendo pero no así el Principado de Cataluña, donde la

LAS MENINAS

Este retrato colectivo, hoy expuesto en el Museo del Prado, es uno de los cuadros más conocidos del Siglo de Oro español y quizás la obra maestra de su autor, Diego Velázquez, que lo pintó en 1656.

Su nombre popular, *Las Meninas*, alude a las dos adolescentes que, en el centro del lienzo, atienden a la hija menor del rey Felipe IV, la infanta Margarita. La figura infantil de ésta destaca sobre las demás con el fondo del taller que el pintor poseía en el palacio real. A la izquierda, el propio Velázquez se retrata en actitud de pintar; a la derecha, dos enanos, bufones de la Corte, acompañados por un perro de caza. Y presidiendo el conjunto, un espejo en el que se reflejan el rey Felipe y su esposa, la reina Mariana de Austria que, fuera del cuadro, se dejan retratar por Velázquez. Calificada de "teología de la pintura" por Lucas Jordán, la complejidad de la composición y el uso de la luz de *Las Meninas* ha ejercido una considerable influencia sobre otras muchas obras de artistas europeos.

resistencia a la hegemonía castellana era muy fuerte.

Al estallar la guerra con Francia, en 1635, las tropas españolas fueron enviadas a la frontera. El alojamiento de los soldados entre la población catalana dio origen a continuas violencias que culminaron en el día del Corpus de 1640 con un levantamiento de las clases populares de Barcelona que, con el apoyo de los campesinos de las comarcas vecinas, lograron hacerse con el control de la ciudad y asesinaron al virrey, acontecimiento conocido como *Corpus de la Sangre*. La rebelión se extendió rápidamente, y la Diputación, el órgano de gobierno del Principado, se puso en cabeza del movimiento y proclamó rey de Cataluña a Luis XIII de Francia. Los franceses ocuparon casi toda la región, pero su dominio se hizo rápidamente impopular. No obstante, hubo que esperar largo tiempo hasta que el final de la Guerra de los Treinta Años facilitó la recuperación del territorio por los españoles, que entraron en Barcelona en 1652. Dispuesto a cerrar las heridas provocadas por la rebelión, Felipe IV proclamó un perdón general y juró respetar las leyes y privilegios del Principado.

No tuvo la Corona española idéntica suerte en Portugal. Desde la pérdida de su independencia, medio siglo antes, no había disminuido el sentimiento de rechazo de la población hacia los Habsburgo. La actuación de los virreyes era con frecuencia contraria a las leyes y los usos locales, la nobleza se resentía de la pérdida de la capitalidad de Lisboa, y el Imperio colonial portugués se veía expuesto a los ataques de los adversarios de España, con el consiguiente perjuicio para la economía de la metrópoli atlántica. En el otoño de 1637 estallaron graves disturbios en el Sur del país ante la pretensión de Olivares de subir los impuestos. La guerra de Cataluña supuso nuevas imposiciones en dinero y soldados, que causaron una considerable irritación. En 1640, aprovechando las dificultades militares de la Corona, una conspiración de la nobleza lisboeta expulsó a la virreina, Margarita de

Representación del Corpus de la Sangre, *por Antoni Struch i Bros, Museo de Sabadell*

Saboya, y proclamó rey al caudillo militar de la sublevación, el duque de Braganza, como Juan IV. Las Cortes portuguesas, con el apoyo casi absoluto de la población, refrendaron la secesión y estalló la guerra, que se prolongaría hasta 1668. En ese año, el gobierno del nuevo rey español, Carlos II, desistió de intentar la reconquista y reconoció la independencia de Portugal y de su Imperio ultramarino.

Junto a las guerras de Cataluña y Portugal, Olivares hubo de hacer frente a una serie de conspiraciones y sublevaciones menores que, aunque pudieron ser dominadas, ponían de manifiesto el grado de descomposición de los frágiles vínculos que habían unido hasta entonces a los diversos Estados gobernados por los Habsburgo españoles. Tales fueron los levantamientos de Nápoles y Sicilia, que derivaron en una au-

téntica guerra social, o los motines populares en la Península —Andalucía, Aragón— fundamentalmente urbanos, en los que la protesta, animada por la alta fiscalidad y la carestía de alimentos, se dirigía contra Olivares y sus colaboradores al grito de "Viva el rey y muera el mal gobierno". A todo ello se unió la presión sobre el rey de la alta nobleza, descontenta con el grado de poder adquirido por el entorno del conde-duque. Felipe IV se resistió algún tiempo, hasta que, en enero de 1643, el fracaso del intento de reconquistar Cataluña, le forzó a prescindir de su valido, que moriría poco después en el destierro.

Cuatro meses después de la marcha de Olivares, los tercios españoles sufrieron una derrota desastrosa frente a los franceses en Rocroy. Tras dos décadas de guerras y de conflictos internos, España estaba ago-

Inmaculada Concepción, *por Bartolomé Esteban Murillo, Museo del Prado, Madrid*

tada. En 1648 se sumó a la Paz de Westfalia, que puso fin a la Guerra de los Treinta Años, y por la que Felipe IV hubo de reconocer la independencia de los Países Bajos, aunque los actuales territorios de Bélgica y Luxemburgo continuaron siendo españoles. No terminó, sin embargo, la guerra con Francia, que se prolongaría aún durante una década, complicada por la intervención de la Inglaterra de Cromwell, que aprovechó la coyuntura para adueñarse de Jamaica y animar los ataques al comercio español a cargo de los buques corsarios. Finalmente, en 1659 el Gobierno español tiró la toalla, es decir, se rindió. Por la Paz de los Pirineos, cedió a Francia las comarcas pirenaicas del Rosellón y la Cerdaña, así como varias ciudades de Flandes. No eran grandes pérdidas, pero la derrota suponía, de

hecho, el final de siglo y medio de hegemonía española en Europa y sus mundos coloniales.

El reinado de Carlos II

Felipe IV vivió sus últimos años lleno de remordimientos y con la conciencia de que la Monarquía se había precipitado en una profunda crisis, que hacía peligrar su futuro. Cuando murió, en 1665, su único hijo varón, Carlos II, contaba 4 años. Heredaba una Corona en bancarrota, apeada de la hegemonía europea por la Francia de Luis XIV y con su vasto Imperio colonial amenazado por las potencias marítimas emergentes. El nuevo rey, que daría pronto muestras de cierta debilidad física y mental y que sería incapaz de tener descendencia, a pesar de sus dos matrimonios, hubo de esperar diez años antes de asumir personalmente la Corona. Mientras tanto, gobernó un Consejo de Regencia, pero el auténtico poder recaía en un jesuita alemán, Juan Everardo Neidharth, confesor de la reina-madre, Mariana de Habsburgo. En 1669, sin embargo, miembros de la aristocracia dieron un golpe de Estado y sustituyeron al jesuita por un nuevo valido, Fernando de Valenzuela, que permitió que la alta nobleza recuperase un poder político como no se conocía desde el reinado de los Reyes Católicos.

Sin embargo, y contra lo que tradicionalmente se afirma, el reinado de Carlos II no supuso la época de mayor decadencia de la España moderna sino que, por lo menos en su segunda mitad, marcó una cierta recuperación con respecto a la generalizada crisis del reinado anterior. En las dos últimas décadas del siglo XVII se contuvo el descenso de población, por lo menos en las regiones costeras, al tiempo que mejoraban los rendimientos agrícolas. La reforma monetaria de 1680, que retiró de la circulación una gran cantidad de las devaluadas monedas de cobre, detuvo la bancarrota de la Hacienda estatal. Siguiendo el patrón

Retrato de Carlos II, *por Juan Carreño de Miran-
da, Col. Argentaria*

Inmaculada, *por Francisco de Zurbarán,
Museo del Prado, Madrid*

francés, se fortaleció el modelo mercantilista, con la creación de la Junta Central de
Comercio y de numerosas Juntas locales,
que tenían como objetivo incentivar la producción y el consumo de manufacturas españolas. Una nueva mentalidad, más práctica, se iba imponiendo en el fomento de la
industria y el comercio, y prueba de ello fue
la Pragmática promulgada en 1682, que
autorizó a los nobles a dedicarse a estas actividades, hasta entonces reservadas a los
plebeyos.

Donde no se produjo una recuperación
fue en la política exterior. Durante el reinado de Carlos II, España hubo de ceder poco
a poco a la Francia de Luis XIV, ante el empuje de la nueva gran potencia europea. A
raíz de la Paz de los Pirineos, el monarca
francés había contraído matrimonio con

María Teresa de Habsburgo, hija de Felipe
IV y de su primera mujer, la princesa francesa Isabel de Borbón. El acuerdo establecía que la infanta renunciaba a sus derechos a la Corona, en el caso de que su hermanastro Carlos falleciera sin descendencia, a cambio de una dote de medio millón
de escudos. Pero la empobrecida España no
estaba en condiciones de hacer frente a tan
enorme gasto, y la dote no se pagó. Luis XIV
recurrió entonces a una antigua costumbre
del ducado de Brabante, en Flandes, que
estipulaba que la herencia de los padres
pasaba obligatoriamente a los hijos del primer matrimonio. En nombre de su esposa,
reclamó este *derecho de devolución* para
todo el Flandes español. En 1667, un ejército francés invadió la provincia y la ocupó,
mientras otro hacía lo mismo con el Franco

Condado. Enfrentada a los sucesivos desastres militares, que frustraban además la naciente mejoría económica, la Corte de Madrid aceptó la Paz de Aquisgrán, por la que recuperaba el Franco Condado, pero cedía a cambio Flandes a Francia.

En los años siguientes, la Monarquía española fue incapaz de recuperar por sí sola lo perdido, pero supo integrarse en el bloque de potencias europeas, católicas y protestantes, que combatían la hegemonía de Luis XIV. A partir de 1685 formó parte de la Liga de Augsburgo, con Austria, Holanda y Suecia. Tras largos años de guerra, la Paz de Ryswick (1697) devolvió a España sus mermadas posesiones en Flandes. Pero no era un gran triunfo, que marcase la recuperación de España como potencia continental. En realidad se trataba de un gesto político del rey francés que, próxima ya la muerte de Carlos II, se disponía a reivindicar los derechos de su familia al trono español.

Contrarreforma y Barroco

La España de los tres Felipes conoció un extraordinario florecimiento cultural, hasta el punto de que ha sido definida como el Siglo de Oro. Sin embargo, esta explosión de creatividad se enmarca en un contexto de fuerte presión ideológica, en el que todos los resortes del Estado autoritario de los Austrias estaban al servicio de la ortodoxia religiosa procedente del Concilio de Trento. El peso de la Iglesia católica en la segunda mitad del siglo XVI y a lo largo del XVII se manifestó en todos los ámbitos de la vida española, impregnándola del espíritu de la Contrarreforma. La oratoria sagrada alcanzó extremos desconocidos de patetismo* y recargamiento, mientras que la poesía de místicos como Teresa de Jesús o Juan de la Cruz abría paso a la nueva religiosidad. A la permanente vigilancia que la Inquisición realizaba de cualquier actividad heterodoxa —y que tenía su manifestación más efectiva en los *autos de fe*, en los que se quemaba a

los herejes reincidentes— se sumó la actuación de la Congregación del Índice, creada por el Papa en 1564, que establecía qué libros estaba prohibido leer a los católicos y, por lo tanto, debían ser destruidos por las autoridades. A ello se unía la actividad de dos nuevas órdenes religiosas, dedicadas a luchar contra los efectos de la Reforma protestante: los capuchinos, que se ocupaban de las clases populares, y la Compañía de Jesús, fundada por el español Ignacio de Loyola. Los jesuitas, que estaban colocados especialmente a las órdenes del Papa, se convirtieron en el principal vehículo intelectual de la Contrarreforma, con teólogos como Laínez y Salmerón, decisivos en el establecimiento de las bases religiosas de Trento; o Vitoria y Suárez, los teólogos más influyentes en la España barroca, impulsores del tomismo* frente a las cada vez más marginadas corrientes humanísticas*.

La expresión cultural básica de la Contrarreforma fue, en gran parte de Europa, el Barroco. Movimiento muy complejo, que afectó prácticamente a todas las manifestaciones culturales, el Barroco es para algunos investigadores una reacción contra los cánones clasicistas del Renacimiento. En cambio, otros lo interpretan como una evolución de las propias condiciones renacentistas, que lentamente se fueron complicando, con una realización recargada y artificiosa, en la que dominaban los contrastes violentos y el propósito de servir a una nueva espiritualidad. Esta espiritualidad excluía radicalmente cualquier elemento que no participara de la ortodoxia religiosa y social.

La literatura

La situación de crisis que vive la España del siglo XVII tiene su reflejo en la literatura, en afinidad con todo el Barroco europeo. Pero la producción literaria española ofrece rasgos peculiares basados, entre otras cosas, en la conciencia de la decadencia nacional, la persistente influencia de la

Miguel de Cervantes Saavedra, grabado del XIX

de— su obra maestra es *El Quijote*, la gran novela clásica en castellano, cuya primera parte vio la luz en 1595. Con el pretexto de fustigar (dirigir ataques) al género de libros de caballería, Cervantes nos presenta el enfrentamiento del ideal caballeresco, personificado en el enloquecido protagonista, con un mundo real de normas rígidas, ya muy alejadas del espíritu medieval de la caballería. Su escudero, Sancho Panza, representa el realismo, pero en la obra de Cervantes idealismo y realismo se entrecruzan en la conciencia de sus personajes, reflejando una gran riqueza de matices conforme a lo complejo de la época que le tocó vivir.

Junto a otras joyas de la novelística, como *La Galatea*, obra de género pastoril heredera de la tradición renacentista, o las *Novelas Ejemplares*, Cervantes fue también un dramaturgo de primera línea, como ponen de relieve sus *entremeses*, breves piezas cómicas destinadas a un público popular.

La novela picaresca continuó siendo un género muy popular durante la época barroca, pero frente a la alegría de vivir que manifestaba en tiempos anteriores, la del Siglo de Oro, calificada de "picaresca amarga", es sumamente pesimista, y deja cruda constancia del sentimiento de decadencia y de las dificultades económicas que atravesaba la sociedad española. Tal es el caso de sus dos piezas más representativas: *La vida del pícaro Guzmán de Alfarache*, de Mateo Alemán, y la *Historia del buscón don Pablos, ejemplo de vagos y espejo de tacaños*, de Francisco de Quevedo.

El primer gran autor del teatro del Siglo de Oro es Lope de Vega, hombre vitalista que participa de la tensión entre las corrientes de la espiritualidad barroca, que le llevaron a ordenarse sacerdote a los 52 años, y una intensa vida amorosa, llena de desengaños. Su teatro, en verso, recurre a temas de la historia y de la ideología nacional, con eje en conceptos como el honor, que atribuye tanto a nobles como a plebeyos, o la lealtad al rey. Sus piezas dramáti-

teología escolástica y la pervivencia de la tradición popular. El Barroco literario español está muy influido por la dialéctica* de la teología católica. De ahí su gusto por el contraste de los conceptos —el *conceptismo*, que representa Quevedo— y los largos párrafos de razonamientos que caracterizan el teatro de Calderón.

La primera gran figura de la literatura barroca, a caballo aún con el último Renacimiento, es el alcalaíno Miguel de Cervantes, nacido en Alcalá de Henares, quizá la figura más universal de la cultura española. Hombre de vida agitada —estuvo cautivo en Argel, perdió una mano combatiendo en Lepanto y siendo recaudador de impuestos fue encarcelado, acusado de frau-

cas, entre las que sobresalen *Peribáñez y el comendador de Ocaña*, *Fuenteovejuna*, *El caballero de Olmedo* y *El villano en su rincón*, fueron enormemente populares en su época.

Lope de Vega, auténtico creador del teatro nacional español, tuvo continuadores, entre los que destacan fray Gabriel Téllez, llamado Tirso de Molina, autor de piezas de contenido religioso y de una primera aproximación a la figura de Don Juan —*El burlador de Sevilla*— que retrata el ansia barroca de goce sensual, y Juan Ruiz de Alarcón, cuyo teatro muestra una intención didáctica y moralizadora.

Sin embargo, el único autor teatral que se puede medir con Lope es el sacerdote madrileño Pedro Calderón de la Barca, el autor favorito de la Corte, cuyas obras más importantes son *La vida es sueño* y *El médico de su honra*. La teología, las ideas del honor personal y de la obediencia al soberano alcanzan en Calderón su máxima expresión teatral.

En el terreno de la poesía destaca la figura de Luis de Góngora, el mejor representante de la corriente *culterana*· del Barroco español. Dotado de un carácter malhumorado y mordaz, la obra de este capellán de Felipe III se orienta en un doble sentido: los poemas de estilo popular y los de carácter narrativo burlesco, en los que vuelca toda la complicación estilística del Barroco. Así, en *Las Soledades*, el elemento narrativo desaparece bajo la exuberancia formal y su rico y difícil lenguaje, mientras que en la *Fábula de Polifemo y Galatea* la lírica barroca alcanza su máxima expresión.

El gran rival de Góngora fue Francisco de Quevedo, diplomático de pluma acerada, cuyo empleo le costó serios disgustos. Su actitud ante la vida se caracteriza por el pesimismo y la crítica despiadada de las pasiones humanas. Su obra, la de un observador desengañado, defiende valores ideales como la justicia y el patriotismo, que contrasta con la realidad de las falsedades terrenas, que considera una farsa grotesca. Su prosa satírica, que adopta un tono despiadado y cruel es, junto con la del jesuita Gracián —autor de un amargo retrato de la época, la obra *El Criticón*— el mejor ejemplo del *conceptismo*, que, a diferencia del recargado culteranismo· gongorino, busca la fuerza expresiva de lo directo, de la prosa frente a la poesía, ajeno al halago sensorial y al recargamiento estilístico.

El arte

A comienzos del siglo XVII, la relación del pintor con la realidad experimenta un cambio:

Interior del Corral de Comedias de Almagro

Entierro de Lope de Vega, *por Suárez de Llanos, Museo Municipal, Madrid*

brismo· heredado de su maestro. También pintor naturalista es Francisco de Zurbarán, autor de escenas religiosas, de santos y de monjes a quienes rodea de un aura (halo o aureola, esa luz espiritual que rodea a un santo) mística retratada con sencillez cotidiana.

Pero los dos grandes pintores del Siglo de Oro son Diego de Silva Velázquez y Barlotomé Esteban Murillo. Velázquez, pintor de cámara de los reyes de España es uno de los mejores retratistas de su tiempo. Preocupado por otorgar realismo a la figura humana, su obra es una galería de personajes, desde la familia real o las altas jerarquías eclesiásticas, hasta las más humildes mujeres de la calle o los bufones de la Corte. Su cuadro *Las Meninas*, retrato familiar de las hijas de Felipe IV y sus sirvientes, es una de las obras más conocidas de la pintura universal. En cuanto al sevillano Murillo, cultivó la temática religiosa con una dulzura idealizada que estaba en las raíces de la religiosidad popular. Sus obras más conocidas son las numerosas versiones de la Inmaculada Concepción,

el modelo ideal de la belleza, propio del canon renacentista, es abandonado en favor de la belleza de la realidad. En el Barroco todo, incluido los personajes mitológicos o de la Historia Sagrada, es expresado con una visión realista y contemporánea. Un Apolo, un Vulcano, serán representados como hombres de la calle, contemporáneos del pintor y de sus clientes, conforme a los cánones de belleza corrientes en la época.

Tal es el caso de José Ribera, discípulo de Caravaggio, que trabajó en Italia con el sobrenombre de *il Spagnoletto*. Maestro de la representación de la realidad, Ribera retrata lo que ve y cultiva el tene-

Retrato de Góngora, por Velázquez

Autorretrato de Velázquez

magnífica factura sus retratos de tipos populares: mendigos, vendimiadores, jugadores de dados, etc.

La escultura española del siglo XVII abandonó en gran medida la imitación de patrones italianos para adquirir un carácter nacional, centrado en la temática religiosa de sus tres escuelas principales: la castellana, con Gregorio Hernández, la sevillana, con Juan Martínez Montañés, y la granadina, representada por Alonso Cano.

En cuanto a la arquitectura, manifiesta la riqueza ornamental propia del Barroco. En un primer momento se mantienen los cánones arquitectónicos renacentistas del estilo herreriano (el de El Escorial), como muestra la Plaza Mayor de Madrid, obra de Gómez de la Mora. Pero luego el Barroco se desarrolla plenamente, sobre todo en la ornamentación interior y de las fachadas, hasta llegar al recargamiento excesivo del estilo churrigueresco, entre cuyos ejemplos más destacados se encuentran el Palacio del marqués de Dos Aguas, en Valencia, el Transparente de la catedral de Toledo y el Hospicio madrileño.

que realizó repetidamente a petición de numerosos clientes. Pero también son de

El Siglo de las Luces

Visto desde una perspectiva actual, el siglo XVIII español se nos presenta como un período de relativa prosperidad y crecimiento económico. Una época en la que los monarcas de la nueva dinastía de Borbón y sus ministros se esforzaron por sentar las bases de una recuperación de la identidad nacional, muy afectada por la crisis del siglo anterior, y por abrir cauces a políticas reformistas, inspiradas en los principios de la Ilustración europea. En gran medida, se trataba de proyectos cargados de buenas intenciones, pero que no se vieron correspondidos por el éxito y España siguió acumulando retraso con respecto a otros países —Francia, Gran Bretaña— que marchaban a la cabeza de las innovaciones sociales, económicas y culturales de Occidente.

Felipe V, *por Miguel Jacinto Meléndez*

La Guerra de Sucesión

Cuando, en noviembre de 1700, falleció el rey Carlos II España se vio envuelta en un conflicto sucesorio que afectó a gran parte de Europa. Pese a su visible decadencia económica y política, el Imperio español seguía siendo el más extenso del mundo, y sus territorios europeos, un elemento fundamental del equilibrio continental. De ahí que la sucesión del último rey Habsburgo, muerto sin hermanos ni hijos, desatase las ambiciones de otros monarcas, deseosos de sentar a su familia en el trono de Madrid.

Las hermanas de Carlos II se habían casado con Luis XIV de Francia y con el emperador Leopoldo I de Austria, por lo que ambos podían alegar derechos dinásticos. El problema se complicaba por los dos siglos de repetidos enlaces entre Habsburgos y Borbones, que habían creado una compleja red de parentescos. Tras muchas dudas, Carlos II había dejado en su último testamento el trono a Felipe de Anjou, nieto de Luis XIV, que reinaría como Felipe V. La posibilidad de que la Francia del Rey Sol controlara también el inmenso Imperio español, reforzando así su hegemonía en Europa, movilizó a varias potencias, como Inglaterra y Holanda, en defensa de los derechos del pretendiente austríaco, el archiduque Carlos de Habsburgo, hijo del emperador Leopoldo I. La Guerra de Sucesión, que comenzó en 1701, tuvo sus primeros escenarios fuera de la Península Ibérica, pero a partir de 1704 ambos pretendientes intentaron hacerse con el control del suelo español. Ese año, un ejército de partidarios del archiduque Carlos desembarcó en Portugal, que era aliada de Inglaterra, dispuesto a invadir el país vecino. Al mismo tiempo, los ingleses se apoderaban del Peñón de Gibraltar, y lo convertían en una base militar de enorme importancia, por cuanto controlaba la navegación entre el Atlántico y el Mediterráneo.

En el interior de España, los reinos de la Monarquía de los Austrias tomaban posiciones ante la nueva situación. Castilla se pronunció en favor de Felipe de Anjou, pero los Estados de la Corona de Aragón, cuyos recelos ante la posición hegemónica de Castilla no habían disminuido en las últimas décadas, reconocieron como rey al candidato austríaco. No obstante, este alineamiento no fue unánime, dado el carácter de guerra social que adquirió el conflicto en algunas zonas.

En Castilla, la alta nobleza se manifestó en parte favorable al bando del archiduque, mientras que en Valencia muchos de sus miembros apoyaron la causa borbónica, temerosos del carácter antiseñorial que adoptaba el entusiasmo *austracista* de las clases populares. Estalló, por lo tanto, una guerra civil, en la que los partidarios de los Borbones llevaron al principio la peor parte. En abril de 1706, Felipe V tuvo que abandonar Madrid, que cayó en poder de las tropas partidarias del archiduque. Un año después, sin embargo, las tropas hispano-francesas se impusieron en la batalla de Almansa, y ello provocó la caída en su poder de Aragón y Valencia.

Luego, la guerra entró en una etapa de indecisión, mientras el hambre y las enfermedades asolaban a la población. Los ingleses se apoderaron de la isla de Menorca, al tiempo que varios ejércitos europeos se disputaban el Flandes español. Finalmente, la victoria de Brihuega (1710), dio la victoria al candidato borbónico. Su rival, el archiduque Carlos, heredó por entonces el trono imperial, lo que abría la posibilidad, no deseada por sus aliados ingleses y holandeses, de que reconstruyera el Imperio de Carlos V.

En el otro bando, Francia estaba exhausta tras largos años de guerra, y el anciano Luis XIV quería dejar consolidado en el trono de Madrid a su nieto antes de morir.

El cansancio de ambas partes favoreció, una solución diplomática en la que los españoles, principales afectados, tuvieron muy poco que decir. Por el Tratado de Utrecht, firmado en 1713, Felipe V fue reconocido como rey de España por las grandes potencias, aunque a cambio hubieron de renunciar, él y sus herederos, a cualquier derecho sobre el trono francés. Los Habsburgo austríacos recibieron, como compensación, la mayor parte de las posesiones españolas en Europa: Flandes, Luxemburgo, Milán, Nápoles y Cerdeña. La isla de Sicilia fue para los italianos de Saboya, aunque más tarde la intercambiarían con la Cerdeña austríaca. Inglaterra obtuvo el reconocimiento de su dominio sobre Gibraltar y Menorca.

Con la Paz de Utrecht no terminó la guerra en la Península. Cataluña seguía negándose a reconocer al nuevo monarca, y fue preciso someterla por la fuerza. Hasta el 11 de septiembre de 1714, después de un asedio de cuatro meses, no logró entrar el ejército real en Barcelona, asegurando así la reunificación nacional bajo el gobierno de los Borbones.

La reorganización del Estado

España había salido de la Guerra de Sucesión confinada' a sus actuales límites territoriales. Con ello veía inevitablemente reducida su presencia en Europa, pero también quedaba libre del peso que representaban unos territorios dispersos y lejanos, que la habían obligado a implicarse en continuas guerras continentales a lo largo de dos siglos. Con la llegada de la dinastía de los Borbones, el país pudo volverse hacia sí mismo y hacia su desatendido Imperio colonial e iniciar una recuperación que daría sus frutos en la segunda mitad de la centuria.

Una de las cuestiones que había planteado el desarrollo de la guerra civil era la naturaleza del Estado español. La Monarquía confederal de los Austrias, gravemente afectada en sus fundamentos desde la crisis de 1640, casaba mal con el modelo unitario y centralista de la Francia borbónica. De igual modo, el modelo habsbúrgico, respetuoso con la organización política y las particularidades legislativas de cada territorio, resultaba incompatible con la Monarquía absolutista que ejercía el Rey Sol, y que sus descendientes trasladarían a España. Por tanto, en sus primeros años en la Península, Felipe V y sus consejeros pusieron en marcha un proceso de enorme trascendencia, que iba incluso más allá de la propuesta centralizadora que planteara en su día el conde-duque de Olivares: la promulgación de los Decretos de Nueva Planta, que entre 1707 y 1714 terminaron con los fueros y las instituciones propias de los cuatro territorios de la Corona de Aragón, y el establecimiento del modelo administrativo castellano en toda España. Considerados por los perjudicados como un castigo por su apoyo al bando austracista, los Decretos supusieron en cambio cierta ventaja para ellos, ya que los súbditos de la desaparecida Corona de Aragón dejaron de tener prohibido el comercio con América, en el que los catalanes no tardarían en tener un importante papel, y se suprimieron las gravosas aduanas interiores. A cambio, hubieron de soportar un nuevo sistema fiscal que aumentó su contribución a los ingresos del Estado, que hasta entonces habían recaído en un elevado porcentaje sobre Castilla. La Nueva Planta, en definitiva, facilitó el re-

Fernando VI, *anónimo, Museo Naval, Madrid*

forzamiento del poder real y la modernización de un Estado con graves deficiencias de funcionamiento, como era el creado por los Reyes Católicos. Pero abrió a la vez profundos agravios, especialmente entre la población catalana, la más renuente a la unificación, y en el futuro sería una potencial fuente de conflicto entre los españoles.

También el gobierno del Estado sufrió cambios durante el reinado de los primeros Borbones. El Consejo de Castilla siguió siendo la principal institución, pero desaparecieron la mayoría de los restantes consejos, y con ellos el sistema polisinodial. En cambio, aumentó el papel de los secretarios de Estado y de Despacho, auténticos ejecutores de la voluntad real, y a los que pronto se denominaría ministros. De ellos dependían los intendentes, copiados del modelo francés, que eran los encargados del gobierno en las provincias o intendencias, con amplias atribuciones. En cuanto al arcaico e inoperante sistema parlamentario, las distintas Cortes de los antiguos reinos fueron integradas en unas Cortes Generales, respetuosas con la total libertad de acción de los monarcas y de sus equipos de gobierno.

El Despotismo Ilustrado

Una vez terminada la etapa de reformas administrativas, el reinado de Felipe V supuso un período de tranquilidad interior y de recuperación de las pérdidas de la guerra, pero también de anquilosamiento, en el que casi nada se hizo para acometer las reformas que demandaba la modernización del país y ello pese a los esfuerzos de algunos ministros, como José Patiño, quien reorganizó la Armada e impulsó la reformas administrativas en la América española, a fin de consolidar el poder de la Corona en las colonias. A la apatía en el Gobierno contribuía el carácter del soberano, indeciso y sometido a periódicas crisis de depresión. Una de ellas le llevó a abdicar en su primogénito, Luis I, en 1724, pero el joven monarca murió seis meses después, y Felipe V volvió a asumir la Corona, con unas condiciones mentales cada vez más deterioradas.

A su muerte, subió al trono su hijo, Fernando VI (1746-1759), de talante tan indolente (perezoso, apático) como su padre, y que compensó su poca afición a gobernar entregando el poder a equipos muy capaces de ministros, entre los que destacó el marqués de la Ensenada. Durante su reinado, España disfrutó de un desconocido período de paz, lejos de las guerras que seguían asolando a Europa. Ello permitió a los gobernantes concentrar sus esfuerzos en la reconstrucción interior. Ensenada impulsó un ambicioso proyecto de reforma fiscal, la *contribución única*, que no se llevó a término. Pero la Hacienda estatal fue considerablemente saneada gracias a la elaboración de un censo general de bienes (catastro),

que permitió mejorar la recaudación. Otro logro importante del reinado fue la firma del Concordato de 1753 con la Iglesia que, conforme a la doctrina del *regalismo*°, reconocía el derecho del monarca a nombrar a casi todos los altos cargos eclesiásticos del país.

Con la llegada al trono de Carlos III (1759-1788), España iba a verse inmersa en la corriente política de las Luces, el llamado Despotismo Ilustrado, un sistema de gobierno absolutista que sintonizaba con las ideas racionalistas y filantrópicas de los filósofos. El nuevo rey, hijo de Felipe V e Isabel de Farnesio, había reinado ya en Nápoles conforme a los cánones del Absolutismo Ilustrado, pero renunció a su trono italiano para ocupar el español.

A diferencia de sus dos predecesores, Carlos III era una personalidad enérgica y voluntariosa, aunque no especialmente inteligente. Estaba convencido de ser la única fuente de poder en el país, e intervenía continuamente en los asuntos de gobierno, pese a que su gran pasión era la caza. En un primer momento se apoyó en su equipo de colaboradores italianos, entre los que destacaba el marqués de Esquilache. Pero su afán de reformas chocó con la resistencia de la nobleza y el clero local, y una época de dificultades alimentarias disparó la protesta popular. Los motines de 1766 tuvieron como causa profunda la carestía de los productos de primera necesidad, pero al menos en Madrid se piensa que el llamado *motín de Esquilache* inducido como respuesta a la prohibición de llevar capa larga y sombrero de ala ancha, prendas tradicionales que permitían la impunidad de los delincuentes, estuvo manipulado por un sector de la nobleza y —según dijeron entonces las autoridades— por los jesuitas, opuestos al ministro italiano.

Tras la derrota del grupo antirreformista de los *colegiales* o *jesuitas* —la Compañía de Jesús fue expulsada de España en 1767 —la política interior se orientó en torno a dos bandos. Por un lado, el sector aristocrático o partido *aragonés*, encabezado por el conde de Aranda, y por otro el de los funcionarios de origen más modesto, llamados *golillas*, de cuyas filas saldrían los dos principales gobernantes del período: los condes de Campomanes y de Floridablanca.

Las reformas de Carlos III no respondieron a un programa coherente ni pretendían transformar los caracteres básicos de la sociedad española, y su impacto, por lo menos a corto plazo, fue mucho menor del que buscaban sus promotores. Se trataba de medidas aisladas, sugeridas por la necesidad de hacer más eficaz la gestión del Estado y de mejorar el nivel de vida de los españoles, conforme a la visión ilustrada que predominaba en los elementos más progresistas de las clases altas.

La base institucional del Gobierno era el Consejo de Castilla, cuyas funciones administrativas potenció el rey promocionando a consejeros de su confianza, y las Secretarías de Estado, cercanas ya a lo que es un Gobierno moderno. Con tales instrumentos, a partir de 1766 se emprendió la reforma del régimen municipal, a iniciativa de Campomanes. A fin de evitar los abusos de las oligarquías locales y de los Regidores (alcaldes), se creó la figura de los Diputados (concejales), cuatro por municipio, elegidos anualmente por los vecinos. Esta medida de talante liberal no logró, sin embargo, reducir el poder de las oligarquías locales en el

Luis I a los diez años de edad, *por Michel-Ange Houasse*

gobierno municipal. Tampoco se logró eliminar la tortura como parte del proceso judicial, aunque se llegó a estudiar una ley en este sentido y, de hecho, tanto la Inquisición como los tribunales ordinarios dejaron de recurrir a esta práctica, eliminada en estos años por buena parte de los países europeos. Otras medidas tuvieron mayor fortuna, como la creación, en 1782, del Banco de San Carlos, primer intento de crear un Banco Central, al que se encomendó la emisión de billetes y la negociación de la Deuda pública. El problema de las subsistencias, que generaba hambres periódicas en las ciudades y por lo tanto inestabilidad social, se intentó resolver eliminando las tasas que gravaban el comercio de cereales, pero ello no logró acabar con la especulación de los grandes propietarios agrícolas y de los comerciantes que controlaban el abastecimiento. Otras medidas reformistas buscaron modificar la penosa situación del campesinado no propietario. A falta de una reforma agraria general, se procuró fortalecer la posición de los arrendatarios de parcelas cultivadas y se procedió al reparto de algunas tierras municipales entre los labradores pobres de Extremadura. A iniciativa de uno de los más destacados políticos ilustrados, Pablo Antonio de Olavide, se intentó aumentar los rendimientos de la agricultura en las tierras despobladas de Andalucía oriental incentivando la llegada de campesinos de Europa central y estableciéndolos en las Nuevas Poblaciones, pueblos creados a tal efecto. Pero estas medidas tuvieron una repercusión escasa sobre las regiones donde se aplicaron, las del Sur, donde la tierra siguió en manos de unos pocos latifundistas', cultivada por un ejército de empobrecidos braceros.

En materia religiosa, los ministros de Carlos III profundizaron en la política regalista, fortaleciendo el control del Estado sobre la organización eclesiástica. Al igual que sucedió en otros países, como Portugal o Francia, una Pragmática firmada por el monarca en abril de 1767, a iniciativa de Floridablanca, expulsó del territorio español a los jesuitas. Con ello, los gobernantes ilustrados creían librarse de una orden religiosa especialmente obediente al Papa, a la que acusaban de promover los motines del año anterior y a la que veían como el principal baluarte del inmovilismo clerical.

En definitiva, el balance del reformismo carolino fue escaso, en parte por la timidez de los proyectos, en parte por la lentitud burocrática y por la resistencia de los sectores sociales que veían amenazados sus intereses. Pero no debe disminuirse la importancia del nuevo clima, que al menos hizo posible que se plantearan desde una perspectiva reformista algunos de los problemas de España.

La Ilustración

El panorama intelectual español durante las primeras décadas del siglo XVIII fue de casi total inactividad y falta de interés hacia lo exterior. Los libros de calidad eran pocos, y apenas se importaban del exterior, por la falta de un público capaz de leerlos. Las Universidades vivían bajo el peso del rígido sistema escolástico, que excluía prácticamente cualquier innovación. La Iglesia continuaba ejerciendo un monopolio cultural, frenaba la introducción de los avances científicos e, incluso, había logrado elimi-

nar prácticamente las representaciones de teatro profano.

En tal ambiente, sólo algunas tertulias integradas por nobles, en Madrid, Sevilla o Valencia, estaban al tanto de las novedades que llegaban del extranjero. No obstante, el primer autor al que se puede relacionar con la Ilustración europea fue un fraile benedictino, Benito Jerónimo Feijóo, cuyas obras *Teatro crítico universal* y *Cartas eruditas*, contenían todo tipo de informaciones útiles, extraídas de fuentes francesas, y una crítica más o menos velada a la situación española.

Pero no fue hasta los comienzos del reinado de Carlos III cuando comenzó a notarse la extensión de las ideas ilustradas, aunque siempre con un talante moderado y dentro de la ortodoxia católica. El mejor vehículo de transmisión fueron las Sociedades Económicas de Amigos del País, creadas en

Retrato de Carlos III, *por Mengs, Museo del Prado, Madrid*

Carlos III comiendo ante su Corte, *por Luis Paret, Museo del Prado*

numerosas ciudades con el objeto de promover la cultura y alentar reformas económicas, conforme a los principios expuestos por Campomanes en su influyente *Discurso sobre el fomento de la industria popular*. También la prensa contribuyó al desarrollo de las ideas ilustradas, con periódicos como *El Pensador* o *El Censor*, críticos con el sistema de enseñanza monopolizado por el clero y con la falta de iniciativas de la nobleza.

La actitud favorable de los ministros de Carlos III hacia la Ilustración facilitó el que quizá fuera el mayor empeño cultural de la época: la reforma de la enseñanza universitaria.

En 1769, el rey aprobó un proyecto de Olavide para eliminar el escolasticismo, expulsar a los clérigos de las cátedras e incluir disciplinas científicas en los anticuados planes de estudios. La medida fue parcialmente apoyada por el Consejo de Castilla, que en 1770 ordenó la creación de cátedras de Física y de Matemáticas, con lo que se sentaba la base para una lenta reforma del sistema educativo, pese a la resistencia de las influyentes órdenes religiosas.

A finales de siglo, España poseía una sólida élite ilustrada, cuya acción se reflejaba en múltiples aspectos.

Existía un gran interés científico, patente en la construcción de jardines botánicos y observatorios astronómicos, o en la financiación de expediciones científicas a América y el Pacífico. La economía comenzaba a ser estudiada como ciencia, y llegaban las influencias del mercantilismo de Colbert y otras doctrinas. Los autores ilustrados europeos —Rousseau, Voltaire— prohibidos por la Inquisición, eran leídos por una minoría intelectual que, aunque crítica con la de la política exterior se desplazaba ahora hacia el Atlántico, ya que la primera preocupación era conservar el Imperio americano. Por ello, Francia dejaba paso a Gran

Las parejas reales, *por Luis Paret, Museo del Prado, Madrid*

Iglesia, no se cuestionaba ni los dogmas católicos ni los principios de gobierno absolutista propios del Despotismo Ilustrado.

De la lucha por Italia a los Pactos de Familia

El cambio de dinastía y, sobre todo, las modificaciones territoriales que trajo consigo el Tratado de Utrecht, supusieron un giro importante en la presencia internacional de España. La pérdida de sus posesiones en Italia y Flandes significó para el país perder su posición de gran potencia continental. Con ello desapareció, sin embargo, la causa de los continuos conflictos bélicos, sobre todo con Francia, que habían marcado los dos siglos de reinado de los Austrias. El eje

Bretaña como principal rival de la Monarquía española, y ello conducía con naturalidad a la formación de una alianza antibritánica entre París y Madrid, que funcionaría a lo largo de casi todo el siglo XVIII.

Este giro fue lentamente asumido, sin embargo, por los nuevos gobernantes. Felipe V y sus consejeros nunca admitieron como irreversibles los recortes territoriales de Utrecht, especialmente en Italia. El rey estaba casado en segundas nupcias con una italiana, Isabel de Farnesio, que ejercía gran influencia sobre su esposo. La reina deseaba dotar a sus hijos, Carlos y Felipe, de sendos tronos en Italia, ya que la Corona española sería para el primogénito, Fernando, nacido del primer matrimonio del monarca. El desarrollo de una agresiva política exterior con respecto a Italia fue obra de Julio Alberoni, un clérigo italiano, hombre de confianza de la reina, que fue la figura de mayor peso en el Gobierno español de la época. En 1717, las tropas españolas ocuparon Cerdeña, y un año después atacaron Sicilia. Pero ello representaba una violación del nuevo *status quo** europeo, y Gran Bretaña, Holanda, Austria e incluso Francia se opusieron a la política italiana de Madrid, que tuvo que renunciar a la recuperación de las islas ante el peligro de verse envuelta en una guerra con las mayores potencias europeas.

No cesó por ello el empeño en recuperar lo perdido con la Guerra de Sucesión. Mientras se lanzaba una ambiciosa política de rearme naval, destinada a garantizar la seguridad de las colonias, el Ejército español intentaba sin éxito recuperar Gibraltar (1727). Finalmente se impuso la solución diplomática, y en 1729, por el Tratado de Sevilla, España renunció a su revisionismo a cambio de que los hijos de Isabel de Farnesio recibieran Toscana y otros dos pequeños ducados en el Norte de Italia.

Cuatro años después, con motivo de la Guerra de Sucesión de Polonia, Madrid volvía a embarcarse en un conflicto, suscribiendo (firmando) con Francia la primera de una serie de alianzas que marcarían su política exterior a lo largo de la mayor parte del siglo. Estos Pactos de Familia entre las dos dinastías borbónicas garantizaban a España el apoyo de la primera potencia continental, primero en la defensa de sus aspiraciones en Italia, y luego en su larga pugna en América con Gran Bretaña y su aliada Portugal. En virtud de este primer Pacto de Familia, las tropas españolas volvieron a Italia para combatir a los austríacos. Esta vez, la Corte madrileña pudo ver realizada parte de sus aspiraciones, como consecuencia de la victoria franco-española. El Tratado de Viena, firmado en 1738, otorgó el reino de Nápoles, con la isla de Sicilia, al tercer hijo de Felipe V, Carlos, a cambio de la renuncia a los ducados del Norte.

Retrato de Isabel de Farnesio

Los últimos años del reinado del rey Felipe conocieron un Segundo Pacto de Familia hispano-francés, suscrito en 1743 para combatir a la emperatriz María Teresa en la Guerra de Sucesión de Austria. El conflicto, que pronto implicó a la mayoría de los Estados europeos, se saldó con una nueva Paz, la de Aquisgrán (1748) que reportó a España unas escasas ganancias territoriales en Italia. Para entonces había llegado al trono Fernando VI, rey partidario de una política pacifista, por lo que, durante una década, España se mantuvo alejada de la política de bloques en Europa, y buscó mantener relaciones con las restantes potencias.

Con el nuevo rey, Carlos III, terminó esta postura neutral, y se restableció la alianza con Francia, que sostenía con Gran Bretaña y Prusia la Guerra de los Siete Años. En

CARTAS MARRUECAS

Inspiradas en las *Lettres Persanes* de Montesquieu, las *Cartas Marruecas*, de José Cadalso, constituyen una obra fundamental para entender el espíritu reformista de la Ilustración española de la segunda mitad del siglo XVIII. Publicadas primero en el periódico Correo de Madrid, en 1789, estas 90 cartas fueron luego integradas en un libro. Como Montesquieu, Cadalso aprovecha el punto de vista de un joven no europeo para criticar las instituciones del Antiguo Régimen y reflexionar sobre el carácter nacional. Tal es el caso de Gazel, supuesto miembro del séquito del embajador de Marruecos en Madrid. A través de su correspondencia con el marroquí Ben Beley y el español Nuño Núñez, Cadalso introduce una serie de reflexiones sobre la España de la época, comparándola con su pasado y con los países más avanzados de Europa. El autor, que se declara partidario del progreso científico y material, alaba las antiguas virtudes de los españoles —austeridad, fidelidad, coraje— pero se muestra implacable con la decadencia nacional, que atribuye a los tiempos de los Austrias, y con la imitación de lo extranjero que hacen muchos ilustrados españoles. Cadalso propone a través de estas cartas una obra de regeneración que, sin hacer perder a la sociedad española sus rasgos distintivos, modernice al país, devolviéndole su papel de potencia mundial.

1761 se suscribió el Tercer Pacto de Familia, y España entró en guerra con los británicos. El propósito del monarca era recuperar Gibraltar y Menorca, asegurar la integridad de las colonias americanas y mantener el monopolio comercial con ellas, puesto en peligro por la presión de Londres. Pero el conflicto se saldó con una derrota franco-española, por lo que Madrid hubo de entregar su colonia de Florida a los ingleses y la de Sacramento, en el actual Uruguay, a los portugueses.

Pese a este fracaso, el Gobierno español mantuvo el Pacto de Familia y buscó la ocasión para el desquite. Éste llegó con la Guerra de la Independencia Americana (1776-1783). Franceses y españoles se pusieron del lado de los colonos norteamericanos, y la flota y el Ejército español combatieron a los ingleses en Florida y Luisiana, y a lo largo de las rutas marítimas del Atlántico. Por el Tratado de Versalles, que puso fin a la guerra con el reconocimiento de la independencia de los Estados Unidos, España recuperó la isla de Menorca, y las colonias de Sacramento y la Florida. En cambio, los ingleses siguieron dueños de Gibraltar, con lo que se mantuvo abierto un contencioso que envenenaba las relaciones entre Londres y Madrid.

Sin embargo, apenas un año después de la muerte de Carlos III y de la llegada al trono de su hijo Carlos IV (1788-1808), estallaba la Revolución Francesa, y la política de alianza entre los dos Estados gobernados por los Borbones daba paso a una situación muy diferente, que en pocos años llevaría a los españoles a tener que luchar por su independencia frente a la Francia napoleónica.

La revolución liberal

El reinado de Carlos IV fue una etapa de decadencia del proyecto de Monarquía ilustrada que patrocinara su padre. El nuevo rey era un hombre indolente y carente de visión política, cuya voluntad estaba sometida a la de la reina, la italiana María Luisa de Parma, enérgica e intrigante. En un principio, Carlos IV mantuvo al *ilustrado* Floridablanca al frente del Consejo de Gobierno, haciendo concebir esperanzas de que continuaría la línea reformista de la etapa precedente. Pero el estallido de la Revolución Francesa provocó una enérgica reacción de los sectores tradicionalistas, encabezados por la Iglesia. Floridablanca, que estaba lejos de ser un revolucionario, impuso medidas represivas para evitar la difusión de las ideas liberales, pero ello no evitó su caída en febrero de 1792. A finales de ese año, llegó al poder Manuel Godoy, un apuesto guardia real de tan sólo 25 años, que era el favorito de la reina. Ambicioso y carente de escrúpulos, Godoy se ocupó de amasar una gran fortuna y buscó el apoyo de los tradicionalistas. En marzo del año siguiente, España se integró en la coalición europea contra la Convención francesa, pero la guerra fue un desastre, y Cataluña y el País Vasco fueron invadidos por el Ejército galo. Consciente de su creciente impopularidad, Godoy buscó la paz en 1795, para lo que tuvo que ceder a París la parte oriental de la isla de Santo Domingo. Pese a lo evidente de la derrota, Carlos IV premió a su valido con el título de Príncipe de la Paz.

Godoy dio entonces un giro político, y buscó la alianza con la Francia del Directorio, cuyo conservadurismo casaba mejor con la moderación de los ilustrados españoles. Uno de ellos, Jovellanos, nombrado ministro de Justicia, intentó entonces combatir, sin éxito alguno, el poder de la Iglesia y de la Inquisición. Por otra parte, la alianza con Francia supuso la guerra con Inglaterra y

La familia de Carlos IV, *por Francisco de Goya*

con Portugal, con resultados más bien negativos. Ante los enormes gastos que suponía, Godoy procedió a nacionalizar parte de los bienes de la Iglesia —tierras y edificios— y luego a venderlos a particulares, por lo que atrajo sobre su persona el odio del clero.

La Guerra de la Independencia

A comienzos del siglo XIX, España se encontraba sólidamente aliada a Francia, que ya era gobernada por Napoleón Bonaparte. La guerra contra Gran Bretaña, que finalizó en 1802 con la Paz de Amiens, permitió la recuperación de la isla de Menorca a cambio de la caribeña Trinidad. Pero fue una tregua corta, porque en 1804, ante la presión francesa, Carlos IV hubo de declarar de nuevo la guerra a los ingleses. Ello condujo al año siguiente a la derrota de la flota franco-española en Trafalgar ante la escuadra del almirante Nelson. Era un golpe de enormes consecuencias, ya que la flota destruida resultaba imprescindible para mantener la presencia de España en sus territorios americanos.

En el otoño de 1807,

Fernando VII en su campamento, *por Francisco de Goya, Museo del Prado*

Francisco de Goya, *por Vicente López*

Napoleón decidió llevar hasta sus últimas consecuencias el bloqueo continental con el que pretendía asfixiar económicamente a Gran Bretaña. Para ello necesitaba hacerse con la costa de Portugal, fiel aliado de los ingleses. Concertó pues con el Gobierno español el tratado de Fontainebleau, por el que se autorizaba el paso de tropas francesas hacia el país vecino. En consecuencia, grandes contingentes del Ejército imperial se establecieron en varias ciudades españolas, incluida la capital. La población recibió bien el acuerdo en principio, porque esperaba que la presión francesa favoreciera la caída de Godoy. Confiando en ello, los partidarios del heredero del trono, Fernando, organizaron en febrero de 1808 un motín popular en Aranjuez, donde residía la familia real. Carlos IV se vio obligado a despedir a su primer ministro, y dos días después abdicó en su hijo, que llegó al trono como Fernando VII (1808-1833). Pero no tardó Carlos en arrepentirse de su apresurada dimisión, y pidió al emperador francés que le ayudara a recuperar la Corona. Napoleón llamó al padre y al hijo a Bayona,

La rendición de Bailén, *por José Casado del Alisal, Museo del Prado, Madrid*

en el Sur de Francia, y allí les presionó. Fernando tuvo que renunciar, y Carlos IV, a su vez, entregó sus derechos al emperador, quien designó rey de España a su propio hermano, José Bonaparte.

La noticia de las abdicaciones de Bayona causó enorme consternación en el país. El 2 de mayo, el pueblo y la guarnición militar de Madrid se sublevaron, pero tras varias horas de combates callejeros, las tropas francesas se hicieron con el control de la ciudad. No obstante, la noticia se extendió rápidamente. Como las instituciones centrales del Estado, el Consejo de Castilla y el Gobierno reconocieron a José I, fueron las instituciones regionales y locales las que, organizando Juntas de guerra, llamaron a la lucha contra el "rey intruso" en nombre de Fernando VII, al que consideraban secuestrado por Napoleón. José Bonaparte se había establecido en Madrid, y comenzó a gobernar con una Constitución inspirada en

la del Imperio francés (Constitución de Bayona), y el apoyo de los *afrancesados*, españoles que habían apoyado la política reformista de Carlos III, y que veían en el nuevo régimen su continuidad.

El 22 de julio, el Ejército de Andalucía, mandado por el general Castaños, derrotó a los franceses en Bailén. Fue un golpe moral que tuvo enorme impacto en Europa, y obligó al rey José a huir de Madrid. En este clima de euforia, las distintas Juntas territoriales crearon una Junta Suprema y Gubernativa del Reino, que asumió la máxima autoridad del Estado hasta que volviera Fernando VII. Pero Napoleón no podía consentir una derrota, y en 1809 invadió España al frente de un gran ejército y repuso a su hermano en el trono. Siguieron cinco años de guerra terrible, —llamada "de la Independencia" por los españoles— en la que los franceses llegaron a dominar todo el país, con excepción de la ciudad de Cádiz.

Pero la población organizó la resistencia y en todas partes surgieron *guerrillas*, grupos armados que combatían en la retaguardia, entorpeciendo las comunicaciones del enemigo y obligando al Ejército napoleónico a mantener lejos del frente a buena parte de sus soldados.

Las derrotas militares y las diferencias entre sus miembros hicieron perder prestigio a la Junta Central, que en enero de 1810 fue sustituida por una Regencia de 10 miembros. Refugiados en Cádiz, donde las ideas revolucionarias prendían con fuerza entre la numerosa colonia de comerciantes y funcionarios, los regentes convocaron las Cortes. Los diputados, con casi todo el país ocupado por los franceses, fueron elegidos por los más variados métodos, y también las colonias americanas tuvieron sus representantes. Abiertas las Cortes en septiembre de 1810, en su seno se crearon pronto tres grupos: los tradicionalistas, opuestos a cualquier modificación del sistema político y social vigente hasta 1808; los renovadores, que deseaban tímidas reformas de ese sistema; y los innovadores o liberales, que buscaban en la Francia revolucionaria un modelo para terminar con el Antiguo Régimen.

Los liberales, el grupo más cohesionado, impusieron en las Cortes su ambicioso programa reformista. En primer lugar una Constitución que, frente a la Monarquía absolutista, reconocía la soberanía nacional y la división de poderes —ejecutivo, legislativo y judicial—, base de una nueva Monarquía liberal y parlamentaria, con un Estado unitario y administrativamente centralizado.

La Constitución de Cádiz, promulgada en marzo de 1812, era la más progresista de su época y tuvo una gran influencia en años sucesivos en países como Italia, Portugal y Grecia. En el terreno social, las Cortes buscaron también liquidar las estructuras propias del Antiguo Régimen. Se abolieron los privilegios de clase y los vínculos jurídicos de vasallaje que pervivían en el régimen señorial. Se suprimió la Inquisición, se dictaron medidas para recortar el poder del clero y se decidió que en adelante no se exigiría la condición de noble para ocupar determinados cargos. En el terreno económico, se buscó adoptar medidas de carácter liberal. Se disolvió la Mesta —el centenario sindicato de ganaderos trashumantes— en el que los diputados veían un obstáculo para el desarrollo de la agricultura, se liberalizó el comercio de productos agrícolas, se abolieron los gremios artesanales y se decretó la libertad de contratación laboral.

Pero mientras los liberales imponían sus ideas en Cádiz, en el resto del país proseguía la guerra con extraordinaria crueldad y un alto costo en vidas. Desde Portugal, el Ejército inglés del duque de Wellington entró en España y comenzó a operar en cola-

José Bonaparte

boración con las tropas de la Regencia. A partir de la desastrosa campaña de Rusia, Napoleón tuvo que sacar a sus mejores soldados de la Península, y ello facilitó el avance anglo-hispano. José I se vio obligado a abandonar la capital, y en junio de 1813 los franceses sufrieron una derrota definitiva en Vitoria. Con ellos abandonaron el país miles de *afrancesados*, es decir, buena parte de la élite cultural que había apoyado las reformas

ilustradas. Cuando, al año siguiente, Napoleón se entregó a sus vencedores, el Ejército español combatía en tierra francesa.

Restauración y revolución

Fernando VII volvió triunfalmente a España en marzo de 1814. Sabiéndose apoyado de forma incondicional por la inmensa mayoría de la población, apenas pisó su reino se apresuró a abolir la Constitución y a restaurar plenamente el Antiguo Régimen, restableciendo instituciones como el Consejo de Castilla y la Inquisición. Además de su rechazo personal a las ideas liberales, Fernando era consciente de que éstas no habían calado entre el pueblo, mientras que el sector más abiertamente contrarrevolucionario y ultracatólico, los llamados *apostólicos*, desarrollaba una vigorosa ofensiva contra la obra de las Cortes de Cádiz, apoyado por el enorme poder espiritual y material de la Iglesia.

En una España destruida por seis años de guerra, la restauración del absolutismo dividió profundamente a la sociedad, abriendo así paso a un siglo marcado por los conflictos civiles y los *pronunciamientos* (golpes de Estado militares). Los liberales,

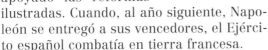

Palacio Real de Madrid

Napoleón Bonaparte, por Jacques-Louis David

una corriente minoritaria en las primeras décadas de la centuria, poseían peso en los sectores más cultos y emprendedores de la burguesía, y entre la oficialidad del Ejército. En los años siguientes al retorno del rey intentaron reiteradamente hacerse con el poder mediante pronunciamientos, que hallaban escaso eco entre la población. Los tradicionalistas, favorecidos por el monarca, contaban con el apoyo de gran parte de la aristocracia y del clero y eran especialmente fuertes en el medio rural de aquellas regiones que, como el País Vasco, Navarra, Cataluña o la Castilla septentrional, contaban con una nutrida capa de pequeños propietarios agrícolas de religiosidad muy tradicional.

Apenas terminada la guerra napoleónica, el país tuvo que enfrentarse a la rebelión de las colonias americanas. La América española había conocido una época de prosperidad a lo largo del siglo XVIII, en la que se habían expandido sus límites, por el Norte casi hasta la actual frontera entre Canadá y Estados Unidos, y por el Sur hasta la Tierra del Fuego, al tiempo que se desarrollaba la industria y el comercio, favorecidos por la apertura del mercado británico.

Los *criollos*, de origen español, pero nacidos en América, formaban una clase próspera, que vivía de la explotación de la gran masa de población indígena. Entre ellos había ido creciendo el malestar ante el dominio de la metrópoli, muy fortalecido a lo largo del siglo por los eficaces funcionarios borbónicos. Cuando se produjo la invasión francesa de España, los criollos se ocuparon de cubrir el vacío de poder producido en las colonias formando Juntas de Gobierno en los cuatro virreinatos —México, Nueva Granada, Perú y La Plata— y en las capitanías generales de Venezuela y Guatemala. Llenos en su mayoría de ideas liberales, los criollos no tardaron en favorecer movimientos independentistas, que se extendieron por casi toda la América española. Entre 1814 y 1815, las tropas llegadas desde la Península lograron restaurar el dominio español en la mayoría de las zonas rebeldes. Pero el rechazo al absolutismo que encarnaba Fernando VII no tardó en hacer iniciar de nuevo la sublevación, alentada por británicos y norteamericanos.

En 1820, España estaba a la defensiva en casi todo su Imperio colonial y la nueva y costosa guerra empeoraba aún más la situación económica y, con ello, el descontento contra la "camarilla" de amigos del rey, que era quien gobernaba en realidad el país. En el Sur de Andalucía se concentraba un gran ejército que debía ser enviado como refuerzo a América. Pero el primer día del año, un grupo de oficiales dirigidos por el comandante Rafael de Riego, se pronunció cerca de Cádiz y, tras hacerse con el control del ejército expedicionario, marchó hacia la capital. El rey, incapaz de frenar el avance, aceptó jurar la Constitución de Cádiz y convocar Cortes, que se encargaran del establecimiento del Estado liberal.

La Monarquía parlamentaria duró sólo tres años, pues rápidamente surgieron las divisiones entre los liberales, y se formaron dos partidos enfrentados. Los moderados o *doceañistas* deseaban una modificación de la Constitución, que limase sus aspectos más revolucionarios y permitiera establecer una segunda cámara parlamentaria. En cambio, los *veinteañistas*, organizados en Sociedades Patrióticas, eran partidarios de mantener intacto el texto constitucional, profundizando sus contenidos más radicales, por lo que se les llamaba también exaltados. Tras una primera y muy agitada etapa de gobierno moderado, los veinteañistas se hicieron con el poder en julio de 1822 y ello aceleró la reacción de los partidarios del absolutismo, los *realistas*, que iniciaron levantamientos armados en varios puntos de la nación. Preocupadas porque el proceso revolucionario español se extendiera a otros países, las potencias integrantes de la Santa Alianza acordaron la intervención de un Ejército francés, los *Cien mil hijos de San Luis*, que invadió España con el apoyo del bando realista y terminó con la segunda experiencia liberal.

Siguieron diez años de gobierno absolutista, que los liberales denominaron *década ominosa*, es decir, digna de ser olvidada. En esta etapa se intentaron soluciones para detener la bancarrota del Estado y modernizar la economía, como la creación de la Bolsa de Madrid o la promulgación de un Código de Comercio. Pero la sociedad española estaba ya profundamente dividida, y el agobiante clima de enfrentamiento no era el adecuado para realizar las necesarias reformas. No sólo los liberales, duramente perseguidos, conspiraban con todos sus medios, sino que el sector más extremista del tradicionalismo, los *apostólicos*, se oponían a las más mínima modernización, y exigían la vuelta pura y simple al Antiguo Régimen. Y, mientras tanto, España experimentaba la pérdida de sus colonias, convertidas en naciones independientes. Hacia 1830, sólo Cuba y Puerto Rico, en el Caribe, y las Filipinas, en el Pacífico, se mantenían bajo soberanía española.

La guerra carlista

Fernando VII sólo tuvo una hija, Isabel. Ello provocó un conflicto dinástico, por cuanto la Ley Sálica, vigente desde Felipe V,

Mª Cristina de Borbón, *por Vicente López*

excluía a las mujeres de la sucesión al trono. Ello convertía en heredero al hermano del rey, don Carlos, cabeza del partido apostólico. Empujado por su esposa, la napolitana María Cristina de Borbón, Fernando firmó en 1830 una *Pragmática Sanción* derogando la Ley Sálica. Pero ello levantó las protestas airadas de los tradicionalistas y, dos años después, al caer gravemente enfermo, el rey intentó revocar la Pragmática, creyendo evitar con ello una guerra civil a su muerte. Reaccionaron entonces los realistas moderados y, con el apoyo de la reina, el jefe del Gobierno, Cea Bermúdez, logró evitarlo. En la primavera de 1833, unas Cortes reunidas según el antiguo modelo proclamaron heredera a la pequeña Isabel. Cuatro meses después moría Fernando VII, y su hija era proclamada reina como Isabel II (1833-1868), bajo la regencia de su madre, María Cristina.

Don Carlos no se resignó e invocó la Ley Sálica para reclamar el trono. Sus partidarios, los tradicionalistas o *carlistas* se levantaron en armas en todo el país, y estalló la guerra civil. En un primer momento, los carlistas organizaron partidas dispersas al mando de oficiales del Ejército, especialmente en Cataluña, la región valenciana del Maestrazgo, Navarra y el País Vasco. Allí,

Escena de las guerras carlistas en una pintura del siglo XIX

Soldados carlistas atacan un fuerte
(pintura del siglo XIX)

fin de que don Carlos pudiera establecer su Gobierno en una capital de provincia, pero murió durante el ataque a la ciudad.

La reina regente, por su parte, se apoyaba en los liberales moderados, con lo que logró la adhesión mayoritaria de las Fuerzas Armadas a la causa isabelina. En el año 1834 se promulgó el Estatuto Real, especie de carta otorgada que, sin ser propiamente una Constitución, permitía el establecimiento de un régimen parlamentario, aunque con un cuerpo electoral muy restringido. Al año siguiente, el jefe del Gobierno, Juan Álvarez Mendizábal inició la denominada *Desamortización eclesiástica*, que continuaba la realizada por Godoy. Las órdenes religiosas fueron suprimidas y sus propiedades y rentas desamortizadas, es decir, nacionalizadas y canjeadas por la Deuda pública en manos de particulares. Con ello se pensaba asestar un duro golpe al poder del clero, que simpatizaba en su mayoría con el carlismo, y mejorar al tiempo las finanzas estatales, arruinadas por la guerra. Grandes propietarios agrarios, comerciantes e industriales hicieron un excelente negocio y se consolidó la burguesía como clase social, pero uno de los mayores problemas del país, la existencia de una gran masa de campesinos sin tierra, quedó pendiente de una reforma agraria.

El Gobierno de los moderados no contaba con la adhesión del sector exaltado del liberalismo, los llamados ahora *progresistas*. En 1837, el motín de unos sargentos en el Palacio de la Granja, donde residía la rei-

un caudillo muy capaz, Tomás de Zumalacárregui, organizó un verdadero ejército, con el que intentó adueñarse de Bilbao, a na regente, les permitió hacerse con el poder. Se derogó el Estatuto Real y en su lugar unas Cortes de mayoría progresista promulgaron una Constitución de compromiso entre las facciones liberales, que restableció los derechos individuales, pero mantuvo el derecho de veto de la Corona a las leyes.

Mientras tanto, la guerra civil seguía desarrollándose en gran parte del país. Los carlistas, favorecidos por la división de los liberales, llevaron la iniciativa a lo largo de 1836 y la mayor parte del año siguiente. Incluso uno de sus ejércitos, dirigido por el propio don Carlos estuvo a punto de tomar Madrid en septiembre de 1837. Poco después, sin embargo, cambió el signo de la guerra y el bando isabelino, apoyado por Francia y Gran Bretaña, se fue imponiendo poco a poco. Ahora eran los carlistas quienes estaban divididos entre los partidarios de una solución negociada y los intransigentes. Ello permitió al comandante de las fuerzas isabelinas, general Baldomero Espartero, negociar la paz con el general carlista Maroto. El gesto de ambos, conocido como *abrazo de Vergara* puso fin, en julio de 1840 a ocho años de guerra y consolidó el trono de Isabel II, pero no terminó con el problema carlista, por cuan-

Retrato de Isabel II

to muchos españoles de ideas tradicionalistas siguieron negando su reconocimiento a la Monarquía liberal.

Moderados y progresistas

El final de la guerra civil convirtió al general Espartero, nombrado príncipe de Vergara, en una figura inmensamente popular. Los progresistas le reconocieron como su líder y el militar aprovechó esta circunstancia para hacerse primero con la jefatura del Gobierno y luego con la propia regencia, de la que desplazó a la reina María Cristina en octubre de 1840. Este gesto despertó fuertes resistencias entre los moderados y se produjeron algunos inicios de levantamiento. Decidido a cortarlos de raíz, el general Espartero suspendió la Constitución y estableció una dictadura. Pero con ello creció el descontento de los liberales, mientras que sus medidas de política librecambista, alentadas por el Gobierno británico, le ganaron la antipatía de comerciantes e industriales, que veían amenazado el desarrollo de la industria nacional. Cuando los trabajadores de las fábricas textiles de Barcelona, organizados en sus primeros sindicatos, se levantaron contra esta política económica, el regente ordenó el bombardeo de la ciudad. Siguieron nuevos brotes de rebelión en Reus, Valencia, Alicante y Sevilla y finalmente, moderados y progresistas se pusieron de acuerdo para terminar con tan caótica situación. En julio de 1843 un grupo de generales de ambos partidos —Serrano, Narváez, Prim— se sublevaron y obligaron al regente a huir a Inglaterra. Isabel II, que sólo contaba 13 años, fue declarada mayor de edad y asumió plenamente la jefatura del Estado.

En diez años de regencias, España había conocido 18 Gobiernos, tres Constituciones y una guerra civil que había dejado al país exhausto. Se imponía un período estabilizador en el que

El General Prim (arriba), Amadeo de Saboya (abajo), el General Espartero (página de la derecha, arriba) y Ramón María Narváez (página de la derecha, abajo)

pudieran consolidarse las instituciones emanadas de la anterior etapa de revolución liberal, y se produjera la estabilización económica tras medio siglo de guerras internas y exteriores. Durante los diez años siguientes gobernó el partido moderado, al frente del que se encontraba el general Ramón María Narváez. El moderado, como su rival, el progresista, era un partido poco cohesionado, que estaba dividido en facciones en torno a personalidades civiles o militares —los *notables*— por lo que su permanencia en el poder dependía en gran medida de la capacidad de sus líderes para controlar la Administración, y con ello el

aparato electoral, y para evitar que la oposición pudiera hacer triunfar algún pronunciamiento armado.

Los moderados, apoyados por las clases privilegiadas de la sociedad, establecieron sólidos elementos de gobierno. La Constitución de 1845 renunció al principio liberal de la soberanía nacional para establecer la soberanía conjunta de la Corona y de las Cortes. Éstas eran elegidas mediante sufragio censitario: sólo los contribuyentes directos, es decir, los hombres con fortuna personal, tenían derecho a votar o a ser elegidos para la Cámara Baja o Congreso de los Diputados, mientras que los miembros del Senado eran designados por la reina. La Milicia Nacional, un cuerpo militar integrado por ciudadanos voluntarios que actuaba al servicio del régimen liberal, fue sustituida por una eficaz policía militarizada, la Guardia Civil, dirigida por oficiales próximos al partido moderado. Fuera de ello, la década moderada contempló grandes avances en el campo legislativo y educativo y una reforma de la Hacienda, obra de Bravo Murillo, que permitió reformar el sistema monetario —nació entonces la peseta— sanear el Tesoro y emprender una ambiciosa política de obras públicas, que incluyó la construcción de los primeros ferrocarriles. En el terreno diplomático, se firmó un Concordato con la Iglesia católica, que hasta entonces se había mostrado bastante reacia a reconocer el derecho al trono de Isabel II, y que ahora recibió el control de la enseñanza y la garantía de que no se toleraría ninguna otra confesión religiosa.

A cambio de estos éxitos, el régimen moderado impuso una dura política represiva contra sus adversarios, limitando al mínimo las libertades públicas y cortando brutalmente cualquier intento de oposición, así como una nueva sublevación carlista en Cataluña. Narváez estableció una auténtica dictadura personal, que facilitó la derrota de los intentos revolucionarios de 1848 que, a diferencia de otros países europeos, apenas tuvieron incidencia en España.

Diez años de gobierno ininterrumpido era algo extraño en la España de la época. Dueños sin oposición del poder, los moderados acabaron entregados a todo tipo de corrupciones, fomentadas por la *camarilla* de la Corte y por financieros poco escrupulosos, como el banquero José de Salamanca. Los progresistas terminaron por superar sus divisiones y, pese a la vigilancia a que eran sometidos, en 1854 hicieron un golpe de Estado al sublevar a parte del Ejército y derrotar a las tropas del Gobierno moderado en Vicálvaro, en las puertas de la capital.

Los vencedores se mostraron dispuestos a respetar la Constitución de 1845, prácticamente invalidada por la dictadura moderada, y la reina encargó a Espartero formar gobierno. El *bienio progre-*

sista (1854-56) fue una etapa breve y agitada, cuyo logro más importante fue una nueva Desamortización, preparada por el abogado Pascual Madoz, que no sólo afectó a los bienes eclesiásticos, sino también a los de los Ayuntamientos, lo que supuso un grave perjuicio para los campesinos más modestos, que perdieron los beneficios de los pastos y bosques de uso común. Finalmente, el brote de nuevas sublevaciones carlistas, la actividad de la izquierda liberal, integrada en el Partido Demócrata, muchos de cuyos miembros profesaban ideas republicanas, y la incapacidad de los *notables* progresistas para gobernar en armonía obligó a Espartero a presentar la dimisión.

Aunque la revolución liberal se había consolidado, apoyada por una burguesía enriquecida por la Desamortización, que había ido desplazando a la vieja nobleza y al clero de las áreas de poder político y económico, el régimen parlamentario se revelaba como un fracaso, ya que su efectividad dependía no de la decisión de las urnas, sino de la fuerza de los caudillos militares (espadones) que dirigían los partidos. Tras el brusco final del bienio progresista, la reina Isabel encomendó la presidencia del Gobierno a otro general, Leopoldo O'Donnell, líder de Unión Liberal. Era éste un partido de carácter centrista, que pretendía recoger lo mejor de moderados y progresistas y estabilizar el régimen parlamentario. Tras una breve vuelta de los moderados al poder, O'Donnell gobernó cinco años (1858-63),

Los poetas contemporáneos, *por Antonio María Esquivel (arriba). Página de la derecha: Francisco Pi y Margall (arriba),* La procesión del Corpus en Sevilla, *por Manuel Cabral Bejarano (abajo)*

rodeado de un consenso generalizado. Fue una época de crecimiento económico, en la que se sentaron las bases de un moderno sistema capitalista y se emprendió una activa política exterior: guerras con Marruecos y con Perú y Chile, expediciones franco-españolas a México y Vietnam, reincorporación por algún tiempo de la República Dominicana a la soberanía española, etc.

Fue precisamente la intervención en México para instalar en el trono al emperador Maximiliano la que provocó la crisis que apartó del poder a la Unión Liberal. Isabel II mostró una vez más su preferencia por los moderados, que volvieron al Gobierno dispuestos a reimplantar sus modos autoritarios. Pero la Monarquía isabelina se precipitaba hacia su ruina. La reina, con una vida personal escandalosa, era cada vez más impopular, y su suerte se vinculaba ahora a la del partido moderado. En 1866 se inició una crisis económica mundial, que afectó gravemente a la industria y al comercio españoles. Los obreros, una clase social que aumentaba continuamente sus efectivos, vieron empeorar sus ya duras condiciones de vida, e hicieron patente su protesta a través de los sindicatos, prohibidos por el Gobierno. En cuanto a la oposición política, terminó olvidando sus diferencias ante la prioridad de acabar con el régimen moderado. Progresistas, demócratas y liberales unionistas terminaron formalizando unos pactos para lanzar un movimiento revolucionario. Narváez murió en la primavera de 1868 y con él desapareció la única personalidad capaz de mantener la situación. En septiembre, el almirante Topete se sublevó en Cádiz, y los generales Juan Prim (progresista) y Francisco Serrano (unionista) se pusieron al frente del Ejército de Andalucía y entraron en Madrid. Isabel II, que veraneaba en San Sebastián, huyó a Francia.

El Sexenio Democrático

Triunfante la llamada revolución *Gloriosa,* sus dirigentes integraron un Gobierno provisional, cuya jefatura se encomendó a Serrano. Se convocaron Cortes constituyentes que, con mayoría absoluta de los progresistas, elaboraron rápidamente una Constitución de contenidos democráticos. Se mantenía el sistema monárquico, pese a la oposición de los demócratas republicanos, y las Cortes bicamerales, pero se introdujo el sufragio universal masculino, se garantizaron amplias libertades, entre ellas la religiosa, y se estableció un proceso democratizador de los Ayuntamientos, que los moderados habían mantenido sometidos al poder central, a fin de garantizar la pureza del sufragio.

En tanto se decidía quién ocuparía el trono, Serrano traspasó la presidencia del Gobierno al progresista general Prim, y él asumió la Regencia. Prim comenzó a buscar un candidato real, que no podía ser un Borbón. La búsqueda desató todo tipo de especulaciones en Europa y fue, además, causa de la guerra franco-prusiana. Finalmente, el jefe del Gobierno lo encontró en la persona de Amadeo de Saboya, hijo del rey de Italia, quien fue designado rey por las Cortes en diciembre de 1870. Pero cuando el nuevo monarca pisó tierra española se enteró de que su mentor, el general Prim, acababa de ser asesinado en Madrid, víctima de un oscuro complot. El reinado comenzaba así bajo pésimos augurios.

Amadeo I fue un soberano modélico, respetuoso con la Constitución y lleno de buena voluntad. Pero la España de la época no era propicia para el desarrollo pacífico de un sistema democrático. Los carlistas se levantaron de nuevo en armas, en defensa de la candidatura al trono de su pretendiente, proclamado como Carlos VII, y no tardaron en controlar grandes zonas del Norte del país. Los monárquicos isabelinos, tanto moderados como unionistas, reconocieron al hijo de Isabel II, Alfonso, y formaron un partido de oposición, en el que no tardó en destacar la figura del malagueño Antonio Cánovas del Castillo, procedente de la Unión Liberal. En cuanto a los demócratas, ahora mayoritariamente republicanos y con gran influencia en las clases populares, no aceptaron a la dinastía saboyana, y promovieron todo tipo de desórdenes. Los progresistas, convertidos en el principal sostén de la Corona, se enzarzaron rápidamente en ásperas querellas, que hacían caer un Gobierno tras otro. Finalmente, un grave conflicto de disciplina militar, que estuvo a punto de provocar la insurrección de los oficiales de Artillería, dio la excusa al rey Amadeo para abdicar ante las Cortes, el 11 de febrero de 1873. La Monarquía democrática había resistido tan sólo dos años. Enfrentadas de nuevo a un vacío de poder, las Cortes se saltaron la Constitución y proclamaron la Repú-

blica. Entre los republicanos, sobre todo en Cataluña y Andalucía, se extendían las ideas federalistas que proponían terminar con el proceso de centralización del Estado iniciado a comienzos del siglo XVIII, y que se había acentuado en la primera mitad del siglo XIX. El primer presidente de la República, el catalán Francisco Pi y Margall, representaba esta tendencia, que buscaba la formación de territorios autónomos, que luego se federarían libremente. Pero la proclamación de la República federal condujo al *cantonalismo*. En numerosas ciudades —Murcia, Cartagena, Sevilla, Valencia, Cádiz— grupos de revolucionarios locales constituyeron cantones independientes y pretendieron anular la autoridad estatal. Los federalistas que gobernaban en Madrid repudiaron tal medida, que ponía en grave peligro la unidad nacional y se vieron en la necesidad de recurrir al Ejército para terminar con las secesiones.

Pero los problemas se acumulaban. Los carlistas reanudaban la guerra con mayores bríos, mientras en la isla de Cuba estallaba un movimiento separatista, que obligó al envío de tropas. Desbordado por las circunstancias, Pi y Margall dimitió. Su sucesor, Nicolás Salmerón, tuvo que ponerse prácticamente en manos de los altos mandos de las Fuerzas Armadas, los únicos que parecían capaces de restaurar la normalidad. El general Arsenio Martínez Campos, convertido en la primera figura militar del país, logró en efecto terminar con la rebelión cantonalista, pero al precio de una sangrienta represión. Salmerón, que se negaba a firmar las senten-

Emilio Castelar

cias de muerte, se vio obligado a dimitir en septiembre de 1873, tras sólo dos meses de mandato.

Le sucedió Emilio Castelar, un republicano moderado que, al modo de Thiers en Francia, asumió poderes dictatoriales y facilitó aún más a los militares el control de la situación. Cartagena, el último foco de la rebelión cantonalista, fue ocupada y se reprimió con dureza la actividad de los primeros grupos socialistas, que a partir de 1868 se habían adherido a la Asociación Internacional de Trabajadores, y entre los que ganaban fuerza las ideas anarquistas. Cuando las Cortes, alarmadas por el giro autoritario del Gobierno, votaron el 2 de enero de 1874 la destitución de Castelar, el gobernador militar de Madrid, general Pavía, hizo que las tropas entrasen en el Parlamento y lo disolvieran.

La República española se había convertido en una dictadura militar. El ex-regente Serrano volvió a asumir la jefatura del Estado, y el líder de los progresistas, Práxedes Mateo Sagasta, formó un Gobierno en el que entraron varios ministros alfonsinos, es decir, partidarios de Alfonso, el hijo de Isabel II. Todo el mundo era consciente de que se trataba de una situación provisional, y Cánovas movía los hilos para negociar una restauración de los Borbones en el trono español. Pero se le adelantó Martínez Campos, que el 29 de diciembre se sublevó al frente de una Brigada de Caballería en Sagunto (Valencia) y proclamó rey de España a Alfonso XII. En Madrid, la guarnición se sumó en bloque al pronunciamiento, y la efímera Primera República dejó de existir.

General Francisco Serrano

La Restauración

Entre 1875 y 1923, España vivió una larga etapa de estabilidad política y progreso económico, la Restauración, que contrasta vivamente con el período precedente de la revolución liberal. No faltaron, naturalmente, crisis y problemas, luchas sociales conforme se consolidaba el movimiento obrero, una traumática derrota en la guerra con los Estados Unidos o el surgimiento de movimientos regionalistas en Cataluña y el País Vasco que rechazaban el Estado centralista y pretendían cambiarlo por otro confederal. Pero, en general, el reinado de Alfonso XII (1875-85), la Regencia de su esposa, la reina María Cristina (1885-1902) y la primera parte del reinado de Alfonso XIII (1902-31) configuran un balance positivo en el que pareció que era posible consolidar un sistema democrático y avanzar rápidamente en la modernización de las estructuras económicas y sociales del país.

El sistema canovista

Aunque la dinastía de los Borbones retornó a España gracias a un pronunciamiento militar, la Monarquía restaurada se asentó en la obra de un grupo de políticos encabezados por el líder del partido alfonsino durante el Sexenio Democrático, Antonio Cánovas del Castillo, un político pragmático y dotado de una gran visión de estadista. Convertido en jefe del Gobierno, Cánovas agrupó a los antiguos partidos moderado y unionista en un partido liberal-conservador que se mantendría en el poder durante más de cinco años. En este plazo se levantó un sistema político que a veces se denomina *canovismo*, y que tuvo su piedra angular en la Constitución de 1876.

A diferencia de las anteriores, ésta no fue preparada por unas Cortes elegidas sino por una Comisión de Notables designada por el rey, formada por antiguos parlamentarios entre quienes predominaban los conservadores. La nueva Carta mantenía el principio, propio del liberalismo doctrinario, de la soberanía compartida entre la Corona y la nación, representada ésta por las Cortes bicamerales, elegidas por sufragio censitario. El rey, que poseía una enor-

Retrato de Alfonso XII, por E. Balaca

Alfonso XII ante el Ayuntamiento de Madrid, *por F. Sanahuja, Museo Municipal, Madrid*

la alternancia en el Gobierno de dos grandes partidos monárquicos, el conservador y el liberal, que integrarían en su seno a la gran mayoría de los grupos que se habían combatido por todos los medios en la etapa precedente. Así, mientras que su partido conservador acogió hasta elementos procedentes del carlismo, el partido liberal-fusionista, presidido por Práxedes Mateo Sagasta, integró al antiguo progresismo, a los demócratas e incluso a un sector de los republicanos, el dirigido por Emilio Castelar. La salud del sistema dependía de que estos dos partidos controlaran en todo momento el Parlamento, manteniendo al mínimo la representación de los grupos que no apoyaban a Alfonso XII: carlistas, republicanos y socialistas. Liberales y conservadores no eran, sin embargo, partidos en un sentido moderno, sino poco más que grupos parlamentarios. Estos grupos habían surgido de una oligarquía integrada por la vieja nobleza terrateniente y la nueva gran burguesía de banqueros, industriales y comerciantes, con una red de agentes extendida por todo el país. Ello concedía una enorme independencia a los *notables* de cada partido, hasta el punto de que a partir de 1914 ambos se rompieron en numerosos grupos, prácticamente independientes.

me capacidad de control del sistema, podía convocar o cerrar el Parlamento cuanto lo creyera oportuno, y nombraba a una parte de los miembros del Senado. Los ministros eran responsables ante el soberano, y no ante el Parlamento. La Constitución, muy respetuosa con las libertades individuales, lo era menos con las colectivas, en parte por el miedo de sus redactores al crecimiento del movimiento obrero, y ponía en manos del rey y del Gobierno unos mecanismos de defensa del orden público que acabarían convirtiéndose, en la etapa final de la Restauración, en un obstáculo para la democratización política que la propia Constitución posibilitaba.

La idea de Cánovas era estabilizar a la Monarquía restaurada mediante un sistema político que permitiera

Alfonso XIII con su madre la reina María Cristina

El sistema canovista necesitaba "fabricar" las elecciones, sobre todo a partir de 1890, cuando todos los varones mayores de edad tuvieron derecho de sufragio. A los Gobiernos los nombraba el rey, no las Cortes, según un principio de alternancia en el poder, por lo que solía suceder que el poder Ejecutivo y el Legislativo quedaran en manos de distintos partidos. El rey disolvía entonces inmediatamente el Parlamento y el Gobierno procedía a organizar elecciones, a fin de hacerse con la mayoría absoluta en las futuras Cortes, repartiendo a sus candidatos en los pequeños distritos electorales según el criterio del ministro del Interior y de sus delegados en las provincias, los gobernadores civiles, sistema que se denominaba *encasillado*. Para ello era preciso el apoyo de los *caciques*, personas muy influyentes en las pequeñas y medianas poblaciones, capaces de controlar el voto de la mayoría de los electores o de falsificar directamente los resultados y, por tanto, de hacer triunfar o fracasar al candidato del Gobierno. El caciquismo llegó a ser uno de los elementos —y de los vicios— más característicos del sistema político restauracionista, cuyo modelo electoral desvirtuaba ya que, fuera de las grandes ciudades, donde la acción de los caciques era muy difícil, los resultados siempre concedían mayoría absoluta al partido que estaba en el poder.

Sátira sobre las elecciones en la época de la Restauración, grabado de la revista La Flaca

Alfonso XII y la Regencia

Alfonso XII reinó durante una década, y murió, víctima de la tuberculosis, con sólo 28 años. Durante esta breve etapa Cánovas y Sagasta se turnaron en el Gobierno, y las Cortes acometieron la elaboración de

Retrato de los reyes Alfonso XIII y Victoria Eugenia

un conjunto de leyes que desarrollaran la Constitución (Códigos Civil y de Comercio, reforma de la administración municipal y provincial, a fin de aumentar el control gubernamental, etc.). Paralelamente, el Ejecutivo orientó sus esfuerzos a pacificar el país, cerrando los conflictos que seguían abiertos desde el reinado de Amadeo I. La tercera guerra carlista, que se arrastraba desde 1870 con un terrible saldo de muertes y de destrucciones materiales, fue resuelta mediante operaciones militares en las últimas zonas que controlaban los leales al "rey" carlista, Carlos VII, en Cataluña, Navarra y el País Vasco. En esta última región, el Gobierno suprimió los fueros, el sistema de privilegios de autogobierno heredado de la antigua Corona de Castilla. Con ello se cerraba prácticamente el proceso de centralización administrativa, por cuanto sólo Navarra conservaría en adelante su centenario régimen foral. En cuanto al carlismo, dejó de ser un peligro para la Monarquía alfonsina, aunque se mantuvo como movimiento político de oposición.

En Cuba existía una guerrilla independentista desde 1868. La solución del conflicto se encomendó al general Martínez Campos que, combinando el empleo de la fuerza y la negociación, logró la firma del Convenio de Zanjón, en febrero de 1878, que prometía reformas en la administración colonial a cambio de que la isla siguiera bajo soberanía española. El líder independentista, José Martí, buscó refugio en los Estados Unidos.

La repentina muerte de Alfonso XII, en 1885, creó un grave problema. El rey no tenía hijos, pero su esposa, la austríaca María Cristina de Habsburgo, estaba embarazada. Entonces, Cánovas, jefe del Gobierno, y Sagasta, líder de la oposición, suscribieron un acuerdo, el llamado Pacto de El Pardo, para que sus partidos siguieran alternándose en el poder, y cada uno respetara lo hecho por su predecesor. Este sistema, llamado *turno pacífico*, garantizó la estabilidad política durante más de un cuarto de siglo, pero vició el sistema al hacerlo depender excesivamente de las habilidades de los caciques. En mayo de 1876 nació el futuro Alfonso XIII, y las Cortes encomendaron la regencia a su madre, hasta que el monarca alcanzara la mayoría de edad.

Gracias al Pacto de El Pardo, Sagasta llegó al poder y convocó elecciones. Apoyándose en el nuevo Parlamento, de mayoría liberal, el Gobierno adoptó en sus cinco años de vida una serie de medidas que los conservadores no habían querido iniciar antes: un indulto general para los delitos políticos, el establecimiento de la libertad de

prensa, del jurado en los tribunales y, sobre todo, una nueva ley electoral, que implantó el sufragio universal masculino. En 1890 volvió Cánovas al Gobierno, que cedió de nuevo a Sagasta dos años después. El líder liberal renunció, a su vez, a finales de 1894, y retornó Cánovas, pero sólo por breve tiempo, ya que fue asesinado en agosto de 1897 por un anarquista italiano, mientras descansaba en un balneario. Con ello desaparecía la principal figura de la Restauración, pero el turno pacífico de los partidos se mantendría aún durante un par de décadas.

La crisis del 98

La política de equilibrio en que se basaba el sistema canovista sufrió su primera gran prueba poco después de la muerte de su fundador: la guerra con los Estados Unidos y la pérdida de los restos del antiguo Imperio español.

Tras la Paz de Zanjón, que puso fin a diez años de guerra, los problemas que planeaba el independentismo cubano no habían desaparecido. El Gobierno pretendía que había dejado de ser una colonia, y que ahora era una provincia más de España. Pero entre los criollos continuaba habiendo una fuerte corriente nacionalista, mientras que el autonomismo ganaba adeptos incluso entre la enorme masa de inmigrantes peninsulares establecidos en la isla. Por otra parte una nueva potencia colonialista, los Estados Unidos, se interesaba cada vez más por la estratégica posición de Cuba en el Caribe. Los inversores norteamericanos controlaban cada vez mayores porcentajes de la economía cubana, basada en las grandes plantaciones de

Antonio Cánovas del Castillo

tabaco y de caña de azúcar, y que vendía el 90 por ciento de su producción en el mercado estadounidense. Washington presionaba para que Madrid le vendiese la isla, junto con la vecina Puerto Rico, o que al menos declarase su independencia.

Entre 1878 y 1895, los sucesivos Gobiernos españoles no hicieron prácticamente nada para atender las peticiones de autonomía. Estaban convencidos de que ésta sólo serviría para acelerar el acceso a la independencia, y los capitalistas españoles con intereses en la isla presionaban para que se mantuviera indefinidamente bajo control de la metrópoli.

En estas condiciones, la guerra se reanudó en febrero de 1895, y pronto se extendió por gran parte de la isla. Caudillos populares como Máximo Gómez o Antonio Maceo organizaron un sistema de partidas guerrilleras que traía en jaque, es decir, mantenía preocupadas e intranquilas a las tropas españolas, obligadas a concentrarse en las ciudades y en

Explosión del acorazado Maine, *dibujo aparecido en una revista americana de la época*

posiciones fortificadas en puntos estratégicos en el campo. España hubo de enviar continuos refuerzos, ya que gran parte de los soldados contraían rápidamente enfermedades tropicales. Durante muchos meses el Gobierno, apoyado por la opinión pública española, se negó a transigir, y así mantuvo una política de fuerza que agravó las condiciones de vida de los cubanos. Cuando, en enero de 1898, aceptó el establecimiento de la autonomía en la isla e inició contactos para un armisticio, era ya tarde.

También en las islas Filipinas se había iniciado, en 1896, un movimiento armado impulsado por una organización independentista, el Katipunan. La rebelión se extendió rápidamente, pero aquí las autoridades militares españolas actuaron con mayor acierto, y a finales del año siguiente se firmaba la Paz de Biac-Na-Bató, que ponía fin al conflicto filipino y abría paso a una solución negociada.

Así estaban las cosas cuando, en febrero de 1898, el

Práxedes Mateo Sagasta

acorazado norteamericano *Maine* llegó al puerto de La Habana con una misión claramente intimidatoria. A los pocos días, el buque hizo explosión y murieron 264 marineros. El origen del suceso es aún hoy desconocido, pero el Gobierno norteamericano acusó a los españoles y el Congreso declaró la guerra a España.

Sin aliados en el exterior, el Gobierno Sagasta se preparó para el conflicto que, dada la desigualdad de medios bélicos sólo podía concluir en catástrofe, pese al entusiasmo belicista que sacudió a la población durante algunas semanas. Los norteamericanos desembarcaron en la isla y la flota española fue hundida a cañonazos frente a Santiago de Cuba. En el otro extremo del mundo, en Filipinas, otra flota española era destruida en la batalla de Cavite. Después de eso, era imposible continuar la guerra, y el Gobierno pidió un armisticio a Washington. El Tratado de París, firmado el 10 de diciembre, entregó Cuba, Puerto Rico y Filipinas a los Estados Unidos. El resto del Imperio colonial, los archipiélagos de las Marianas, las Carolinas y las Palaos, en Oceanía, fueron vendidas a Alemania.

El regeneracionismo

El Desastre, como se le llamó entonces a la derrota militar, causó una inmensa conmoción en el pueblo español, que de pronto fue consciente de las inmensas carencias de una nación que hasta entonces se consideraba gran potencia. Una amarga co-

La Semana Trágica de Barcelona, en 1909, produjo escenas de notable violencia como esta profanación de un convento

rriente de autocrítica recorrió el país, y encontró su mejor expresión en un grupo de literatos, la llamada generación del 98 —Miguel de Unamuno, Ramón María del Valle-Inclán, Ramiro de Maeztu, Azorín, etc.— que describieron con rasgos a veces crueles aquella España desengañada. Otros, los llamados *regeneracionistas*, buscaron soluciones políticas para que el país recuperase el tiempo perdido y entrara en la senda de la modernización económica y social. Entre ellos se encontraban Lucas Mallada y Ricardo Macías Picavea, autores de los libros *Los males de la Patria* y *El problema nacional*, y sobre todo el aragonés Joaquín Costa, quien veía al régimen canovista como fruto de la oligarquía y el caciquismo, y exigía soluciones de choque que permitieran romper con el pasado, incluso la figura de un "cirujano de hierro", un dictador que dejara en suspenso al régimen parlamentario mientras acometía las reformas más traumáticas.

Un importante papel en esta labor de renovación le correspondería a la Institución Libre de Enseñanza, fundada en 1876 por Francisco Giner de los Ríos para plantear una alternativa laica a la enseñanza oficial, en manos de la Iglesia. La Institución jugaría un papel fundamental en la formación de la élite cultural del primer tercio del siglo XX, la llamada Edad de Plata de la cultura española, que engloba a figuras que antes o después de la Guerra Civil de 1936-39 alcanzarían relieve mundial, desde el filósofo José Ortega y Gasset, hasta el cineasta Luis Buñuel; desde escritores como Federico García Lorca o Rafael Alberti, hasta músicos como Manuel de Falla o pintores como Salvador Dalí.

El afán de cambiar las estructuras del país y de hacerle recuperar su papel en el concierto internacional también prendió entre un grupo de políticos de la generación siguiente a la de Cánovas y Sagasta, cuyos más destacados representantes fueron los conservadores Francisco Silvela y Antonio Maura y el liberal José Canalejas.

Silvela, convertido en el sucesor de Cánovas, asumió la presidencia del Gobierno en marzo de 1899. Le tocó, pues, cargar con las consecuencias del Desastre y hacer frente a un peligro inmediato para el régimen constitucional español: el regeneracionismo militar, encarnado por el general Polavieja, que a semejanza del francés Boulanger anunciaba unas soluciones populis-

con fuerza en determinados sectores de la burguesía y el campesinado de Cataluña y que se oponía al Estado centralista. En cambio, el ministro de Hacienda, Raimundo Fernández Villaverde pudo iniciar una reforma económica que estabilizó los precios, revaluó la peseta, aumentó los ingresos estatales y, en definitiva, evitó que a la crisis moral se le añadiera otra de carácter económico. Pero finalmente, en 1901, las divisiones en el seno del conservadurismo dieron el poder a los liberales, y el anciano Sagasta asumió la presidencia de un Gobierno bajo cuyo mandato concluyó la Regencia, al ser proclamado Alfonso XIII mayor de edad en mayo de 1902.

Consciente de sus responsabilidades e inmerso en el espíritu regeneracionista, Alfonso XIII tenía sin embargo un carácter tendente a la frivolidad y su visión del papel

El conocido cuadro de Ramón Casas, La carga de la Guardia Civil, *representa el clima de violencia callejera de comienzos de siglo*

tas a la crisis nacional, que implicaban la marginación de los partidos. Silvela intentó sin éxito ampliar la base de apoyo al régimen integrando al regionalismo catalán, un movimiento de corte romántico que prendía

que le otorgaba la Constitución casaba mal con los principios democráticos que se iban imponiendo en la vida política española. Es cierto que le correspondió presidir la decadencia del sistema de la Restauración, de cuyos defectos no era responsable, pero con algunas de sus actuaciones contribuyó a acelerar la crisis, y el apoyo que prestó al establecimiento de la Dictadura militar en 1923 terminaría costándole el trono.

Movimiento obrero y regionalismo

Durante la primera década del reinado se mantuvo en vigor el turno pacífico aunque, desaparecidas las grandes figuras —Cánovas, Sagasta, Silvela— en el seno de los partidos que se turnaban crecieron las disputas entre las fracciones que encabezaban los diversos *notables*, lo que hacía cada vez más difícil constituir Gobiernos estables. Los presidentes del Consejo de Ministros de este período, tanto conservadores —Villaverde, Maura, Azcárraga— como los liberales —Montero Ríos, Moret, López Domínguez, Canalejas—intentaron aplicar criterios regeneracionistas a su labor, pero encontraron enormes dificultades, tanto por el atraso de las estructuras económicas y sociales del país como por una serie de problemas que en el futuro no harían sino agravarse:

a) El crecimiento de las tensiones sociales y el desarrollo de un movimiento obrero muy reivindicativo. Ambos procesos eran fruto tanto del mantenimiento

Pablo Iglesias, fundador del PSOE

Soldados marroquíes observando movimientos enemigos

de un anacrónico feudalismo agrario en regiones como Extremadura y Andalucía, como del desarrollo del capitalismo industrial en zonas como Madrid, Cataluña o el País Vasco, en las que crecía un proletariado industrial en parecidas condiciones de pobreza y explotación laboral que los obreros del campo (braceros). Ello favoreció no sólo el crecimiento de las huelgas, sino también la actividad terrorista del anarquismo —por ejemplo, el atentado que estuvo a punto de costarle la vida al rey el día de su boda, en 1905— y, más tarde, el fenómeno del *pistolerismo*, una auténtica guerra social en la que tanto las organizaciones patronales como los sindicatos recurrirían a las armas para defender sus incompatibles intereses.

Tras unos débiles comienzos, el movimiento obrero había comenzado a consolidarse durante el Sexenio Democrático. Los discípulos de Bakunin habían traído los principios del anarquismo, y hacia 1871 se había constituido la sección española de la Asociación Internacional de Trabajadores. El anarquismo se extendió rápidamente, sobre todo entre los obreros industriales de Cataluña y los braceros del campo andaluz y extremeño y dio origen a la creación de numerosos sindicatos, que en

1911 se integraron en la Confederación Nacional del Trabajo (CNT).

En cuanto al socialismo marxista, su primer propagador en España fue el yerno del propio Marx, Paul Lafarge. En 1879 se creó en Madrid el Partido Socialista Obrero Español denominado (PSOE), presidido por el tipógrafo Pablo Iglesias, y en 1888 los sindicatos socialistas se unificaron en la Unión General de Trabajadores (UGT), de talante más moderado y dialogante que la CNT anarcosindicalista.

b) La cuestión regionalista, que amenazaba al modelo de Estado liberal, unitario y centralista, que se había construido a lo largo del siglo XIX. El regionalismo hundía sus raíces intelectuales en el tradicionalismo y en el romanticismo cultural de la primera mitad del siglo pasado. Era especialmente fuerte en Cataluña, región que durante la Edad Media había poseído una vigorosa cultura propia, basada en una lengua vernácula que la población había conservado. A partir del siglo XVI se inició una larga etapa de decadencia, a la que puso fin el movimiento de la Renaixença, básicamente cultural, pero que halló una vertiente política en un movimiento regionalista, el *catalanismo*, con tintes cada vez más marcados de nacionalismo, y cuya primera gran figura fue Enrique Prat de la Riba. El catalanismo ganó rápidamente el apoyo de la oligarquía económica de la región, empeñada en

Antonio Maura

José Canalejas

una dura lucha en favor de una política económica proteccionista, y a partir de 1902 contó con un partido propio, la *Lliga Regionalista*, presidida por el financiero Francisco Cambó. Pese a representar a un sector muy minoritario de los españoles, la Lliga se convirtió en un elemento de creciente peso en la política nacional, empeñada prioritariamente en conseguir ventajas económicas y un régimen de paulatino autogobierno para la región catalana. Ello fue causa de tensiones políticas, ya que una gran parte de la opinión pública, y especialmente el Ejército, veían en ello un intolerable propósito separatista.

Aunque durante la Restauración hubo iniciativas regionalistas de tipo cultural en Galicia, Valencia y otros lugares, el otro movimiento que alcanzó madurez política fue el vasco. Su origen se situaba en el rechazo carlista al Estado liberal y en la frustración que produjo en las tres provincias vascas la pérdida de sus fueros* tradicionales en 1876. El nacionalismo vasco, ultracatólico y con un difuso componente racista, mantuvo desde el comienzo un programa independentista que asumió su principal organización, el Partido Nacionalista Vasco, fundado por Sabino Arana.

c) El problema de Marruecos. Privada de sus últimas colonias en 1898, la burguesía española dirigió rápidamente sus ojos hacia el Norte de África como campo de expansión colonial.

En la costa norteafricana las ciudades españolas de Ceuta y Melilla se veían expuestas a frecuentes ataques de las tribus beréberes (*kabilas*) del Norte de Marruecos. En parte para evitarlos, en parte para asegurar el control de las dos orillas del Estrecho de Gibraltar y en parte para acceder a las riquezas mineras de Marruecos, los Gobiernos españoles buscaron estar presentes en el *reparto* de este país entre las potencias europeas. Con apoyo británico, en 1912 España obtuvo el *protectorado* sobre el Norte de Marruecos. Pero había que hacerlo efectivo, y para ello fueron necesarios catorce años de guerra, que causaron la pérdida de miles de vidas e intensas perturbaciones en la vida nacional.

Maura y Canalejas

Las dos figuras fundamentales de la política española en las primeras décadas del siglo fueron Antonio Maura y José Canalejas. El conservador Maura, jefe del Gobierno entre 1907 y 1909, intentó imponer un programa regeneracionista desde el poder, la llamada "revolución desde arriba". En esos dos años realizó una serie de reformas: creación del Instituto Nacional de Previsión, encargado de crear una seguridad social para los trabajadores, ley de descanso dominical, leyes electoral y de la administración local, con las que pretendía desmantelar las redes caciquiles y evitar el desprestigio del sistema parlamentario, etc. Sin embargo, estas medidas resultaron demasiado tímidas, y la forma autoritaria de llevar las cuestiones de orden público le ganó a Maura los odios de la izquierda. En el verano de 1909, el Ejército español sufrió una sangrienta derrota ante los marroquíes en el Barranco del Lobo, cerca de Melilla. A fin de enviar rápidamente refuerzos, el Gobierno ordenó la movilización de los reservistas catalanes, pero ello condujo a una huelga general de protesta en Barcelona, y a varios días de

desórdenes urbanos, conocidos como la Semana Trágica. El Gobierno responsabilizó del clima de agitación a un pedagogo anarquista, Francisco Ferrer Guardia, que fue fusilado. Pero ello dio origen a una campaña internacional de protesta, y Alfonso XIII se vio obligado a despedir a Maura y a entregar el poder a los liberales, que se apresuraron a disolver las Cortes y convocar elecciones, a fin de hacerse con la mayoría absoluta que precisaban para gobernar.

La etapa de Gobierno liberal estuvo presidida entre febrero de 1910 y noviembre de 1912 por la fuerte personalidad de Canalejas, quien creía posible democratizar el sistema político. Intentó reducir el poder de la Iglesia, que originaba fuertes sentimientos anticlericales en una parte de la sociedad, y prohibió el establecimiento de nuevas órdenes religiosas. Esto le ganó la enemistad de los católicos, aunque él mismo lo era. Buscó, por otra parte el entendimiento con los catalanistas de la Lliga, preparando una Ley de Mancomunidades' regionales que sentaba las bases para la paulatina descentralización administrativa del Estado, pero incluso tan tímida medida encontró la negativa del Parlamento, por lo que no fue aprobada. Finalmente, su enérgica oposición a las huelgas obreras le costó la vida, ya que fue asesinado por un anarquista en la Puerta del Sol, de Madrid.

El Partido Liberal se dividió entonces entre una serie de figuras políticas: el conde de Romanones, Manuel García Prieto, Santiago Alba, etc. Enfrentados a la inestabilidad que estas rivalidades generaban en sus propias filas, los liberales hubieron de abandonar el poder a comienzos de 1913. El rey se negó a dárselo a Maura, formalmente jefe de los conservadores, por el rechazo que su persona suscitaba en buena parte de los ciudadanos. Prefirió por lo tanto a Eduardo Dato, segundo de Maura. Éste abandonó entonces la política, pero sus partidarios fundaron un partido *maurista*, que en adelante rivalizaría,

Cartel de la Exposición Iberoamericana de Sevilla

tema parlamentario, atenazado por los intereses del caciquismo e incapaz de reflejar el crecimiento del apoyo popular a socialistas y republicanos, estaba cada vez más desprestigiado. En el año 1917, el año de la Revolución rusa, España vivió una crisis intensa, que tuvo tres manifestaciones. En primer lugar, el malestar reinante entre los oficiales del Ejército por la política militar del Ejecutivo dio origen a la formación de las Juntas de Defensa, una especie de sindicatos castrenses que, aireando la amenaza de un golpe de Estado, impusieron durante años sus condiciones a los sucesivos Gobiernos, lo que aumentó el ya considerable desprestigio de los políticos. Algunos de éstos intentaron buscar soluciones urgentes ya en el verano de 1917. El líder catalanista, Cambó, convocó en Barcelona una Asamblea de parlamentarios, a la que acudieron regionalistas, socialistas y republicanos, para estudiar una reforma democratizadora de la Constitución. Pero el Gobierno conservador, que presidía Dato, impidió que la iniciativa prosperara. Finalmente, en agosto, los sindicatos obreros lanzaron una *huelga general revolucionaria*, que sembró la alarma entre los sectores conservadores. La huelga, que la derecha identificó con los sucesos revolucionarios de Rusia, fue un fracaso, y los principales líderes del movimiento obrero terminaron en la cárcel.

desde posiciones más derechistas, con los conservadores datistas.

La crisis de la Restauración

El debilitado conservadurismo sólo se pudo mantener en el poder unos meses. En 1915 retornaron al Gobierno los liberales, con un Gabinete presidido por el conde de Romanones. Su principal preocupación fue mantener a España apartada de la Primera Guerra Mundial, conforme a la línea de neutralidad que caracterizaba la política exterior de la Restauración. Ello repercutió en un espectacular crecimiento económico, que consolidó el modelo capitalista en España, ya que las empresas del país estaban en condiciones de vender sus productos a los dos bandos.

Sin embargo, los problemas se acumulaban. Liberales y conservadores estaban cada vez más divididos, la *pacificación* del Protectorado marroquí suponía una pérdida en vidas y dinero, los problemas sociales se agravaban ante la incapacidad de los breves Gobiernos para resolverlos. Y el sistema

Entre el verano de 1917 y el de 1923, el régimen constitucional vivió una etapa terminal. El turnismo, o alternativa en el poder, que había permitido mantener una mínima estabilidad gubernamental saltó hecho pedazos. Conservadores y liberales se dividieron en numerosas fracciones personalistas —datistas, mauristas y ciervistas, entre los primeros; romanonistas, albistas, garciaprietistas, alcalazamoristas, etc., entre los segundos— dedicadas a hacerse la guerra mientras crecía la protesta social, alentada por la dura crisis económica que trajo el final de la Gran Guerra y el conflicto marroquí se convertía en un verdadero cáncer para la vida española. Tras el fracasado intento de realizar la reforma del sistema político mediante un Gobierno *nacional* presidido por Maura e integrado por las figuras políticas más importantes del momento (marzo-diciembre de 1918), los conservadores buscaron superar sus divisiones formando Gobiernos de concentración de sus distintas fracciones entre 1919 y 1921. Pero no lo lograron, y la situación de crisis política, económica y social se agudizó.

En el campo andaluz las pésimas condiciones de vida de los braceros alentaron las agitaciones sociales del llamado trienio *bolchevique*. En Barcelona el terrorismo se cobró numerosas víctimas en los enfrentamientos entre los pistoleros a sueldo de los empresarios y los sindicalistas de la CNT, que terminaron costando la vida al propio jefe del Gobierno, Eduardo Dato, cuyo coche fue ametrallado en Madrid en marzo de 1921.

La lenta ocupación del protectorado de Marruecos se vio interrumpida en agosto de ese año, cuando los nativos de la región montañosa del Rif, mandados por Mohamed Abd-el-Krim, derrotaron al Ejército español en Annual, en agosto de ese año, y murieron más de diez mil soldados. El desastre cayó como un mazazo sobre la sociedad española, que no tardó en demandar responsabilidades a los altos mandos militares y a los gobernantes conservadores. Maura formó un nuevo Gobierno con todos los partidos dinásticos, pero, una vez más, las rencillas entre sus *notables* dieron al traste con el intento de superar la crisis. Ante el descrédito de los conservadores, Alfonso XIII recurrió a los aún más fragmentados liberales para que formaran una concentración gubernamental. Manuel García Prieto presidió el Gabinete liberal, que recibió el apoyo del Partido Reformista, un grupo que contaba con prestigiosos intelectuales y que constituía el ala derecha de los republicanos. Durante algún tiempo, los gobernantes liberales parecieron alentar sinceros propósitos democratizadores, pero las elecciones de abril de 1923 demostraron que los políticos seguían aferrados a los viejos y corruptos métodos de gobierno, y se desvaneció una vez más la esperanza popular. El régimen de la Restauración había llegado a un callejón sin salida.

Dictadura, República y guerra

El 13 de septiembre de 1923, el general Miguel Primo de Rivera, se pronunció contra el Gobierno en Barcelona, y fue secundado por todas las guarniciones militares del país. Su golpe era resultado del malestar reinante en el Ejército por la indecisa política marroquí de los liberales; del recelo con que determinados políticos y militares contemplaban el proceso abierto por el Parlamento para juzgar las responsabilidades por el desastre de Annual; y del deseo de buena parte de la sociedad española de que un gobierno autoritario abriera un paréntesis en el régimen constitucional, restableciera la paz social y limpiara el sistema político de corrupción y caciquismo.

El Gobierno liberal de García Prieto no opuso resistencia, y el rey entregó el poder a Primo de Rivera, quien formó un Directorio provisional con los generales que le habían ayudado a dar su golpe. Tres días después, presentó a la firma del monarca un Decreto que le investía como presidente de un Directorio militar constituido por ocho generales y un almirante, y le encargaba "la gobernación del Estado", con po-

General Miguel Primo de Rivera

deres prácticamente absolutos. El dictador se disponía a gobernar durante un plazo que, en un primer momento, calculó en tres meses, pero que luego fue dilatando. Mientras tanto, las Cortes permanecerían disueltas, y la Constitución suspendida, aunque no derogada.

La dictadura de Primo de Rivera

Primo de Rivera y sus colaboradores intentaron aplicar, de forma autoritaria, criterios regeneracionistas a la reforma radical de aquellos aspectos del sistema político y social que, a su juicio, impedían la estabilidad de la Monarquía. Rodeada en el momento de su nacimiento de un amplio consenso de la población, la Dictadura procedió en primer lugar contra el caciquismo.

Se suspendió la actividad de los partidos políticos y las Diputaciones provinciales y los Ayuntamientos, que eran elegidos directamente por los ciudadanos, fueron sustituidos por delegados militares del Directorio. En 1924 y 1925 se promulgaron sendos Estatutos municipal y provincial, que buscaban ofrecer garantías democráticas a la vida local, eliminando el poder de los caciques antes de volver a la normalidad constitucional. Pero estas leyes no llegaron a entrar en vigor, ni el Directorio celebró las prometidas elecciones.

Decidido a hacer tabla rasa (prescindir) del anterior sistema de partidos, el dictador alentó la creación de un partido oficialista presidido por él mismo, la Unión Patriótica, que no estuvo organizado hasta 1926, y que resultó un fracaso. Destinada a encauzar las adhesiones populares al régimen, la UP se reveló como una variopinta agrupación de intereses, que acogía casi intactas las viejas redes caciquiles que la Dictadura afirmaba combatir. Sin otro programa que la defensa del orden social y su propia perpetuación en el poder, los distintos miembros de la Unión constituían una enorme masa —más de medio millón de afiliados— de perfiles ideológicos poco definidos y de dudosa eficacia como defensora del régimen.

La Dictadura tuvo su momento estelar con la *pacificación* del Protectorado marroquí, iniciada con el desembarco de Alhucemas, en noviembre de 1925, y culminada dos años después con la derrota y captura del caudillo rifeño Abdel-Krim, en colaboración con los franceses. Para entonces, el dictador había renunciado ya a sus planes iniciales de un rápido retorno al sistema constitucional. Aprove-

chando la ola de entusiasmo despertada por la operación de Alhucemas, sustituyó el Directorio militar por otro integrado por políticos de segunda fila y técnicos civiles, como José Calvo Sotelo, Eduardo Aunós o el conde de Guadalhorce.

En septiembre de 1927, Primo de Rivera convocó, por procedimientos no democráticos, una Asamblea Nacional Consultiva, de carácter corporativo e integrada por representantes del Estado, de los municipios y provincias, de los diversos grupos sociales y económicos y de la Unión Patriótica. El Directorio, que controlaba estrechamente la actividad de esta Cámara, le encomendó la redacción de una Constitución, autoritaria y vagamente corporativista, cuyo texto se concluyó en 1929, pero que nunca entró en vigor.

El Directorio civil desarrolló su actividad en una etapa de coyuntura económica favorable. Mientras el sector agrario, poco modernizado, perdía peso en la economía nacional, la industria recibió un fuerte impulso gracias a la política de inversiones desarrollada, fundamentalmente, por el Estado y la Banca. La labor de Calvo Sotelo en el Ministerio de Hacienda y de Guadalhorce en el de Fomento permitió una ambiciosa política de obras públicas —red de carreteras, pantanos, Exposición Universal de Barcelona e Iberoamericana de Sevilla— que actuó como motor de modernización económica.

En el terreno social, la década de los

Alfonso XIII (*dibujo de* La Esfera)

veinte contempló también una mejora del nivel de vida de la población y un considerable crecimiento del empleo, superada ya la dura crisis de la posguerra mundial. Inspirándose en parte en el fascismo italiano, el ministro de Trabajo, Eduardo Aunós, buscó fortalecer la intervención del Estado en la vida económica y crear un nuevo modelo de relaciones laborales que, sin afectar a las bases del sistema capitalista vigente, rebajara el tono de las reivindicaciones del movimiento obrero. A tal fin se estableció una Organización Corporativa Nacional que preveía la actuación de Comités paritarios, Comisiones mixtas de Trabajo y Consejos de Corporación, que sustituirían a sindicatos y organizaciones de empresarios. Pero en la práctica, sólo llegaron a funcionar los Comités paritarios, órganos de mediación laboral en los que estaban representados patronos y trabajadores.

En su momento de apogeo, la Dictadura contaba con escasos enemigos. Algunos políticos liberales habían denunciado la ilegalidad del nuevo régimen, pero tenían poco apoyo popular. Los sindicatos de la Confederación Nacional del Trabajo (CNT), en los que abundaban los anarquistas, habían sido puestos fuera de la ley, y sus activistas, que siguieron actuando en la clandestinidad, eran perseguidos por la policía. Otro foco relativamente precoz de oposición radicaba en Cataluña, donde la política lingüística primero —el Directorio

José Calvo Sotelo

reprimió la utilización de la lengua catalana en la esfera pública— y luego la promulgación del Estatuto Provincial, que anulaba virtualmente las competencias de la Mancomunidad regional catalana, integrada por sus cuatro provincias, provocaron un amplio rechazo, que favoreció a los catalanistas radicales y a los republicanos en detrimento del regionalismo moderado de la Lliga.

Sin embargo, a partir de 1926, la Dictadura hubo de enfrentarse a una oposición creciente y de lo más variada:

— Tras décadas de marginación en un sistema político que había reducido al mínimo sus posibilidades de actuación legal, el republicanismo histórico y las nuevas formaciones que surgían entonces contaron desde febrero de ese año con un organismo de coordinación, la Alianza Republicana, integrada por el viejo federalismo, el Partido Radical, fundado en 1908 y dirigido por Alejandro Lerroux, el Grupo de Acción Republicana, de Manuel Azaña y numerosos intelectuales independientes. Pero la creación de la Alianza no puso fin a las divisiones del republicanismo, y no sería hasta la caída de Primo de Rivera cuando estuviera en condiciones de ejercer una auténtica oposición a la Monarquía.

— El movimiento obrero se dividió ante la Dictadura. En el PSOE y la UGT, el sector mayoritario, que encabezaba Francisco Largo Caballero, mantuvo una cierta colaboración con el régimen en organismos como los Comités paritarios, aunque ello no implicó la adhesión a la Dictadura. Eran una minoría quienes, como Indalecio Prieto, defendían entonces dentro del PSOE la alianza con los republicanos. En cuanto al anarquismo, su oposición al régimen era frontal, aunque la represión policial dificultó sus acciones terroristas. En 1927 se organizó la Federación Anarquista Ibérica (FAI), con el objetivo de hacerse con el control de la clandestina CNT.

— Intelectuales y estudiantes llevaron durante años el peso de la oposición. Figuras como los escritores Miguel de Unamuno y Vicente Blasco Ibáñez, o el jurista y profesor universitario Luis Jiménez de Asúa, sufrieron destierros por sus críticas a la arbitrariedad del régimen. Los estudiantes, organizados en la Federación Universitaria Escolar (FUE), protagonizaron a partir de 1928 una dura lucha contra la reforma de la Universidad, que otorgaba privilegios a los centros educativos de la Iglesia.

— Finalmente, en el Ejército surgieron grupos de oposición, especialmente a raíz del conflicto que enfrentó al dictador con los oficiales de Artillería. Ello propició algunos intentos fallidos de golpe de Estado, como la *Sanjuanada* de junio de 1926, o el pronunciamiento encabezado por el político conservador José Sánchez Guerra, en enero de 1929.

A lo largo de ese año, las dificultades se acumularon. El ciclo de prosperidad económica internacional tocaba a su fin, y su primera manifestación en España, la pérdida de valor de la peseta, forzó la dimisión de Calvo Sotelo. La conflictividad social volvía a surgir y la oposición política era cada vez más activa. En enero de 1930, Primo de Rivera presentó un plan al rey para una salida controlada de la Dictadura, que preveía la convocatoria de elecciones a medio plazo. Pero Alfonso XIII no se mostró de acuerdo. Tras comprobar que los altos mandos del Ejército tampoco parecían dispuestos a apoyarle en lo que parecía una huida hacia adelante, el dictador presentó su dimisión al monarca y se exilió voluntariamente en París. La Unión Patriótica, bruscamente alejada del poder, se disolvió en cuestión de semanas.

Retrato de Miguel de Unamuno, *por Juan de Echevarría*

La caída de la Monarquía

La caída del Directorio primorriverista, en enero de 1930, planteó con urgencia la cuestión del retorno a la normalidad constitucional, luego de un paréntesis de seis años. El rey recurrió para ello al general Dámaso Berenguer, quien formó un Gobierno con políticos conservadores de segunda fila. Su propósito era volver a la situación anterior a 1923, convocando elecciones a Cortes ordinarias.

Pero los republicanos eran conscientes de que la Monarquía se jugaba una última carta de supervivencia con la celebración de las elecciones parlamentarias, y no estaban dispuestos a colaborar. En agosto de 1930, representantes de los distintos partidos republicanos negociaron el Pacto de San Sebastián, comprometiéndose a emplear todos los medios para derribar a la Monarquía e instaurar una República que democratizara las instituciones. Los reunidos constituyeron un Comité Revolucionario, cuya presidencia asumió Niceto Alcalá-Zamora. En octubre, el Comité pactó con el PSOE la creación de una Conjunción republicano-socialista.

Hacia finales del año 1930, el Gobierno Berenguer seguía empeñado en sacar adelante su plan de elecciones a Cortes. Pero las dificultades se acumulaban. La recesión económica se dejaba ya notar en las empresas y la conflictividad laboral se disparaba. Los partidos monárquicos, muy débiles tras el paréntesis de la Dictadura, estaban divididos sobre el proyecto de transición. Por el contrario, la oposición republicano-socialista estaba cada vez más decidida a terminar con la Monarquía. Anticipándose al previsto levantamiento general, la guarnición de la ciudad aragonesa de Jaca se sublevó el 12 de diciembre al mando del capitán Fermín Galán, y proclamó la República. El movimiento fue vencido con facilidad y los miembros del Comité Revolucionario acabaron en la cárcel. Pero el fusilamiento de Galán y de otro capitán, García Hernández,

*Manuel Azaña,
presidente de la II República*

creó mártires para la causa republicana. Los estudiantes, por su parte, se lanzaron a una protesta violenta que adquiría fuertes acentos políticos.

En febrero, Berenguer tiró la toalla. Uno tras otro, todos los grupos políticos se habían negado a concurrir a las elecciones parlamentarias. Se formó entonces un Gobierno de concentración, presidido por el almirante Aznar, con las principales figuras del campo monárquico, que convocó elecciones para renovar los Ayuntamientos. Estos comicios, realizados el 12 de abril de 1931, resultaron decisivos. Los monárquicos se impusieron en el medio rural, dominio de los caciques, pero en las capitales de provincia la Conjunción republicano-socialista obtuvo un triunfo clamoroso. Temiendo que estallara una insurrección popular, el Gobierno aconsejó al rey Alfonso XIII que abdicara y preparó el traspaso de poderes al Comité Revolucionario. El día 14, el rey partió para el exilio y en todo el país se iniciaron las celebraciones de instauración de la Segunda República. El Comité se transformó en un Gobierno provisional presidido por Alcalá-Zamora. Inmediatamente, los ministros se aplicaron en la preparación de un ambicioso programa de reformas que tenía su eje en la convocatoria de Cortes Constituyentes y en la elaboración de una Constitución democrática. En junio, las elecciones parlamentarias dieron un triunfo abrumador a la Conjunción republicano-socialista, mientras la oposición monárquica quedaba reducida a una minoría casi marginal. Las nuevas Cortes iniciaron la elaboración de un texto constitucional en el que los socialistas, la primera fuerza política del país, impusieron muchas de sus ideas. Tras largos y difíciles debates, la Constitución se aprobó el 9 de diciembre de 1931. España era declarada un *Estado integral*, indivisible, pero en el que las regiones o las provincias podrían proclamarse autónomas. Se establecía el sufragio universal, masculino y femenino, y se suprimía el Senado, con lo que el Congreso de los Diputados sería Cámara única. La República rompía la tradicional identificación entre el Estado y la Iglesia católica y regularía la actividad de las confesiones religiosas. La propiedad privada sería respetada, pero se pondría en marcha una reforma agraria para dar tierras a los braceros.

Manuel Azaña votando, julio de 1931

El bienio republicano-socialista

Aún antes de la aprobación de la Constitución, el Gobierno había puesto en marcha un plan de reformas, que buscaban democratizar y secularizar el Estado y mejorar las condiciones de vida de las capas populares. Las principales medidas, adoptadas entre el verano de 1931 y el de 1933 fueron:

— En el terreno religioso, se promulgó la Ley de Confesiones y Congregaciones Religiosas, que ponía en manos del Ejecutivo el control de las asociaciones religiosas; se implantó el divorcio civil y se disolvió la Compañía de Jesús, por estimarse que los

Alcalá Zamora en su jardín, verano de 1931

jesuitas eran un peligro para la República.

— El ministro de la Guerra, Manuel Azaña, buscó modernizar las Fuerzas Armadas, y reducir su oficialidad, que había crecido enormemente durante la guerra de Marruecos. Se legisló el retiro voluntario de muchos oficiales y se reorganizó el despliegue del Ejército y de la Marina.

— En el campo laboral, el ministro socialista Largo Caballero impulsó una ambiciosa legislación, que tenía su eje en la negociación colectiva a través de los Jurados Mixtos de mediación. Bajo los auspicios de la central sindical socialista UGT, se modificó el sistema de contratación laboral, mejoraron los salarios y se amplió la cobertura de los seguros sociales.

— La reforma agraria fue legislada en septiembre de 1932, y establecía la expropiación de los latifundios y de las fincas mal cultivadas, que serían entregadas a los braceros. Su puesta en práctica, encomendada al Instituto de Reforma Agraria, se realizó fundamentalmente en Andalucía y Extremadura, pero fue muy lenta, y la falta de dinero para indemnizar a los propietarios redujo al mínimo el alcance de una medida que hubiera debido cambiar radicalmente el modelo de propiedad agraria en la España latifundista.

Desde sus inicios, la República hubo de enfrentarse a serios y crecientes problemas. Aunque en la izquierda anarquistas y comunistas rechazaban un régimen que consideraban burgués, y emprendieron pronto el camino insurreccional, el principal peligro procedía de la derecha. Allí, los monárquicos no se resignaban al cambio de régimen y las clases acomodadas se resis-

Primer Gobierno de Azaña

tían a aceptar la política reformista del Gobierno republicano. Acción Nacional, un partido católico de nueva creación, dirigido por José María Gil Robles, emprendió pronto una campaña en favor de la revisión de la Constitución. Los monárquicos, por su parte, fracasaron en un intento de golpe de Estado en agosto de 1932, con la colaboración de militares opuestos a las reformas de Azaña.

En el seno de la coalición gobernante surgieron las divisiones. Alcalá-Zamora abandonó la jefatura del Gobierno en desacuerdo con la política religiosa, aunque luego fue elegido presidente de la República. Le sucedió Azaña, cuyo apoyo al proceso de autonomía de Cataluña y a las reformas sociales que patrocinaban los socialistas implicó la salida del Gobierno de los radicales de Lerroux. La coalición quedó reducida a socialistas y republicanos de izquierda, con una precaria mayoría en el Parlamento. Finalmente, a lo largo de la primavera y el verano de 1933 los socialistas, presionados por sus bases sociales, radicalizaron su postura en demanda de reformas más au-

José María Gil Robles, rodeado de seguidores de la CEDA

ción, y fueron elegidos dos diputados de Falange Española, un pequeño grupo fascista creado poco antes por José Antonio Primo de Rivera.

Lerroux formó un Gobierno con el concurso de algunos pequeños partidos de la derecha republicana. Esta situación, que hacía depender la estabilidad del Ejecutivo del apoyo parlamentario de la CEDA, se mantendría durante casi un año, dando lugar a frecuentes crisis de Gobierno en las que tuvo un importante papel el presidente de la República, Alcalá-Zamora. Los radicales respetaron, en líneas generales, la obra reformista del primer bienio, pero se esforzaron en limitar aquellos aspectos que más podían disgustar a la derecha. Así, la reforma agraria, apenas iniciada, sufrió un parón, los sindicatos socialistas vieron reducida su influencia en los Jurados Mixtos, y se restablecieron algunos privilegios de la Iglesia católica.

El primer bienio republicano había conocido una dura recesión económica, que afectó sobre todo a la agricultura, a la minería y al comercio exterior. Ello había disparado las cifras del paro. Con los socialistas en el Gobierno, se habían tomado medidas para paliar los efectos de la crisis. Pero los gabinetes radicales adoptaron una política liberal, que empeoró las condiciones de los trabajadores. El proceso de radicalización de la militancia socialista se acentuó entonces, y la UGT se embarcó, en paralelo con los anarcosindicalistas de la CNT, en una oleada de conflictos laborales. La escalada de protestas culminó en la primavera de 1934 con una huelga general de campesinos ugetistas, que fue duramente reprimida por el Gobierno radical.

daces, y terminaron rompiendo su alianza con los republicanos. En septiembre, Azaña dimitió, y Lerroux formó un Gobierno de centro republicano, que convocó nuevas elecciones parlamentarias.

La República conservadora

Las elecciones de noviembre de 1933 dieron un vuelco al panorama político. Socialistas y republicanos de izquierda, que habían acudido divididos a las urnas, hubieron de pasar a la oposición. En cambio, el centrista Partido Radical se convirtió en la primera fuerza republicana, gracias a los votos de la clase media. En la derecha destacaba una gran organización de masas, la Confederación Española de Derechas Autónomas (CEDA), una federación de partidos fundada a principios de año y presidida por José María Gil Robles. En la extrema derecha, los monárquicos alfonsinos de Renovación española y los carlistas de la Comunión Tradicionalista se hacían con una modesta representa-

Durante el verano, el sector mayoritario del PSOE, encabezado por Largo Caballero, comenzó a preparar una revolución, integrando las Alianzas Obreras con los comunistas. A comienzos de octubre, la CEDA hizo caer el Gobierno radical y exigió varias carteras para apoyar uno nuevo, lo que tuvo que admitir Lerroux. La presencia en el Ejecutivo de un partido no republicano, que la izquierda consideraba fascista, sirvió de justificación para desencadenar el movimiento revolucionario. Éste, muy mal coordinado,

El Gobierno de la Generalitat, con Lluis Companys en el centro, procesado por los sucesos de octubre de 1934, preso en la cárcel

consistió en una serie de huelgas aisladas y de sublevaciones locales, rápidamente derrotadas. En Barcelona, el Gobierno autonómico, la Generalidad, proclamó la secesión de Cataluña, pero los sindicatos se negaron a secundarle. Sólo en Asturias y el Norte de León los mineros se hicieron con un extenso dominio territorial y pusieron cerco a Oviedo. Fue preciso el empleo masivo de fuerzas del Ejército para vencer a los revolucionarios asturianos.

La represión del movimiento de octubre fue muy dura. La actividad sindical fue prohibida durante largo tiempo, y miles de sindicalistas fueron encarcelados o despedidos de su trabajo. También Largo Caballero, Azaña y otros dirigentes de la izquierda fueron detenidos, aunque recobraron la libertad no mucho después. En Cataluña se suspendió el Estatuto de autonomía y la región fue colocada bajo control militar.

Tras la Revolución de Octubre, la vida política siguió radicalizándose. Falange Española animaba a los militares a dar un golpe y sus milicias practicaban abiertamente la violencia en la calle. Los monárquicos pusieron en pie un Bloque Nacional, que dirigía Calvo Sotelo y que predicaba un Estado totalitario. En cuanto a la izquierda, los republicanos se aglutinaron en los partidos de Izquierda Republicana y Unión Republicana, dirigidos respectivamente por Azaña y Diego Martínez Barrio. Los socialistas se encontraban divididos entre el sector partidario de la colaboración con los comunistas, acaudillado por Largo Caballero, y quienes pretendían atar un pacto con los republicanos, postura en la que destacaba Indalecio Prieto.

La presencia de la CEDA en el Gobierno pareció conceder por fin la tan deseada estabilidad política. A lo largo de la primera mitad de 1935, el Gabinete, presidido por Lerroux, realizó una labor contrarreformista, sin temor ya a la oposición de la izquierda. El cedista Giménez Fernández intentó reconducir la reforma agraria con criterios más moderados, pero sus medidas parecieron demasiado progresistas a sus propios compañeros de partido y la presión de los grandes propietarios consiguió desalojarle del Gobierno. Su sucesor, Velayos, miembro del Partido Agrario, dio satisfacción a los terratenientes haciendo aprobar una Ley de contrarreforma que supuso el desalojo de miles de colonos y obreros del campo, que habían ocupado fincas en la etapa anterior.

Como era lógico, mejoraron las relaciones con la Iglesia católica, su culto recibió protección oficial y los clérigos volvieron a recibir un sueldo del Estado. Desde el Ministerio de la Guerra, Gil Robles promocionó a varios generales de reconocida ideología monárquica, lo que disparó los rumores de que preparaba un golpe de Estado para acabar con la democracia republicana. Y en el terreno económico, los gobiernos cedo-radicales se vieron favorecidos por una cierta recuperación, que permitió al ministro de Hacienda, el financiero Joaquín Chapaprieta, preparar un ambicioso plan de reformas a fin de reducir el déficit del Estado.

En el otoño, la coalición de Gobierno comenzó a disolverse. Cedistas y radicales se mostraban incapaces de pactar una reforma de la Constitución, como habían prometido a sus electores. El Partido Radical se vio envuelto en dos escándalos de corrupción política que forzaron la dimisión de Lerroux tras ser condenada por las Cortes la conducta de varios dirigentes de su partido. Gil Robles reclamó entonces el poder para la CEDA, pero el presidente de la República,

Manuel Azaña con algunos ministros

que temía una dictadura de la derecha católica, se lo impidió. Fue Chapaprieta quien formó Gobierno, pero la hostilidad de los cedistas y el fracaso de su política de austeridad fiscal le llevaron a retirarse en diciembre de 1935. Una vez más, el líder de la CEDA intentó gobernar, pero Alcalá-Zamora, dispuesto a impedírselo, encargó formar Gobierno a un hombre de su confianza, Manuel Portela Valladares, quien se apresuró a disolver las Cortes y convocó elecciones parlamentarias.

El Frente Popular

A estos comicios la izquierda acudió unida en un Frente Popular, que republicanos, socialistas y comunistas firmaron el 15 de enero. Los anarquistas de la CNT y la FAI, que fieles a sus principios se negaron a pactar, evitaron sin embargo hacer campaña contra el Frente, que prometía la liberación de sus presos. La derecha acudió a las urnas dividida. La CEDA, dispuesta a hacerse con todo el poder, exigía un número excesivo de escaños, y ello disgustaba a los monárquicos y a la derecha republicana. Las elecciones, celebradas el 16 de febrero de 1936, vinieron a demostrar que el electorado español estaba profundamente dividido entre la derecha y la izquierda. Pese a la relativa igualdad de votos, la ley electoral posibilitó el triunfo del Frente Popular: 278 escaños, de los que

162 eran republicanos, 99 socialistas y 17 comunistas. De los 124 escaños de la derecha, 88 correspondían a la CEDA, que quedaba así obligada a pasar a la oposición.

El líder del Frente Popular, Azaña, formó rápidamente un Gobierno con su partido, Izquierda Republicana, y con la Unión Republicana. Las organizaciones obreras se mantuvieron fuera del Ejecutivo, aunque le daban su apoyo en las Cortes, condicionándolo al cumplimiento del programa electoral. Este programa

Francisco Largo Caballero

comenzó a aplicarse rápidamente. Se decretó un indulto para los delitos políticos y sociales, que puso en la calle a miles de presos. El régimen autonómico de Cataluña fue restaurado en su plenitud. La reforma agraria fue puesta de nuevo en vigor, y recibió un impulso mucho más enérgico que el que se le había dado durante el primer bienio. A lo largo de la primavera retornaron las medidas contra la Iglesia, que acabaron conduciendo al cierre de los colegios religiosos.

Una de las primeras acciones que adoptaron las Cortes frentepopulistas fue votar la destitución del presidente Alcalá-Zamora, en quien la izquierda veía un auténtico enemigo. Para sustituirle se convocaron elecciones de compromisarios*, a las que se abstuvo de acudir la derecha. Garantizada, pues, la mayoría absoluta de votos del Frente Popu-

Indalecio Prieto durante un mitin en Bilbao, febrero de 1936

lar, el 10 de mayo fue elegido jefe del Estado Manuel Azaña. Le sucedió al frente del Gobierno uno de sus más estrechos colaboradores, Santiago Casares Quiroga, quien mantuvo el Gabinete exclusivamente con ministros de los partidos republicanos de izquierda.

Los meses de la primavera y los comienzos del verano de 1936 estuvieron marcados, en gran medida, por un brutal incremento de la violencia política y social, que provocó cerca de trescientos muertos en todo el país. El ánimo de revancha anidaba en muchos trabajadores represaliados tras la Revolución de Octubre, y las promesas del Frente Popular alentaban la esperanza de cambios sociales rápidos y revolucionarios. Enfrente, la población católica, y en especial los sectores empresariales, contemplaban con temor la nueva etapa, seguros de que traería una dictadura del proletariado, y eran cada vez más quienes apostaban por un salida autoritaria, que terminase con la República parlamentaria.

En el seno del socialismo se había desatado una auténtica lucha entre el ala moderada y filorrepublicana, que acaudillaba Indalecio Prieto y los seguidores de Largo Caballero, partidarios de la unidad de acción revolucionaria con un Partido Comunista que crecía rápidamente. Los anarquistas de la FAI, continuaban mejorando posiciones en el control de los sindicatos de la CNT, que asumía su lucha contra la República y la defensa del *comunismo libertario* como proyecto revolucionario.

En la derecha, también ganaban terreno las opciones extremistas. El monárquico Calvo Sotelo se convirtió en su portavoz parlamentario, en perjuicio de un Gil Robles más moderado, y llamaba a los militares abiertamente a la sublevación. Los carlistas preparaban a sus milicias de *requetés* con vistas a un levantamiento armado. Por su parte, los falangistas, que recibían desde marzo una riada de afiliaciones procedentes de otros partidos de la derecha, se embarcaron en una labor de desestabilización que les llevó con frecuencia a la práctica del terrorismo. El Gobierno respondió encarcelando a Primo de Rivera y a sus principales colaboradores y declarando ilegal el partido, pero ello no hizo sino incrementar la violencia de sus actuaciones clandestinas.

Apenas celebradas las elecciones de febrero de 1936, se puso en marcha una trama golpista que permanecía latente desde hacía dos años. En un principio la encarnaban los oficiales de la Unión Militar Española, una organización clandestina surgida en los cuarteles. La UME había sido infiltrada por monárquicos y falangistas, que pretendían utilizarla para sus proyectos antirrepublicanos. En marzo, un grupo de generales —Mola, Franco, Saliquet, Fanjul, Orgaz, etc.— decidieron preparar un golpe de Estado para derrocar al Gobierno del Frente Popular y formaron a tal efecto una Junta Militar.

El Gobierno tuvo pronto noticias de lo que se preparaba, y creyó po-

nerlo fin enviando a algunos de los generales a destinos periféricos. Pero ello no acabó con la conspiración, sino que trasladó su eje a Navarra donde el general Emilio Mola, llamado *El Director* en la clave de los conjurados, asumió el papel protagonista. A finales de la primavera comenzó a preparar el alzamiento de las guarniciones (tropas) comprometidas. Carlistas y falangistas, que poseían milicias civiles bien entrenadas, se negaron durante algún tiempo a subordinarlas al mando de los militares, pero acabaron cediendo, convencidos de la imposibilidad de organizar una sublevación sin el apoyo del Ejército.

El 13 de julio fue asesinado en Madrid un oficial de policía de filiación socialista, José Castillo. Como represalia, sus compañeros secuestraron y luego asesinaron al dirigente monárquico, Calvo Sotelo. España entera quedó sobrecogida por el doble crimen, que acabó de decidir a muchos derechistas a sumarse a la sublevación.

El día 17, la guarnición de Melilla encendió la chispa que en pocas horas prendería en todo el país.

José Antonio Primo de Rivera

La Guerra Civil

El pronunciamiento militar triunfó en buena parte de España, sobre todo en las zonas que habían votado meses antes a las candidaturas derechistas: Galicia, León, Castilla la Vieja, Navarra, gran parte de Aragón, Andalucía occidental, las Islas Canarias y los territorios Norteafricanos quedaron en poder de los sublevados. No obstante, las grandes ciudades —Madrid, Barcelona, Valencia, Bilbao— y las regiones más industrializadas fueron conservadas por las fuerzas leales al Gobierno. Ello se debió en buena medida a que los partidos del Frente Popular y los sindicatos obreros movilizaron a sus afiliados y crearon milicias civiles, que recibieron armas en los cuarteles y pudieron derrotar a las unidades golpistas.

A lo largo del verano de 1936, se fueron definiendo los frentes de lo que ya era una auténtica guerra. El general Francisco Franco, que había abandonado su destino en las islas Canarias para volar en secreto al Protectorado marroquí, se puso al frente del Ejército de África, el mejor contingente de las Fuerzas Armadas, con unidades de élite como la Legión y varios *tabores* de tropas marroquíes. Tras cruzar el Estrecho, las tropas de Franco enlazaron con las guarniciones rebeldes de Cádiz y Sevilla y luego, a lo largo de agosto y septiembre, avanzaron en columna por Extremadura y el valle del Tajo, hasta las proximidades de Madrid. Mientras tanto, sindicatos y partidos de izquierda habían movilizado a sus partidarios en milicias civiles, que tras semanas de duros combates consiguieron detener la progresión de los rebeldes en las sierras al Norte de Madrid, en Aragón y en el País Vasco.

Los dos bandos se movilizaron para obtener ayuda internacional. El Gobierno solicitó la intervención de las potencias democráticas, pero Francia y el Reino Unido, preocupadas por no desencadenar una gue-

Cartel republicano invitando a la lectura

Soldados del ejército franquista

rra en Europa, se limitaron a proponer a la Sociedad de Naciones el aislamiento del conflicto español mediante un Comité de No Intervención, que se encargaría de evitar el envío de armas o de tropas en ayuda de alguno de los bandos. Pero no era esta la intención de los Gobiernos de Alemania e Italia, que apenas recibieron la petición de ayuda de los rebeldes, se movilizaron. Berlín y Roma no sólo enviaron grandes cantidades de armamento durante la guerra, sino que aportaron tropas al ejército sublevado. Mussolini envió divisiones enteras de la Milicia Fascista y Hitler la Legión Cóndor, integrada por las más modernas unidades de aviación de combate del Tercer Reich. Abandonada por los países democráticos, la República tuvo que buscar auxilio en la Unión Soviética, que a partir de 1937 envió armas y asesores militares a cambio de gran parte de las reservas de oro de España. Por otra parte, la opinión pública antifascista se movilizó en todo el mundo en favor de la causa republicana y fueron miles los voluntarios de casi todos los países, especialmente socialistas y comunistas, que llegaron a España para integrar las Brigadas Internacionales, que combatieron en frentes a lo largo de la contienda.

Revolución y reacción

Ante la ruptura de la convivencia nacional, ambos

bandos tuvieron que improvisar nuevos modelos de organización política, social y económica.

Ello implicó la prohibición de aquellas fuerzas políticas y sociales que apoyaban al otro bando, una amplia purga de funcionarios y la eliminación física, sobre todo en los primeros meses, de miles de personas, asesinadas en muchos casos sin juicio, por el hecho de profesar ideas o militar en partidos y sindicatos contrarios a las fuerzas que controlaban su lugar de residencia.

La Guerra Civil española tuvo un fuerte componente ideológico. La Iglesia apoyó decididamente a los sublevados, que hacían ostentación de su fe religiosa, y los obispos declararon que la guerra era una Cruzada contra el comunismo ateo. En el otro lado, el anticlericalismo de la izquierda se extremó, y el catolicismo fue objeto en algunas zonas de una verdadera persecución.

En las provincias que permanecieron leales a la República, la izquierda obrera se hizo con el poder local. En muchos sitios, los milicianos frentepopulistas anularon la autoridad de los representantes del Gobierno y en ocasiones, como sucedió con el Comité de Milicias de Cataluña, o luego con la Junta de Defensa de Madrid o el Consejo de Defensa de Aragón, surgieron poderes autónomos de considerable entidad. Los anarquistas impulsaron la ocupación de

Cartel francés de apoyo a la República Española

Escena de guerra en un dibujo de Sáez de Tejada

tierras y de empresas, que fueron colectivizadas por sus trabajadores conforme a los principios del comunismo libertario. Para ellos era posible hacer la revolución y ganar la guerra al mismo tiempo. Socialistas y comunistas preferían, en cambio, asegurar la derrota de los sublevados alterando lo menos posible el sistema legal vigente, aunque sin renunciar a más largo plazo a su programa revolucionario.

En septiembre de 1936, el dirigente socialista Francisco Largo Caballero pasó a presidir un Gobierno de coalición del Frente Popular en el que se integraron republicanos liberales, socialistas, comunistas y nacionalistas vascos y catalanes. Con la victoria militar como primera meta, el Gobierno realizó grandes esfuerzos en los últimos meses de 1936 por imponerse a los poderes autónomos regionales, donde eran especialmente fuertes los anarquistas. A comienzos de 1937, la CNT y la FAI aceptaron integrar sus milicias en las Fuerzas Armadas de la República y cuatro anarquistas entraron en el Gabinete. Pero hubo que esperar hasta mayo para que, tras fuertes choques armados en Barcelona, el Ejecutivo pudiera terminar con la independencia de la FAI y de sus aliados, los trotskistas del pequeño Partido Obrero de Unificación Marxista (POUM). Pero los sucesos de mayo supusieron la caída del Gobierno

EL GUERNICA

En abril de 1937, los aviones alemanes de la Legión Cóndor, enviada por Hitler para ayudar a Franco, bombardearon la villa vizcaína de Guernica. Al recibir la noticia, el pintor malagueño Pablo Picasso, identificado con la causa de la República, concibió la realización de un cuadro que expresara su protesta por el bárbaro ataque contra la población civil. Concluido a finales de junio, tras elaborar numerosos bocetos, el *Guernica* es una pintura de gran tamaño (3,50 x 7,82 m), vigorosa y expresionista, en la que se refleja la influencia de la etapa cubista de Picasso. Son universalmente conocidas algunas de sus figuras: el caballo moribundo, la cabeza de toro, el cadáver del soldado, etc. El cuadro fue adquirido por el Gobierno republicano para la Exposición Internacional de París, de 1937, y luego fue expuesto en el Museo de Arte Moderno de Nueva York, antes de retornar a España a comienzos de los años ochenta. Esta obra maestra de nuestro siglo se exhibe hoy en el Museo Reina Sofía de Madrid.

Largo Caballero, sustituido por otro presidido por el también socialista Juan Negrín, del que habían desaparecido los ministros anarquistas.

A diferencia del bando republicano, en el *nacionalista*, las fuerzas políticas se sometieron sin grandes problemas a la autoridad de los militares. Éstos constituyeron enseguida una Junta de Defensa en Burgos, presidida por el general Miguel Cabanellas. La Junta dedicó sus esfuerzos a levantar los principios de un Estado nuevo, nacido de una situación bélica y por tanto volcado en el esfuerzo de guerra. Esta situación no duró mucho, sin embargo. Conforme avanzaba el verano y los frentes se estabilizaban en el Norte y en el centro, aumentaba el papel del Ejército de África, el único que parecía capaz de tomar Madrid. Ello otorgaba un gran poder a su jefe, el general Franco, que lo utilizó para hacerse con el poder. El 30 de septiembre fue nombrado por los demás generales *Generalísimo* del nuevo Ejérci-

La tragedia de los niños durante la guerra civil

to y asumió luego la Jefatura del Estado, al frente de una Junta Técnica, especie de gobierno en el que entraron representantes de las fuerzas políticas que apoyaban a los militares. Éstas, carlistas, monárquicos alfonsinos y falangistas, tuvieron que someterse a la autoridad de los generales. Sus milicias fueron integradas en las Fuerzas Armadas, y en abril de 1937, Franco les obligó a unificarse en un Partido Único, conforme al modelo de los Estados totalitarios. Quienes se oponían, como el dirigente falangista Manuel Hedilla, o el carlista, Manuel Fal Conde, fueron encarcelados. Franco se convertía así en un verdadero dictador, en su condición de máxima autoridad política y militar del llamado Nuevo Estado.

Mientras tanto, la guerra proseguía, casi siempre con iniciativa del Ejército nacionalista. En noviembre de 1936, las divisiones que mandaba Franco iniciaron el ataque a Madrid, del que había huido poco antes el Gobierno republicano. Llegaron a alcanzar algunas zonas del casco urbano, pero las nuevas unidades del Ejército republicano, reforzadas por las milicias socialistas, comunistas y anarquistas y luego por los voluntarios internacionales, lograron rechazar el ataque. Durante casi tres años, Madrid sería una ciudad *mártir*, sometida a los bombardeos de la aviación y de la artillería. Pero su población, víctima de la escasez de abastecimientos y obligada a dormir en refugios subterráneos, resistiría, y Franco sólo entró en la capital tras el final de la guerra.

En enero de 1937, a la vista de que Madrid no caía, los nacionalistas trasladaron su actividad a otros frentes. En Andalucía ocuparon Málaga, y durante la primavera trasladaron las operaciones a la región del Cantábrico, donde el Ejército republicano, aislado del resto de España, parecía más vulnerable. En junio cayó Bilbao, luego Santander y finalmente, en el otoño, las tropas de Franco terminaron con este frente Norte ocupando Asturias, mientras miles de militares y civiles huían por mar de las represalias de los vencedores.

Los dos Estados

La llegada al poder de Franco y de Negrín, el primero como dictador militar, el segundo como presidente de un Gobierno parlamentario, permitió que en la primavera de 1937 en ambas zonas se consolidase un poder estatal que había vivido durante meses una situación un tanto confusa. Negrín se apoyó, básicamente, en el disciplinado Partido Comunista y en un sector del PSOE que apreciaba su visión de que lo primero era ganar la guerra, por lo que había que restaurar la disciplina social y volcar el esfuerzo económico en la modernización de las Fuerzas Armadas.

El Gobierno republicano tardó muchos meses en disponer de un Ejército capaz de competir con el de los sublevados. Hubo que someter a las milicias de partidos y sindicatos a una disciplina militar que rechazaban, y armar a las nuevas unidades, pese al bloqueo internacional. Hasta diciembre de 1937 no estuvo la República en condiciones de emprender su primera gran ofensiva, sobre la ciudad aragonesa de Teruel, que tras un éxito inicial, fracasó. Los nacionalistas aprovecharon esta circunstancia para organizar un masivo ataque sobre la región de Levante, en un frente muy amplio. Sus tropas alcanzaron el Mediterráneo más al Norte, partiendo en dos la zona republicana, pero Valencia, hasta poco antes sede del Gobierno republicano, quedó fuera de su alcance. Franco aprovechó estos triunfos para formar su primer Gobierno de carácter civil y reforzar su Estado naciente con leyes e instituciones en las que mezclaba la herencia del tradicionalismo carlista con la corriente fascista que aportaba a su régimen la Falange.

En julio de 1938, la República hizo un gran esfuerzo militar para salvar a Cataluña, que había quedado aislada. La ofensiva republicana en el Ebro tuvo éxito en un comienzo, pero luego los franquistas la detuvieron, y pasaron al contraataque. En el otoño y el invierno su avance por tierras catalanas fue imparable. En enero de 1939 cayó Barcelona y el Gobierno y el presidente de la República, Azaña, tuvieron que buscar refugio en Francia, al igual que muchos miles de soldados y civiles. Sólo quedaba la zona Centro-Sur en poder de la República, pero sería por poco tiempo. En Madrid, el coronel Segismundo Casado encabezó una insurrección y, tras hacerse con el poder, negoció con el Cuartel general de Franco la rendición. Caído Madrid, el resto de la zona republicana se derrumbó como un castillo de naipes. El 1 de abril de 1939, Franco proclamó el final de la guerra y, con ello, el triunfo de su Estado Nuevo.

El franquismo

La española fue, junto con la portuguesa, la única dictadura derechista que sobrevivió en Europa tras la Segunda Guerra Mundial. De hecho, el general Franco murió en la cama, muy anciano, tras casi medio siglo de gobernar férreamente a los españoles. En ese largo período de tiempo, las libertades apenas avanzaron y quienes lucharon por ello tuvieron que pagar un alto precio. Pero la sociedad española, siempre

Estado. Surgido de un movimiento insurreccional, en la construcción del Nuevo Estado habían concurrido diversas fuerzas políticas, aglutinadas en abril de 1937 en un partido único, denominado Falange Española Tradicionalista y de las JONS, y más tarde, Movimiento Nacional. Con la elevación del general Franco a la jefatura del Estado y la formación de su primer Gobierno al año siguiente, se había iniciado un com-

Franco preside el Desfile de la Victoria, 1940

por delante del talante conservador de sus gobernantes, experimentó cambios vertiginosos y sentó en estos años las bases para su plena incorporación al ámbito del Occidente desarrollado.

El Nuevo Estado

Al finalizar la Guerra Civil la España franquista apenas poseía un embrión de

plicado proceso institucionalizador. Éste descansaba en la autoridad inatacable del Caudillo o Generalísimo, y en la equilibrada colaboración de las diversas tendencias del Partido, las llamadas *familias* políticas, con el Ejército y con una Iglesia católica estrechamente vinculada durante la guerra al bando vencedor.

El predominio monárquico y militar en el primer Gobierno franquista fue roto en agosto de 1939 por un nuevo equipo en el que predominaban los falangistas, con Ramón Serrano Súñer, cuñado de Franco, como figura más destacada. Durante los años siguientes, España vivió un auténtico régimen totalitario, en el que la movilización política se orquestaba en torno a una exaltación imperialista que tenía muy poco que ver con la realidad de un país arruinado y sometido a un sistema de estricto control policíaco. El franquismo se dotó en estos años de un sistema legal que perpetuaba el estado de excepción justificado hasta entonces por la guerra y anulaba la obra de los reformadores laicos de la República. Así, se anuló el divorcio, se prohibió la coeducación y se entregó la enseñanza a las órdenes religiosas. Patronos y obreros fueron afiliados obligatoriamente en 1941 en una Organización Sindical, con 24 corporaciones o *sindicatos verticales*, férreamente controlada por la burocracia del Partido. Los estudiantes universitarios fueron también integrados forzosamente en un sindicato oficial, el SEU.

En 1939-40, las situaciones interior e internacional eran poco propicias a un relanzamiento de la economía española. El conflicto había causado grandes destrucciones, especialmente en el sistema de transportes; las deudas contraídas con Alemania, Italia y otros países eran un pesado lastre y el exilio y la prolongada movilización militar privaban al país de muchos trabajadores cualificados. El estallido de la Guerra Mundial, con sus efectos perturbadores de la economía del planeta, se convirtió inmediatamente en un factor negativo de extraordinaria incidencia en el sistema productivo español.

En tales condiciones, la política económica se orientó en una línea definida por dos conceptos: autarquía* e intervencionismo* que, si bien forzados por las circunstancias adversas, eran coherentes con los postulados ideológicos del régimen. Básicamente, la autarquía buscaba lograr el máximo nivel de autoabastecimiento de España, prescindiendo en lo posible del mercado exterior, y fortalecer los mecanismos de control económico en manos del Estado. La voluntad industrializadora del régimen chocaba con la realidad de un país eminentemente agrario, pobre en infraestructuras e impedido por el conflicto mundial de proveerse de materias primas y capitales en el exterior. La iniciativa pública parecía, pues, la vía más adecuada. A finales de 1939, sendas leyes de ordenamiento y protección de la industria establecieron un modelo de desarrollo muy estatalizado, orientado prioritariamente a satisfacer las necesidades de reconstrucción del país. La creación, en septiembre de 1941, del Instituto Nacional de Industria (INI), un *holding* de empresas públicas, señaló el paso decisivo en este sentido.

Al acabar la guerra, cientos de miles de combatientes republi-

El general Franco rodeado de sus colaboradores durante unas maniobras militares

canos permanecían encerrados en prisiones y campos de concentración. Pese al masivo exilio, en el interior quedó un amplio sector de la población que había simpatizado con la causa derrotada, y que podía servir de base a la oposición al régimen. La Ley de Responsabilidades Políticas, promulgada en febrero de 1939 y vigente hasta 1966, permitió la celebración de innumerables consejos de guerra, que muchas veces acababan en sentencias de muerte. En el mejor de los casos, la depuración de responsabilidades políticas implicaba la clasificación como desafecto, lo que solía acarrear graves perjuicios sociales a los depurados. Además, la aprobación en marzo de 1940 de la Ley de Represión de la Masonería y el Comunismo, que tipificó una amplia serie de delitos políticos, dio práctica carta blanca a las fuerzas policiales para actuar contra cualquier conducta, individual o colectiva, que se sospechara desafecta para con la dictadura.

La expatriación de los vencidos fue un fenómeno de graves consecuencias para la España de la posguerra. Se calcula en unas 450.000 las personas que abandonaron el país a lo largo del conflicto. Esta-

blecidos en su mayoría en Francia, sufrieron las penalidades de los campos de concentración galos y luego la represión de los ocupantes alemanes. Miles de españoles fueron a parar a los *campos de exterminio* nazis, mientras que otros muchos lucharon en las filas de la resistencia francesa. La emigración a Hispanoamérica fue mucho menor y se dirigió fundamentalmente a México, país que acogió con los brazos abiertos a los republicanos españoles y donde se estableció el Gobierno de la República en el exilio.

España y la Guerra Mundial

El comienzo del conflicto mundial, en septiembre de 1939, colocó a España ante un terrible dilema. Alemania e Italia habían colaborado abiertamente con el bando franquista durante la Guerra Civil, mientras que de franceses y británicos el nuevo régimen no podía esperar más que hostilidad o, al menos, indiferencia. Pero España salía destrozada de la guerra y Franco y su ministro de Exteriores, Juan Beigbeder, veían más ventajosa por el momento una neutralidad expectante que un compromiso prematuro con el Eje. En consecuencia, Madrid se mantuvo al margen de la guerra y firmó con Portugal el Pacto Ibérico, que buscaba garantizar la mutua seguridad de las dos dictaduras peninsulares. Durante los meses siguientes, cayó Francia e Inglaterra se vio obligada a mantenerse a la defensiva en todos los frentes. El Ter-

Franco saluda desde el balcón del Ayuntamiento de Salamanca

Entrevista de Franco con Hitler en la estación de Hendaya, 1940

cer Reich, cuyos dominios se extendían ahora hasta los Pirineos, se había convertido en el principal socio económico de España, y en el interior triunfaban las corrientes de opinión favorables al Eje, sobre todo entre los falangistas.

A partir de junio de 1940 se produjo un cambio sustancial en la política exterior. Se pasó de la *neutralidad* a la *no beligerancia*, acompañada de abiertas demostraciones de simpatía hacia el Eje. El neutralista Beigbeder fue sustituido por Ramón Serrano Súñer, y ello reforzó el viraje hacia la colaboración. Interesado en implicar a España en el conflicto, Hitler se entrevistó con Franco en Hendaya, en octubre y le presionó en este sentido. Pero el Generalísimo se abstuvo de llegar a un compromiso, consciente de que Roma y Berlín no podían garantizar en solitario el abastecimiento de la población española y de que los alemanes no estaban dispuestos a defender sus demandas de expansión en el Magreb a costa de la Francia de Vichy. En consecuencia, y pese a algunos gestos significativos, como el envío de la División Azul al frente ruso en 1941, el régimen español evitó cualquier compromiso que implicara beligerancia contra los Aliados.

El ascenso de Serrano Súñer y de los sectores más filofascistas del régimen provocó serias resistencias en otros grupos, especialmente entre militares y tradicionalistas. En la primavera de 1942, la presión contra Serrano, encabezada por un grupo de generales, llegó a su cenit. En agosto, una bomba arrojada por falangistas en una concentración carlista en la basílica de Begoña, permitió a Franco intervenir, cesando a Serrano y a su principal oponente, el general Varela.

Esta primera crisis interna del régimen tenía como trasfondo el lento viraje en la suerte de la Guerra Mundial. Tras la batalla de Stalingrado y el desembarco aliado en Marruecos, la dictadura española se vio enfrentada a los peligros que entrañaba su poco disimulada simpatía hacia el Eje y las facilidades económicas y militares otorgadas a alemanes e italianos. El sucesor de Serrano al frente de la diplomacia española, general Jordana, inició un lento desmarque de las potencias totalitarias, destinado a evitar una invasión desde el otro lado del Estrecho.

La caída de Mussolini, en julio de 1943, reforzó las tesis neutralistas. Aunque los falangistas seguían presionando en favor de la colaboración con Berlín, el Gobierno comenzó a dar pasos favorables a los Aliados. A finales de septiembre se repatrió a la División Azul, y poco después España renunció a la *no beligerancia* favorable al Eje, para proclamarse oficialmente neutral. Los diplomáticos españoles trabajaban ahora para lograr una paz entre Alemania y los Aliados occidentales, que aislara a la URSS.

A lo largo de 1944, las relaciones con el Reich se redujeron al mínimo. Las vitales exportaciones de volframio fueron casi suspendidas y se concedió autorización para que los aviones norteamericanos aterrizaran en la Península. Incluso en abril de

1945, finalizando ya la guerra en Europa, el Gobierno rompió las relaciones diplomáticas con Japón. Pero estas medidas no serían suficientes para borrar el recuerdo de la colaboración con el Eje, ni la impresión de que el régimen español poseía un carácter totalitario similar al de los países derrotados.

La democracia orgánica

A partir de 1942, conforme aparecía en el horizonte la posibilidad de una derrota del Eje, el régimen español fue dotándose de un entramado de instituciones así como de unas

Franco con Serrano Súñer y Mussolini durante la entrevista en Bordighera, Italia

Leyes Fundamentales, a fin de ofrecer un modelo constitucional y unos órganos de representación nacional que, aunque lejos de los patrones marcados por las democracias vencedoras, pudieran ser aceptados en el interior y el exterior por los sectores más proclives al franquismo. Este modelo, calificado por los teóricos del régimen como una *democracia orgánica*, rehuía el sufragio universal, por lo que las instituciones de carácter político se formaban a través de una mezcla de sufragio corporativo y territorial —sindicatos y ayuntamientos— de representación de los poderes *fácticos* y de cooptación (elección) personal, por el Jefe del Estado.

El órgano fundamental de representación, las Cortes, fue creado por Ley fundamental en julio de 1942. El Parlamento franquista tenía unas competencias muy limitadas. Sus miembros, los *procuradores*, discutían y aprobaban las leyes, pero no tenían ninguna función fiscalizadora sobre el Gobierno —al que no podían derribar con una moción de censura— ni sobre el Jefe del Estado, que designaba al presidente de la Cámara.

Finalizando la Guerra Mundial, el régimen buscó dar una imagen exterior de apertura, que disminuyera el rechazo de los Aliados. El Fuero de los Españoles, ley fundamental aprobada en julio de 1945, establecía los principios generales del Estado y los derechos y deberes de los ciudadanos. El texto confirmaba la confesionalidad religiosa del Estado, la igualdad de los españoles ante la Ley y el derecho de propiedad privada. Mayor importancia tendría, sin embargo, el articulado que regulaba el control político de la población, limitando los derechos personales de reunión, asociación y expresión y concediendo a Franco libertad para suspender temporalmente los derechos reconocidos por el propio Fuero.

La operación de maquillaje de la dictadura se completó, en octubre de ese año, con la Ley de Referéndum Nacional, que pretendía sustituir el inexistente sufragio universal por la convocatoria de consultas populares, pero siembre por voluntad de Franco, que era el único que podía convocarlas.

Las fuerzas políticas derrotadas en la Guerra Civil mantuvieron a lo largo de casi todos los años cuarenta la firme creencia de que la suerte del franquismo estaba vinculada a la de las potencias totalitarias. Vencidas éstas, la presión de las democracias occidentales y el descontento interior facilitarían la caída del régimen. Las Cortes y el Gobierno republicanos, establecidos en México, mantuvieron una continuidad legal a la que el reconocimiento de numerosos países y la adhesión de la dispersa comunidad del exilio dieron cierta relevancia en estos años. Pero los partidos integrantes del Frente Popular y otras fuerzas como el anarquismo, no fueron capaces de coordinar su actuación y, en las dramáticas condiciones de la diáspora, malgastaron buena parte de sus energías en combatirse conforme a las pautas que ya habían marcado los enfrentamientos en el bando republicano durante la guerra.

Desde muy pronto, la oposición antifranquista se planteó la posibilidad de impulsar un movimiento popular, que derribase al régimen. La base serían las dispersas partidas de combatientes republicanos, que se habían negado a entregarse a las autoridades. Los socialistas, partidarios de la presión diplomática, no alentaron esta vía, pero sí los comunistas y anarquistas, que poco podían esperar de una intervención de los aliados occidentales. A partir de 1942, el PCE favoreció la integración de las dispersas partidas de *maquis* en Agrupaciones Guerrilleras, de ámbito regional.

En el verano de 1944, la dirección comunista decidió lanzar la lucha guerrillera en gran escala. En octubre, una columna cruzó los Pirineos desde Francia e invadió el valle de Arán, pero el escaso eco que hallaron los guerrilleros entre la población y la rápida reacción del Ejército y de la Guardia Civil frustraron la maniobra, la operación. Carente de apoyo exterior, el *maquis* mantendría, sin embargo su actividad durante otros veinte años, multiplicando los golpes de mano y obligando a las autoridades franquistas a sostener un enorme y costosísimo aparato represivo. Era, sin embargo, una lucha meramente por la supervivencia porque, ya desde 1945, incluso los comunistas habían comprendido que eran necesarios otros métodos de lucha contra la dictadura.

La sociedad de la posguerra

Los años de la posguerra representaron, desde todos los puntos de vista, una época sombría para la sociedad española. A las dificultades económicas se sumó una represión desmedida, con la que los vencedores buscaron eliminar hasta sus últimos vestigios cualquier afán de resistencia de la España derrotada y la influencia social o cultural que aún pudieran ejercer sus representantes. Bajo el prisma de la más estricta catolicidad, la moral y la cultura hubieron de acomodarse a las exigencias de homogeneidad que precisaban los nuevos tiempos.

Al terminar la Guerra Civil, España era un país destruido. Tres años de combates, que habían asolado grandes porciones del territorio, y cientos de miles de hombres movilizados en los dos ejércitos habían provocado enormes pérdidas en la industria y los transportes, y una reducción dramática del nivel de vida de la población. Esto era especialmente cierto en la zona republicana, que había tenido que soportar el lento y destructivo avance de las fuerzas enemigas durante tres años, sin que su población, urbana en mucha mayor proporción que la del otro bando, hubiera dispuesto de las mismas posibilidades de alimentarse.

Fue necesario, pues, mantener la estricta economía de guerra, que ponía en manos de la Administración la distribución de los siempre escasos productos de subsistencia. Organizaciones oficiales, como Auxilio Social, intentaban paliar los estragos del hambre en las zonas vencidas distribuyendo alimentos en comedores públicos. A las destrucciones industriales y a la falta de abonos se sumarían, además, algunos años de escasas lluvias —la *pertinaz sequía*, como la llamaban las autoridades— que agravaron las dificultades de la agricultura. Pronto se hizo necesaria la creación de un organismo centralizado, la Comisaría de Abastos, que impuso en todo el país la cartilla de racionamiento, cuyos cupones permitían a su poseedor adquirir modestas cantidades de alimentos de primera necesidad: pan, azúcar, carne, huevos, etc., así como el tabaco o la gasolina. Esta penuria, que tuvo efectos desastrosos sobre la salud de la población, obligaría a mantener el racionamiento hasta 1952.

Los propósitos igualitarios del nacional-sindicalismo se estrellaban contra la realidad de la existencia de vencedores y vencidos. Cientos de miles de estos últimos purgaban largas condenas de cárcel, y otros muchos habían perdido su trabajo, víctimas de las depuraciones. Los excombatientes franquistas y los miembros del Partido, gozaban, en cambio, de ciertos privilegios, que se multiplicaban conforme se ascendía en el nivel social o político. La corrupción había hecho pronto su aparición y el mercado negro de alimentos y medicamentos —el llamado *estraperlo*— permitía a unos pocos especuladores hacer grandes fortunas traficando clandestinamente con productos a precios muy superiores a los del restringido mercado oficial.

Eva Duarte de Perón, acompañada por Carmen Polo de Franco y su hija, en la catedral de Barcelona

A través de la inmensa mayoría del clero, la Iglesia católica había apoyado la sublevación de 1936 y bendecido luego la causa franquista como una nueva Cruzada. Consciente de que este apoyo era una de sus más firmes fuentes de legitimación, el Estado Nuevo se definía como confesional, y pretendió organizar la vida de los españoles conforme a los más ortodoxos cánones de la doctrina de la Iglesia. El clero asumió, por lo tanto, un papel fundamental en la ordenación de la moral y de las costumbres de la población, al tiempo que colocaba su enorme influencia espiritual al servicio de los valores políticos de la dictadura. Este mestizaje ideológico, que más tarde sería conocido como nacional-catolicismo, se reveló como un eficaz instrumento de control social, y marcó la mentalidad de varias generaciones de españoles.

La religiosidad personal de una mayoría de los españoles experimentó un auge extraordinario en aquellos años, en buena medida a consecuencia de lo vivido en la guerra. Las vocaciones nutrían como nunca los seminarios y los conventos, y la devoción popular, abiertamente fomentada por el régimen, se traducía en todo tipo de manifestaciones públicas de culto.

Con la victoria franquista, el sistema educativo volvió a ser plenamente confesional en todo el país. Se abolió la coeducación de los tiempos republicanos, y una durísima purga de profesores en todos los niveles docentes aseguró la homogeneidad de los nuevos equipos, integrados en un alto porcentaje por religiosos. También las relaciones familiares fueron sometidas a una ortodoxia más estricta, con la supresión del divorcio, la obligatoriedad del matrimonio re-

Firma del nuevo Concordato entre España y la Santa Sede, 27 de octubre de 1953

médico Severo Ochoa, el arquitecto José María Sert, el poeta Rafael Alberti o el cineasta Luis Buñuel, por citar sólo cuatro casos, se vieron forzados a desarrollar su labor en el extranjero.

Entre los que se quedaron había genuinos valores, pero las condiciones en que se desenvolvía España no eran las más favorables. Los vencedores establecieron un férreo control sobre la cultura. La censura cinematográfica y literaria, en manos de sacerdotes, falangistas y militares, impedía la publicación de cuantas obras discreparan en lo más mínimo de los criterios morales, políticos o religiosos del Estado Nuevo. En este gris panorama de los años cuarenta escribían autores consagrados como Benavente, Azorín, Marquina, Jardiel Poncela o los hermanos Álvarez Quintero, junto con nuevos valores como Dámaso Alonso, Camilo José Cela, Ignacio Agustí o Carmen Laforet.

ligioso, el estímulo a la natalidad y todo tipo de medidas para garantizar la transmisión de la moral católica en el seno de las relaciones de familia.

La vida cultural española de la posguerra sufrió las consecuencias del exilio de un gran número de intelectuales y artistas que habían hecho causa común en el bando derrotado. Personalidades del prestigio del

La apertura exterior

A comienzos de los años cincuenta la dura postguerra, agravada por el aislamiento exterior del régimen parecía acercarse a su final. La situación internacional de *guerra fría* iba a favorecer el final de la cuarentena impuesta a la España franquista por las potencias democráticas. En un intento por mejorar la imagen de su régimen, Franco formó en julio de 1951 un nuevo Gobierno en el que destacaban dos políticos procedentes de los medios católicos: el de Educación, Joaquín Ruiz Jiménez, y el de Asuntos Exteriores, Al-

Firma de los acuerdos entre los Gobiernos de España y de los Estados Unidos, Madrid, 1953

berto Martín Artajo. Ellos fueron los autores de la apertura exterior de la primera mitad de la década, concretada en tres momentos: la firma del Concordato con el Vaticano, en agosto de 1953, que hizo admisible el franquismo a ojos del catolicismo mundial; los pactos militares con Estados Unidos, en septiembre de ese año, que aún sin vincular a España al Tratado del Atlántico Norte (OTAN) permitieron la instalación de bases militares norteamericanas en el país y convirtieron al régimen de Franco en un fiel aliado de Washington; y el ingreso en la ONU, producido en 1955, que reintegró plenamente a España en la comunidad internacional.

El presidente Eisenhower saludando a la multitud en su visita a España, diciembre de 1959

En el orden interno, esta etapa estuvo marcada por el apogeo institucional de la dictadura, consolidada por dos nuevas leyes fundamentales: la de Principios del Movimiento Nacional, que estableció los principios doctrinales del régimen, eliminando sus aspectos más marcadamente fascistas, y la de Sucesión, que otorgó a Franco el poder de decidir quién le sucedería, a su muerte, en la jefatura del Estado con el título de rey de España. Con ello, los falangistas iniciaron su ocaso. Cuando, en 1956 intentaron evitar que los católicos desmantelasen el Sindicato oficial de estudiantes (SEU), base del reclutamiento de las nuevas élites falangistas, se produjeron enfrentamientos que llevaron a los elementos más radicales de Falange a preparar una purga de sus adversarios —conocida como "noche de los cuchillos largos"— que pudo evitarse gracias a la amenaza de intervención del Ejército. Cuando, poco después, las Cortes rechazaron por indicación de Franco una reforma constitucional ideada por el secretario general del Movimiento, Arrese, que busca-ba reforzar el contenido totalitario del franquismo, se hizo evidente que la Falange había perdido su función hegemónica.

El desarrollismo

A partir de 1957, la influencia de los falangistas y de los monárquicos cedió ante el

Franco durante una visita a la fábrica de Barreiros en los años finales del desarrollismo

avance de los *tecnócratas*, una *familia* del régimen vinculada a la asociación religiosa Opus Dei. Los tecnócratas se esforzaron por introducir a España en la senda del desarrollo económico acelerado, aunque sin modificar el sistema político de la dictadura. Su más destacada figura, Laureano López Rodó, lanzó en

Laureano López Rodó jura su cargo como ministro

ese año un duro Plan de Estabilización que permitió, mediante una substancial modificación de la legislación económica y un decidido impulso del Estado a las inversiones en industrias y obras públicas, abandonar la autarquía económica e iniciar una etapa de crecimiento, los años sesenta, en la que España sería el país europeo con mayor velocidad de desarrollo.

La gran baza de los tecnócratas fueron los Planes de Desarrollo que, con fuerte intervención del Estado, permitieron programar una industrialización acelerada. En 1965, Franco dio entrada en el Gobierno a López Rodó, y los falangistas, principales rivales de los tecnócratas

dentro del Movimiento Nacional, quedaron reducidos a tan sólo dos ministros. El enfrentamiento se acentuó cuando los tecnócratas, con el apoyo del almirante Luis Carrero Blanco, hombre de confianza del dictador, lanzaron la llamada Operación Príncipe, destinada a convertir al nieto de Alfonso XIII, don Juan Carlos de Borbón, en sucesor de Franco, pese a las reticencias de otros sectores del Movimiento. En julio de 1969, Franco designó a don Juan Carlos como el rey que le sucedería a su muerte. Confiaba en que, transcurridos treinta años de dictadura, todo estaba "atado y bien atado", y que el cambio en la Jefatura del Estado no alteraría el sistema político.

Los objetivos marcados por el Segundo Plan de Desarrollo parecían plenamente cumplidos a comienzos de los años setenta. España había dejado de ser un país subdesarrollado para convertirse en la décima potencia económica mundial. El Estado seguía controlando

Gobierno de Franco nombrado en febrero de 1957. Entre sus ministros están algunos miembros del Opus Dei

los sectores estratégicos de la producción y de la Banca, pero crecía ininterrumpidamente la participación del capital privado y prosperaba una nueva clase de grandes empresarios y banqueros, que tenían la mirada puesta en la integración de España en el Mercado Común Europeo. Todo

Boda del príncipe Juan Carlos con la princesa Sofía de Grecia, Atenas, 1962

ello producía cambios acelerados en la sociedad.

La concentración del crecimiento económico en grandes zonas industriales urbanas —Madrid, Barcelona, Bilbao, Valladolid, o los nuevos núcleos llamados *polos de desarrollo*— atrajo a cientos de miles de campesinos hacia las ciudades, mientras que otros muchos prefirieron emigrar a la Europa comunitaria. La clientela rural del franquismo, antes tan fundamental, perdía peso en el conjunto de la población, mientras que el nuevo proletariado urbano, concentrado en barrios periféricos de las grandes urbes, adquiría conciencia de su escasa participación en los beneficios generados por el desarrollismo. Las

Jóvenes universitarios de los años 60

Comisiones Obreras, sindicatos ilegales impulsados por los comunistas, iniciaron entonces una política de trabajo dentro de la Organización Sindical franquista, que les permitió hacerse con el control de muchos sindicatos oficiales.

Igualmente importante fue otro fruto del desarrollismo: la consolidación de una clase media urbana, con un aceptable nivel cultural y mayor capacidad de consumo, integrada básicamente por profesionales y pequeños empresarios, con una mínima vinculación a la burocracia del régimen. Esta pequeña burguesía, que enviaba masivamente a sus hijos a la Universidad, comenzó a exigir libertades, al igual que el proletariado, y cuando se dio cuenta que en el programa de gobierno de los tecnócratas no figuraba la democratización política, se pasó en buena medida a las filas de la oposición. A partir de 1966, las Universidades vivieron un casi perpetuo estado de rebeldía, hasta el punto de que, en enero de 1969, algunos disturbios estudiantiles llevaron al

Franco saluda a algunos ministros de su Gobierno, 9 de septiembre de 1974

Gobierno a proclamar el estado de excepción.

Una nueva generación de opositores políticos, más en contacto con la realidad nacional, tomaba mientras tanto el relevo a los viejos dirigentes del exilio. En el PSOE, los jóvenes socialistas del interior combatieron la línea poco realista de la dirección del exterior y en 1974, en el Congreso de Suresnes (Francia) se hicieron con la Ejecutiva del partido, que pasó a dirigir como secretario general el abogado sevillano Felipe González. En el PCE, el principal partido clandestino en esa época, la dirección del exilio, encabezada por Santiago Carrillo, mantuvo el control, aunque en medio de permanentes tensiones. Carrillo tuvo reflejos para condenar la invasión de Checoslovaquia en 1968 y para convertirse en uno de los teóricos del *eurocomunismo*. Mientras las Comisiones Obreras, controladas por los comunistas, se convertían en la principal alternativa al sindicalismo *vertical* franquista, en varias regiones, sobre todo en Cataluña y el País Vasco, rebrotaban los grupos nacionalistas, con programas que iban desde el autonomismo moderado hasta el independentismo radical. Y tomaba forma el fenómeno del terrorismo político, representado por organizaciones como la independentista vasca ETA o los comunistas radicales del Frente Revolucionario Antifascista Patriótico (FRAP), que realizaban atentados contra policías, militares y funcionarios del Movimiento Nacional. Incluso en el seno de la muy dócil Iglesia católica crecía la protesta contra la dictadura, que llevó a la cárcel a no pocos sacerdotes. En su conjunto, la oposición al franquismo mostraba una gran variedad de opciones políticas, con las que se identificaba un porcentaje creciente de la población, aunque los riesgos que suponía la actividad clandestina hacía que estos grupos tuvieran una militancia reducida. El aumento de la protesta social no se debía únicamente a las actividades de la oposición. A partir de 1972, el crecimiento económico disminuyó, mientras los precios de los productos de con-

El cardenal Tarancón preside una Asamblea del Episcopado

sumo se disparaban. En el equipo de Gobierno estallaron las disensiones en torno a la necesidad de una apertura política y cuando los responsables económicos, preocupados por el creciente déficit del Estado, intentaron hacer una reforma fiscal, la burguesía tra-

Carrero Blanco jura su cargo como presidente de Gobierno

Navarro, quien terminó con el predominio de los tecnócratas y se estrenó con un programa reformista. A comienzos de 1974 ofreció la creación de asociaciones políticas, una especie de partidos obedientes al régimen, y una cierta libertad sindical y cul-

dicional, el único apoyo social de cierta entidad que le quedaba al régimen, se opuso en bloque al proyecto, y el Gobierno cayó.

El final de la dictadura

Este fue el momento escogido por Franco, un octogenario con las condiciones físicas muy disminuidas, para abandonar la presidencia del Ejecutivo, aunque como Jefe del Estado siguió conservando los resortes del poder. Como presidente del Gobierno le sucedió su mano derecha, el almirante Carrero Blanco. Pero apenas tuvo tiempo de iniciar su programa: preparar la transición al postfranquismo sin que ello significara alteración alguna del sistema político. El 20 de noviembre de 1973, la organización terrorista vasca ETA mató al almirante en Madrid, colocando una potente bomba al paso de su automóvil.

Para sustituirle se buscó a un hombre grato al entorno familiar de Franco, Carlos Arias

tural (hechos conocidos con el nombre de *espíritu del 12 de febrero*). El Estatuto de Asociaciones vio la luz en diciembre de ese año, pero era tan restrictivo que fueron pocos los españoles que se mostraron dispuestos a entrar en el nuevo juego político. Por otra parte, la apertura cultural y sindical comenzó a desbordar pronto los cauces marcados por el Gobierno, que eran sumamente estrechos.

Franco preside uno de sus últimos Consejos de ministros en el Palacio del Pardo

Hacía años que la población española había abandonado mayoritariamente la moral católica tradicional que predicaba el régimen, y la liberación de las costumbres, favorecida por el auge del turismo extranjero, afectaba a grandes zonas del país. Las Comisiones Obreras controlaban cada vez más los sindicatos oficiales y la Universidad y la Iglesia eran activos focos de oposición y de un vivo debate cultural. Alarmado por lo que consideraba un avance de la subversión social y política, el sector inmovilista del Movimiento —llamado el *búnker* y en el que abundaban los viejos falangistas— inició entonces una campaña contra Arias y los aperturistas, a quienes acusaba de debilidad. Al jefe del Gobierno no le quedó más remedio que prescindir de sus ministros más liberales y retornar a las esencias del franquismo más puro.

Mientras tanto, se multiplicaban las amenazas para el régimen. En el seno del Ejército, la *Revolución de los Claveles* portuguesa animó a un pequeño grupo de oficiales demócratas a crear la clandestina Unión Militar Democrática, que tuvo poco éxito entre los militares, pero alarmó extraordinariamente al Gobierno. El crecimiento de la conflictividad social al percibirse en el país los primeros síntomas de la *crisis del petróleo*, el aumento de la actividad de la oposición, y en especial el terrorismo, facilitaron una espiral represiva del régimen, que llevó en septiembre de 1975 al fusilamiento de tres miembros del FRAP. La protesta en el interior y en el extranjero aisló al régimen casi como treinta años antes.

Los últimos meses de la vida de Franco fueron patéticos. Mientras Marruecos organizaba la *Marcha Verde* para ocupar sin violencia el Sáhara español, el dictador, un anciano de casi noventa años, agonizaba lentamente. El país se paralizó virtualmente durante dos meses mientras sus colaboradores le mantenían artificialmente vivo en un hospital, a fin de preparar la sucesión. Franco falleció el 20 de noviembre. Horas después, Juan Carlos I era proclamado rey.

Manifestación franquista en la Plaza de Oriente de Madrid, el 1 de octubre de 1975

Carlos Arias Navarro, presidente del Gobierno

El retorno de la democracia

Al producirse la muerte de Franco, los españoles contemplaban el futuro inmediato desde tres perspectivas. Los inmovilistas o franquistas puros, pretendían que todo siguiera igual, que las Leyes Fundamentales del Estado continuaran siendo las que determinaran el modelo político y que el rey Juan Carlos actuara como el heredero del desaparecido Generalísimo. Los reformistas, salidos en general de las filas del Movimiento franquista, pensaban en una evolución lenta y progresiva, que permitiera conducir al país hacia una democracia parlamentaria sin que las élites políticas y económicas perdieran el control de ese proceso. Finalmente, los rupturistas se identificaban con la oposición antifranquista, y pretendían una rápida "ruptura democrática", que hiciera salir a España de la dictadura en un breve plazo y facilitara la total renovación de los dirigentes de la nación. Entre 1976 y 1978, reformistas y rupturistas plantearon sus opciones con apasionamiento, pero dentro de unos cauces de colaboración, el llamado *consenso*, que permitieron una transición pacífica que asombró al mundo.

En cuanto a los inmovilistas, muy minoritarios, fueron una amenaza efectiva para la democratización hasta 1981, cuando fracasaron en su última y más fuerte tentativa de retornar al pasado franquista.

La Transición

Apenas asumió la Jefatura del Estado, el rey Juan Carlos comenzó a actuar con enorme cautela, consciente de los escollos que tendría que atravesar el país hasta el establecimiento de un orden constitucional democrático. Confirmó como jefe del Gobierno a Arias Navarro, que reformó su Gabinete para dar entrada a algunos conservadores que pudieran ser vistos con buenos ojos en las democracias occidentales. Decidido a impedir la actuación de la izquierda antifranquista, Arias anunció una reforma, controlada y sin plazos, e intentó relanzar el proyecto de las asociaciones políticas, que actuarían conforme a los aún vigentes Principios del Movimiento Nacional. Durante varios meses, políticos del antiguo régimen buscaron los miles de firmas necesarias para legalizar una asociación, y el propio Gobierno patrocinó una, la Unión

Don Juan Carlos I jura su cargo como rey

del Pueblo Español. Pero era una iniciativa que llegaba muy tarde y, aunque algunas asociaciones llegaron a funcionar, su apoyo popular era mínimo.

Por el contrario, la oposición se movía en busca de la "ruptura". En junio de 1974 se había creado la Junta Democrática de España, integrada por el Partido Comunista de España (PCE) y algunos partidos socialistas. En noviembre de ese año se creó la Plataforma de Convergencia Democrática, amplia coalición en la que, junto al Partido Socialista Obrero Español (PSOE) figuraban grupos demócrata-cristianos, socialdemócratas, nacionalistas catalanes, gallegos, vascos y valencianos y algunos partidos comunistas de tendencia maoísta y trotskista. En busca de reforzar su papel, ambos organismos se unificaron en marzo de 1976 en la Coordinación Democrática, que se convirtió así en una coalición de casi todos los partidos que apostaban por la "ruptura". Mientras tanto, España entraba en una dura crisis económica, los precios se disparaban y el paro crecía de forma incontenible. Los sindicatos democráticos, entre los que destacaban las filocomunistas Comisiones Obreras (CC.OO.), la renacida Unión General de Trabajadores (UGT) socialista y la social-cristiana Unión Sindical Obrera (USO) comenzaban el asalto final contra la Organización Sindical franquista, al tiempo que

El rey D. Juan Carlos, la reina Dª Sofía y el príncipe Felipe, en el Congreso de los Diputados

se lanzaban a una oleada de huelgas para protestar por la situación económica y presionar en favor de la ruptura democrática. Enfrentado a la movilización masiva de la oposición, y a una escalada de atentados de la organización terrorista ETA, el Gobierno Arias respondió de nuevo dando marcha atrás en sus proyectos aperturistas. Durante la primavera de 1976 la represión policial alcanzó cotas desconocidas al tiempo que la tímida apertura cultural era frenada en seco. Los sectores reformistas se movilizaron para evitar que la transición fracasara apenas iniciada, y el rey forzó a Arias Navarro a dimitir a comienzos de julio.

Su sucesor, Adolfo Suárez, era un político franquista de largo *pedigrí*, que en aquellos momentos ocupaba nada menos que el cargo de secretario general del Movimiento Nacional. Suárez era un hombre joven y con un notable olfato político, que comprendió que el rey le encomendaba conducir la reforma democrática. Se rodeó de un equipo de reformistas e inició contactos con los franquistas ortodoxos y con la oposición democrática a fin de aplacar sus recelos. El resultado de sus hábiles maniobras fue que las Cortes, uno de los últimos bastiones del franquismo, aprobaron en noviembre la Ley para la Reforma Política, que sentaba las bases para la liquidación definitiva de la dictadura. Para que no quedasen dudas sobre la voluntad de los ciudadanos, la Ley fue votada masivamente en un Referéndum popular el 16 de diciembre, pese a que la oposición había recomendado la abstención.

Se iniciaba así el proceso constituyente de la nueva democracia española. Fue una etapa llena de dificultades. Muchos militares veían con recelo la apertura política y el peligro de golpe de Estado involucionista planeaba siempre, pese a los esfuerzos del vicepresidente del Gobierno, el teniente general Manuel Gutiérrez Mellado. El terrorismo se convirtió en un problema nacional. ETA, decidida a aprovechar un momento tan delicado, multiplicaba sus asesinatos de militares y policías. Una nueva organización de extrema izquierda, los Grupos de Resistencia Antifascista Primero de Octubre (GRAPO), se estrenaron secuestrando en enero de 1977 a un alto militar y a un gran empresario, miembro del Consejo de Estado. La extrema derecha franquista animaba, por su parte, un terrorismo

Adolfo Suárez, presidente del Gobierno

negro que cometió crímenes como la matanza de varios abogados izquierdistas en su bufete madrileño.

Pero Suárez y sus colaboradores seguían trabajando en favor de la reforma mientras los principales grupos de la todavía ilegal oposición, el PCE de Santiago Carrillo, el PSOE de Felipe González y los demócrata-cristianos de Joaquín Ruiz Giménez y de José María Gil Robles, se iban sumando al proyecto de celebrar elecciones a Cortes Constituyentes. Antes de su celebración, en abril de 1977, surgieron dos nuevos partidos. Los grupos conservadores que reivindicaban en parte la herencia del franquismo constituyeron Alianza Popular (AP), bajo la dirección del ex-ministro Manuel Fraga Iribarne. Por otra parte, el propio Suárez dirigió una operación destinada a crear un gran partido reformista, la Unión de Centro Democrático (UCD), en el que se integraron casi todos los grupos liberales, socialdemócratas y demócrata-cristianos. Los partidos de izquierda fueron legalizados para que se pudieran presentar a las elecciones, aunque el PCE sólo lo logró pocos días antes, y en medio de una tormenta política provocada por la oposición de los militares.

Las elecciones de abril de 1977 conformaron unas Cortes bicamerales*, muy plurales. En el Congreso de los Diputados, la UCD, el partido del Gobierno, obtuvo 166 escaños. El PSOE se convirtió inesperadamente en el segundo partido del país, con 118, mientras que los comunistas, hasta entonces la principal organización clandestina, hubieron de conformarse con 20 y los neofranquistas de AP sólo obtuvieron 16. Gran importancia para el futuro tuvo la creación de grupos parlamentarios nacionalistas, que reivindicaban la autonomía para sus regiones. Los catalanistas,

Firma de los Pactos de la Moncloa, 27 de octubre de 1977

feréndum del 6 de diciembre, y con la sola oposición de la extrema derecha, de los neofranquistas de AP y de los nacionalistas vascos, la Constitución fue aceptada por la inmensa mayoría de los españoles. La Constitución de 1978 posee un carácter sumamente democrático, tanto en la garantía de las libertades como en el establecimiento de mecanismos de control de la actuación de los poderes públicos. Establece a España como Monarquía hereditaria, pero sólo otorga al rey poderes simbólicos. Las cámaras parlamentarias son elegidas cada cuatro años, mediante sufragio universal de todos los ciudadanos mayores de 18 años, a partir de las listas provinciales elaboradas por los partidos. Estos cubren un amplísimo abanico ideológico, ya que las únicas opciones que quedan fuera del juego político legal son las que practican la violencia. Gobierno, Parlamento y Poder Judicial actúan con independencia y poseen competencias para vigilarse mutuamente. No obstante, el Gobierno necesita contar con el apoyo de una mayoría parlamentaria para constituirse y funcionar, y los ministros son responsables ante el Parlamento. España se define como Estado laico, aunque la Constitución otorga un reconocimiento a la Iglesia católica, por ser la confesión religiosa más importante en el país.

integrantes de la coalición Convergencia y Unión, lograron 11 escaños y 8 el Partido Nacionalista Vasco.

El consenso constitucional

Resultaba evidente que el electorado se había polarizado en torno a las dos opciones más moderadas. La UCD seguiría gobernando en solitario, bajo la presidencia de Adolfo Suárez, pero estaría en minoría en el Parlamento, lo que la obligó a buscar el apoyo de otros grupos. En tales circunstancias, los representantes parlamentarios se pusieron de acuerdo para elaborar una Constitución que todos pudieran asumir. Mientras tanto, el Gobierno no sería hostilizado por las fuerzas de la oposición. Este *consenso democrático* permitió la designación de una ponencia de once diputados juristas, representantes de los diversos grupos parlamentarios, para redactar un minucioso texto, que fue aprobado por las dos cámaras parlamentarias, el Congreso y el Senado, el 31 de octubre de 1978. En el Re-

En cuanto a la organización del Estado, se abandonan dos siglos de tradición centralista y, siguiendo la línea de la Segunda República, se crean las comunidades autónomas, con Gobierno y Parlamentos propios y amplísimas competencias en todos los órdenes, que en la práctica convierten a España en un Estado federal.

El llamado *Estado de las autonomías* se articuló en la primera mitad de los años ochenta, con 17 comunidades autónomas que fueron recibiendo competencias de la Administración central con ritmo desigual: Cataluña, el País Vasco y Galicia, las tres comunidades que habían puesto en marcha un primer proceso autonómico en los años treinta, y que por eso son llamadas "comunidades históricas",

Santiago Carrillo

elaboraron rápidamente sus Estatutos de autonomía, al igual que Andalucía, y recibieron de forma acelerada las competencias administrativas, económicas y sociales. En Cataluña y el País Vasco, cuyos Gobiernos autónomos habían sido suprimidos por el régimen franquista durante la Guerra Civil, se reconoció la legitimidad de sus instituciones en el exilio, que fueron restauradas de forma provisional: la Generalidad catalana en octubre de 1977, y el Gobierno vasco en julio del año siguiente. Tras la aprobación de la Constitución, sendos Parlamentos regionales elaboraron los Estatutos, dando comienzo a un proceso que en los años siguientes llevaría a catalanes y vascos a alcanzar elevadas cotas de autogobierno. En el caso de Galicia, no se había llegado a hacer efectiva la autonomía durante la Segunda República. Este he-

Manuel Fraga Iribarne

cho, y el que, a diferencia de las dos anteriores, el nacionalismo fuera un fenómeno muy minoritario en la región, retrasó algo el proceso autonómico, hasta la aprobación del Estatuto, en abril de 1981. Dos meses después se constituía la comunidad autónoma de Andalucía, donde también existía un fuerte sentimiento regionalista.

Al margen del consenso político, que en los años siguientes se convirtió en modelo de transición para varios países de Iberoamérica y de la Europa del Este, la etapa de gobierno de la UCD logró otro éxito importante: el consenso económico. Los últimos años setenta fueron de aguda crisis económica en España. Desaparecida la Organización Sindical franquista, sindicatos de clase y organizaciones patronales *salían a la palestra* reivindicando los intereses enfrentados de trabajadores y empresarios. La conflictividad laboral llegó a ser muy alta y se convirtió en un importante problema político para un país que veía peligrar el alto nivel de industrialización conseguido en los últimos años. Por otra parte, la España democrática aspiraba a integrarse en los organismos comunes de Occidente, y en especial en la Comunidad Económica Europea. Para ello sería necesario reformar una economía fuertemente proteccionista y en la que el Estado seguía jugando un papel fundamental a través de las grandes empresas públicas.

Todo ello aconsejaba el acuerdo entre los sectores

sociales implicados, y a ello se entregó el vicepresidente para asuntos económicos del Gobierno Suárez, Enrique Fuentes Quintana. Gracias a su mediación fue posible la firma, el 25 de octubre de 1977, de los Pactos de la Moncloa. A cambio de que los empresarios moderaran sus demandas de liberalización del mercado de trabajo, los sindicatos aceptaron limitar la subida de los salarios, para hacer frente a la inflación desbocada y no oponerse a la venta de algunas empresas propiedad del Estado. El acuerdo se demostró en los meses siguientes como muy positivo, y a lo largo de varios años, los principales sindicatos y la Confederación Española de Organizaciones Empresariales (CEOE) suscribieron reiterados pactos en este sentido. En buena medida gracias a ello, a mediados de los años ochenta la economía española había superado la crisis e iniciaba una espectacular expansión.

Adolfo Suárez, vencedor de las elecciones de 1979

La normalización democrática

La aprobación de la Constitución no supuso el final de la transición a la democracia. Ahora era necesario desarrollarla, aprobando una amplia variedad de leyes y facilitando el juego legal de las fuerzas políticas y sociales. El Gobierno convocó elecciones para el 1 de marzo de 1979 y la campaña demostró que la normalidad democrática era ya algo

Suárez con el general Gutiérrez Mellado

aceptado por la población. Los resultados no difirieron mucho de los de dos años antes, aunque significaron un cierto crecimiento de la izquierda. La UCD obtuvo 167 escaños, 121 el PSOE, 23 el PCE, que logró el mejor resultado de su historia, y sólo 9 los conservadores de AP. En estas Cortes figuraron por primera vez tres diputados de Herri Batasuna, el partido independentista que servía de plataforma política a la organización terrorista ETA.

En los dos años siguientes, el Gobierno Suárez intentó gobernar en minoría frente a una izquierda que, una vez aprobada la Constitución, ya no respetaba el consenso parlamentario En las elecciones municipales de la primavera de 1979, el PSOE y el PCE se coaligaron y consiguieron un triunfo clamoroso, haciéndose con una abultada mayoría en los primeros Ayuntamientos democráticos. El PSOE, que por aquellos años renunciaba al marxismo y se reafirmaba como un partido de corte socialdemócrata, ganaba continuamente posiciones bajo la dirección del pragmático Felipe González. En cambio, el veterano Santiago Carrillo encontraba cada vez mayores dificultades para seguir al frente del PCE, cuyos malos resultados electorales abrieron paso a varios movimientos de disidencia*, que terminarían obligando a su líder a abandonar la dirección en junio de 1982. Quien también tenía graves problemas era la UCD. Partido constituido para ganar unas elecciones, era una amalgama de grupos de ideologías diversas cuyos dirigentes, los *barones*, se disputaban duramente cotas de poder en el Gobierno. Suárez, un hombre muy popular entre la ciudadanía, era la figura que mantenía unido al partido, pero no podía evitar un rápido desgaste del mismo. En mayo de 1980, el PSOE presentó una moción de censura en las Cortes y el Gobierno, en minoría parlamentaria, tuvo grandes dificultades para superarla. A la crisis económica, que extendía el paro y la protesta social, y a la continuidad de los atentados terroristas de ETA y del GRAPO vino a unirse la actividad golpista de la extrema derecha, que contaba con muchas simpatías en el Ejército. En el invierno de 1979-80 se desmontó un intento de golpe de Estado, la "operación Galaxia", pero la trama siguió actuando.

En diciembre de 1980, la UCD celebró su segundo Congreso. Allí se pudo constatar las divisiones internas y el hecho de que un sector del partido se oponía a la política de Suárez. Éste, sometido a un fuerte desgaste, presentó su dimisión al rey el 29 de enero de 1981. Su sucesor fue Leopoldo Calvo Sotelo, un político de ideas conservadoras muy bien visto por los empresarios. El 23 de febrero, cuando se presentaba el nuevo Gobierno en el Congreso de los Diputados, un grupo de guardias civiles, mandados por el teniente coronel Antonio Tejero, se adueñó del Parlamento y secuestró a ministros y parlamentarios. Era el comienzo de un golpe de Estado destinado a terminar con el sistema democrático. Pero la enérgica reacción del rey logró que los altos mandos militares se colocasen al lado del Gobierno, y la sublevación sólo triunfó durante escasas horas en Valencia. En los días siguientes, la

Leopoldo Calvo Sotelo

opinión pública se movilizó decididamente en defensa de los valores democráticos. En adelante, la extrema derecha quedaría prácticamente incapacitada para proseguir sus actividades terroristas y para impulsar el golpismo militar. El llamado 23-F fue un hito fundamental en la consolidación de la democracia española.

El Gobierno Calvo Sotelo se mantuvo en el poder apenas año y medio. En este período se alcanzaron algunos objetivos importantes. Patronal y sindicatos firmaron el Acuerdo Nacional de Empleo, destinado a reducir un paro que ya afectaba a 12 de cada cien trabajadores. Se aprobó la Ley de Divorcio, que puso fin al monopolio de la Iglesia católica sobre la institución matrimonial. Y en mayo de 1981, España ingresó en la Organización del Tratado del Atlántico Norte, la OTAN, y poco después se reformó el pacto militar con Estados Unidos, limitando el derecho de utilización de las bases españolas por el Ejército norteamericano.

Pero la crisis de UCD era ya imparable. Desaparecido Adolfo Suárez, ninguno de sus segundos fue capaz de imponerse sobre el conjunto del partido, que se disolvía. Numerosos diputados centristas abandonaban la disciplina de su grupo parlamentario, y el Gobierno se veía cada vez más incapaz de hacer aprobar sus iniciativas por las Cortes. Nuevos grupos, como el democristiano Partido Demócrata Popular, el socialdemócrata Partido de Acción Democrática o el liberal Centro Democrático y Social, este último presidido por el propio Suárez, se disputaban la herencia de UCD antes de que ésta hubiera desaparecido. Finalmente, Calvo Sotelo tuvo que pedir al rey la disolución de las Cortes y la convocatoria de elecciones.

Los comicios celebrados el 28 de octubre de 1982 supusieron la muerte de UCD, que vio reducida su representación a sólo 12 escaños. La derecha, encarnada por Alianza Popular y su aliado, el Partido Demócrata Popular, recogió parte de los antiguos votos suaristas, y obtuvo 106 escaños. Pero el gran vencedor fue el PSOE, al que votaron ilusionados el 49 por ciento de los electores. Con 202 diputados, los socialistas disfrutarían de la primera mayoría absoluta desde los lejanos tiempos de la Restauración. En cuanto al PCE, sus 4 diputados confirmaban el hundimiento del comunismo tras sus repetidas crisis.

Felipe González, presidente del Gobierno

La etapa socialista

La llegada al poder de Felipe González al frente de un Gobierno integrado por socialistas fue la prueba definitiva de que la transición a la democracia había terminado. Los herederos políticos de los derrotados en 1939 gobernaban ahora con el consenso de los herederos de los vencedores. Se abría así un largo período de trece años en los que el PSOE gobernaría a España, primero en solitario, disfrutando de una cómoda mayoría absoluta en el Parlamento, y en los primeros años noventa, con el apoyo más o menos firme de otros grupos, sobre todo de los catalanistas de Convergencia y Unión. En este período, España atravesó por una prolongada coyuntura de crecimiento económico y de modernización, en la que el Estado reforzó los mecanismos de protección social y, al tiempo, fue dejando paulatinamente el control de la economía a la iniciativa privada. Sólo el paro, un mal endémico en la reciente

economía española, ensombreció la paz social durante toda la etapa socialista.

Pese a su reticencia cuando estaba en la oposición, el PSOE apoyó luego la integración en la OTAN —para lo que convocó un Referéndum, en el mes de marzo de 1986, que dio la victoria por escaso margen a los pro-atlantistas— y culminó las negociaciones, iniciadas por el Gobierno centrista, para la incorporación a la Comunidad Económica Europea. El 1 de enero de 1986, España ingresó junto con Portugal en la CEE.

Para remontar la crisis económica, que tanto había perjudicado a la gestión de los Gobiernos de UCD, el PSOE procedió a implantar una dura reconversión industrial en las empresas en crisis e impuso una política de contención de los aumentos salariales, medidas ambas que encontraron una creciente protesta en los trabajadores. En junio de 1985 dimitió el ministro de Economía, Miguel Boyer, pero su sucesor, Carlos Solchaga, mantuvo su política de corte liberal, que buscaba armonizar la economía española con la de los países más industrializados de la Unión Europea. En un clima de cierta recuperación económica, el Gobierno convocó elecciones parlamentarias, que revalidaron la mayoría absoluta del PSOE, pese a que perdió 18 escaños en el Congreso. La derecha permanecía estancada con 105 diputados, el CDS de Adolfo Suárez obtenía un resultado modesto, con 19 escaños, y los comunistas, aliados con otros grupos en la coalición Izquierda Unida, se recuperaban levemente, al conseguir 7 diputados.

El mantenimiento de la mayoría absoluta animó a los socialistas a continuar su programa de Gobierno sin apenas modificaciones. Los años 1987 y 1988 fueron de auténtica prosperidad económica, pero la lucha contra el paro seguía fracasando. El Gobierno inició medidas para liberalizar el mercado laboral, pero se encontró con la negativa de los sindicatos, que en di-

D. Juan Carlos con Ronald Reagan, presidente de Estados Unidos

ciembre de 1988 convocaron una huelga general contra la política liberal de Solchaga, que paralizó el país. La reforma educativa, presentada como una obra de vanguardia, mostraba también serios problemas de aplicación, especialmente en la Universidad, y ello dio origen a serios disturbios estudiantiles. En cuanto al problema de ETA, no parecía tener solución, aunque Francia, tradicional refugio para sus comandos, comenzó a colaborar con la policía española en la represión de este grupo terrorista, que utilizaba métodos de extorsión y asesinato propios de la Mafia. Las elecciones de octubre de 1989 supusieron un nuevo retroceso para el PSOE, que esta vez sólo consiguió la mayoría absoluta por un mínimo margen. Alianza Popular, convertida ahora en el Partido Popular, mantenía de nuevo sus resultados de 1982 y 1986, el CDS retrocedía y, en cambio, Izquierda Unida lograba un avance espectacular, con sus 18 diputados.

El príncipe Felipe en los Juegos Olímpicos, Barcelona, 1992

A comienzos de los años noventa, y a pesar de las críticas a su estilo prepotente de gobernar y a los costos sociales de su política económica, el PSOE podía presentar un balance bastante positivo de su actuación. El proceso de integración en la Unión Europea marchaba a buen ritmo, y las subvenciones comunitarias facilitaban la realización de grandes proyectos de infraestructuras, fundamentales para la modernización del país. En 1992, España celebró dos importantes acontecimientos internacionales: los Juegos Olímpicos de Barcelona y la Exposición Universal de Sevilla, y el Gobierno se esforzó por mostrar al mundo la imagen de una nación próspera y moderna, que volvía a estar entre las principales potencias económicas del mundo.

Pero ese mismo año, los efectos de la Guerra del Golfo desencadenaron una recesión de la economía mundial, a la que no escapó España. Las cifras de paro volvieron a dispararse, potenciadas por las facilidades otorgadas a los empresarios para despedir trabajadores, y la inflación rebrotó, estorbando las previsiones de crecimiento del Gobierno. A ello se unieron numerosos escándalos de corrupción, protagonizados en todos los niveles administrativos por militantes y gestores socialistas, que la oposición supo explotar con habilidad para suscitar el rechazo ciudadano. El Gobierno tuvo que ponerse a la defensiva, y en octubre de 1993 convocó elecciones parlamentarias, en su momento más bajo de popularidad desde hacía once años. Esta vez perdió la mayoría absoluta, con 159 escaños en el Congreso sobre un total de 350. En cambio el Partido Popular, a cuyo frente se había colocado un grupo de políticos liberales presidido por José María Aznar, registró un avance espectacular, situándose muy cerca de los socialistas, con 141 diputados. El CDS desapareció del Parlamento e Izquierda Unida mantuvo su posición minoritaria con 18 escaños.

Javier Solana

Los socialistas necesitaban ahora establecer alianzas para seguir gobernando. Felipe González descartó la coalición con los comunistas, con los que el PSOE había roto relaciones hacía años, y buscó el apoyo de los dos grupos nacionalistas, el catalán de Convergencia y Unión (17 escaños) y el Partido Nacionalista Vasco (5 escaños). Siguieron dos años agónicos, en los que los minoritarios nacionalistas vascos y catalanes pudieron hacer y deshacer a su antojo, ya que el PSOE no podía gobernar sin su apoyo. Las exigencias de mayores competencias y de más dinero para sus Administraciones autonómicas despertaron fuertes recelos en otras comunidades, y abrieron un debate sobre los límites del Estado de las autonomías. Mientras tanto, y pese a una ligera recupera-

José María Aznar, presidente del Gobierno

ción económica, el PSOE seguía perdiendo apoyos populares. Algunos casos de corrupción y, sobre todo, de presunto terrorismo de Estado en la lucha contra ETA llevaron ante los tribunales a varios dirigentes socialistas, y el propio González se vio salpicado por los escándalos.

Finalmente, la retirada del apoyo de los catalanistas, temerosos de verse perjudicados por la impopularidad de sus socios, forzó la convocatoria de elecciones parlamentarias. Tras una campaña muy crispada, los resultados de los comicios de marzo de 1996 produjeron un vuelco político.

El Partido Popular obtuvo el mejor resultado, con 156 escaños, mientras que el PSOE pasaba a la oposición, con 141. De nuevo la clave de la gobernación del país la tendrían vascos y catalanes, sin cuyo apoyo el PP no podría gobernar.

En el umbral del año 2000, España es una democracia parlamentaria estable, con problemas similares a los de otros países de la Europa occidental —paro, inmigración incontrolada, terrorismo político— y una clara vocación europeísta, que la lleva a figurar entre los más ardientes partidarios del proceso de integración continental. En un par de décadas de modernización asombrosa, el país ha avanzado más que en los dos siglos precedentes, marcados por una agitada historia de enfrentamientos civiles y falta de libertades. Nada hay hoy en el horizonte que parezca capaz de torcer el rumbo de progreso que se ha impuesto el pueblo español, y que marcha en paralelo con el de las restantes naciones de Europa.

Actividades

Itinerarios/Museos

España moderna y contemporánea.

Madrid, la capital de España desde el reinado de Felipe II, posee una gran cantidad de edificios y museos relacionados con la Monarquía de los Habsburgo y de los primeros Borbones. En el centro histórico de la ciudad, el llamado "Madrid de los Austrias", se encuentra la Plaza Mayor, una gran plaza porticada donde en el siglo XVII se celebraban los autos de fe de la Inquisición y espectáculos taurinos. Cerca de allí se encuentra el Palacio Real, levantado en el siglo XVIII sobre las ruinas del antiguo Alcázar medieval, y que cuenta con unos bonitos jardines de inspiración versallesca. De visita obligada para todo el que pase por Madrid es el Museo del Prado, una de las mejores pinacotecas del mundo, con ricas colecciones de los pintores del Siglo de Oro —Velázquez, Murillo, El Greco— o de Goya. Otro museo madrileño fundamental para entender la España de los siglos XVI a XVIII es el Museo de América, situado en la Ciudad Universitaria, que guarda la imagen del pasado colonial.

En las proximidades de la capital hay numerosos lugares de significado histórico, como la Universidad de Alcalá de Henares, uno de los ejes culturales del Renacimiento español, el Monasterio de El Escorial, panteón de los reyes de España, construido en la segunda mitad del siglo XVI, o de las residencias reales de Aranjuez y de la Granja de San Ildefonso, ambas del siglo XVIII y que ofrecen testimonio de la lujosa vida de la Corte de los Borbones.

Numerosas ciudades de las dos Castillas son también ricas en monumentos, muchos de ellos de gran valor artístico. Así, Salamanca, donde en el siglo XVI se construyeron notables edificios como la Catedral nueva, uno de los ejemplares más destacados del gótico tardío español, los palacios de Monterrey y de Fonseca, o la Casa de las Conchas; Toledo, cuyo Alcázar data de 1550, o Valladolid, cuyo Museo Nacional de Escultura muestra numerosas joyas del Renacimiento y el Barroco.

La ciudad de Valencia posee una obra maestra del estilo rococó, el palacio del marqués de Dos Aguas. Zaragoza, la capital de Aragón, cuenta con un enorme templo, la Basílica de Nuestra Señora del Pilar, levantada en la primera mitad del si-

glo XVIII, y donde se venera una de las imágenes más populares de la Virgen María. En Andalucía pueden visitarse los numerosos edificios renacentistas de la pequeña ciudad de Úbeda, la catedral y el Palacio de Carlos V, también renacentistas, en Granada, o el templo del Salvador, de estilo barroco, en Sevilla.

Siglo XIX. En Madrid, encontramos la Biblioteca Nacional, el Palacio de las Cortes, construido a mediados del siglo XIX, y que es la actual sede del Congreso de los Diputados. El Museo Romántico o el de la Academia de Bellas Artes ofrecen panoramas de la vida española en la pasada centuria. Una de las muestras más interesantes del urbanismo decimonónico español se encuentra en el Ensanche de Barcelona, un barrio burgués lleno de interesantes edificios, entre los que destacan las obras del arquitecto Gaudí, como la iglesia de la Sagrada Familia, la Casa Milá o el Parque Güell.

Siglo XX. A lo largo de la última centuria, Madrid ha seguido enriqueciendo su patrimonio cultural y desarrollando su urbanismo. Entre sus museos dedicados al siglo XX destaca el Centro de Arte Reina Sofía, que guarda importantes colecciones de pintura y escultura españolas del si-

glo XX. El centro de la ciudad contiene numerosos ejemplos de arquitectura de vanguardia como fueron, hace algunas décadas, el Edificio España, la Torre de Madrid o el Palacio de Exposiciones y Congresos, y lo son hoy las torres gemelas de la Plaza de Castilla o el conjunto de edificios Azca. Por el contrario, la catedral, Nuestra Señora de la Almudena, situada junto al Palacio Real y concluida hace pocos años, se atiene a un estilo más acorde con la arquitectura religiosa tradicional española.

Convertida en uno de los grandes centros de negocios de Europa, Barcelona es hoy una de las ciudades más modernas de este continente, en la que se encuentran museos dedicados a algunos de los mejores artistas españoles contemporáneos, como los pintores Picasso y Miró o el escultor Clará.

Al Norte de Cataluña, en Figueras, se localiza la casa–museo de otro pintor genial, Salvador Dalí.

Para los amantes del arte actual, es obligada la visita al Museo de Arte Abstracto, de Cuenca, y al de Arte Contemporáneo, de Valencia, donde se exponen obras de la vanguardia española.

Cronología

1492	Con la conquista de Granada desaparece el último reino musulmán en España. Naves castellanas, al mando de Cristóbal Colón, descubren América.
1516	Carlos I de Habsburgo, rey de España.
1566	Estalla la rebelión de Flandes, que obligará a España a mantener casi un siglo de guerra ruinosa.
1580	Felipe II incorpora a la Corona española Portugal y su Imperio colonial.
1605	Se publica la primera parte de *El Quijote*, de Miguel de Cervantes, la obra más universal de la literatura española.
1640	Crisis de la Monarquía, acelerada por la política del conde-duque de Olivares. Sublevaciones en Portugal y Cataluña.
1700	Muere Carlos II, el último Habsburgo. Su heredero, Felipe de Anjou, nieto de Luis XIV de Francia, no verá consolidado su reinado hasta 1714, tras la Guerra de Sucesión.
1733	Primer Pacto de Familia, que abre más de medio siglo de alianza internacional con Francia.

1759	Con la llegada al trono de Carlos III, el Despotismo Ilustrado alcanza su cenit en España.
1788	Carlos IV, rey de España. El comienzo de la Revolución Francesa, un año después, pone fin al desarrollo de la Ilustración en el país.
1812	Primera Constitución española, aprobada por las Cortes de Cádiz.
1839	Primeras leyes estableciendo el derecho de asociación de los trabajadores. Arranca el movimiento obrero español.
1868-1874	Sexenio Revolucionario. Reinado de Amadeo I de Saboya y Primera República.
1875	Restauración de la Monarquía con Alfonso XII. Establecimiento de un sistema parlamentario liberal liderado por el político conservador Antonio Cánovas del Castillo.
1898	Guerra con Estados Unidos, España pierde sus colonias en el Caribe y en el Pacífico.
1923-1930	Dictadura del general Miguel Primo de Rivera.
1931	Tras unas elecciones municipales cae la Monarquía. Se proclama la Segunda República.
1936-1939	Guerra Civil. El general Francisco Franco establece una dictadura.
1975	Muere Franco. Juan Carlos I de Borbón, rey de España. Se inicia la Transición a la democracia.
1978	Las Cortes Constituyentes aprueban una Constitución democrática.
1986	España ingresa en la Comunidad Económica Europea.

Glosario

Abjurar: Abandonar públicamente alguna creencia.

Absentismo: Circunstancia por la que el propietario de unas tierras vive lejos de ellas.

Aculturación: Proceso por el que un pueblo adopta o adquiere la cultura de otro pueblo.

Advocación: Dedicación y ofrenda de un templo consagrado a un dios o un santo.

Afrancesados: Españoles defensores de las doctrinas francesas del siglo XVIII, en contra del absolutismo.

Alfares: Talleres en los que se fabrica la cerámica, ladrillos y otros objetos de barro cocido.

Alto Imperio: Periodo de la historia romana que comprende desde el reinado del emperador Augusto hasta la crisis de mediados del siglo III d. C.

Ámbito: Espacio comprendido en unos límites establecidos.

Antónimo: Con respecto a unas palabras son aquellas que quieren decir justo lo contrario.

Antropónimo: Nombre propio de personas.

Ara: Altar no cristiano.

Arbitrios: Decisiones o sentencias de un juez.

Arriano: Seguidor de Arrio, el cual no creía en la igualdad divina de la Santísima Trinidad.

Arte mueble: Objetos artísticos de pequeño tamaño, que se pueden transportar. Generalmente, así se denomina al arte prehistórico que no sean pinturas y grabados rupestres.

Asentamiento: Lugar de población con carácter estable.

Asentar: Colocar de una manera segura y fija para que no se pueda mover.

Autarquía: Sistema económico por el cual un país se mantiene con sus propios recursos sin necesidad de importar productos de otros países.

Autóctono: Nacido en el país del que se está hablando.

Autonomía: Forma de gobierno en el que un país se gestiona a sí mismo.

Aztecas: Pobladores del centro del actual Estado de México en el periodo precolombino y que llegaron a formar un Imperio.

Bajo Imperio: Periodo de la historia de Roma desde la crisis del siglo III d. C. hasta el fin del Imperio romano, a finales del siglo V d. C.

Baluarte: Recinto defensivo en una fortificación. En sentido figurado, representante de la oposición a los valores establecidos.

Bárbaro: Pueblo o persona ajena a la cultura del país en el que se establece.

Batir: Rastrear palmo a palmo un territorio, venciendo toda resistencia y sometimiento a sus habitantes.

Bicameral: Sistema constituido por dos cámaras de representantes políticos: el Congreso de Diputados y el Senado.

Califato: Periodo histórico durante el que gobierna una misma dinastía califal. También hace alusión al tiempo que dura el gobierno de un califa y al territorio de su jurisdicción.

Calzada: Camino empedrado a modo de vía, rúa o "carretera", realizado por los romanos.

Camarilla: Grupo reducido de personas, fuera de la organización administrativa, que tiene influencia sobre los asuntos de Estado o en las decisiones de alguna autoridad.

Cantonalismo: Movimiento revolucionario que busca la independencia local (cantón).

Capitulación: Pacto, convenio. En el siglo XV se denominaba así al contrato firmado entre los reyes y ciertos particulares para emprender determinadas acciones.

Carisma: Atractivo, don de gentes o capacidad de liderazgo de una persona. Es un término que sugiere el concepto de popularidad y que alude a la fascinación y capacidad de seducción que ejerce una persona sobre las demás.

Casta: Grupo constituido por individuos de una misma clase, que gozan de privilegios y se mantienen como superiores a las demás clases sociales.

Celtíbero: Conjunto de diversos pueblos primitivos establecidos en las Mesetas de la Península Ibérica.

Céltico: Referido a los elementos y cultura de los pueblos establecidos en la Europa Occidental de antes de los romanos.

Centralización administrativa: Unificar bajo un mismo Estado o reino todo el sistema económico y de la Administración.

Circunscripción: Cada una de las partes en las que se divide un territorio para determinado fin.

Compromisario: Persona que actúa en algún asunto representando a una o más personas y que es designada por votación.

Comunidad: Conjunto de gentes o pueblos unidos por unas características similares.

Conceptismo: Estilo literario utilizado en el siglo XVI basado en el juego de palabras y en el doble significado de los conceptos.

Confederación: Unificación del Estado bajo los mismos organismos políticos. Estado confederal.

Confinada: Reducida bajo unos límites; también, persona exiliada en algún lugar, sin posibilidad de regresar a su origen.

Consolidación: Dar solidez, asegurar a algo o a alguien.

Contingente: Una parte de un grupo de personas; por ejemplo, un cuerpo de ejército.

Contrarreforma: Movimiento que se produjo dentro de la Iglesia católica para oponerse a la Reforma protestante de Lutero.

Corso: Saqueo de naves, no como acciones de guerra aunque sí por barcos autorizados por sus Gobiernos.

Cruzada: Lucha por un fin determinado. En especial, las campañas cristianas para reconquistar los Santos Lugares en la Edad Media.

Culterano: Corriente que sigue el culteranismo.

Culteranismo: Estilo literario utilizado en el siglo XVI basado en el juego de palabras por su significado culto, relacionado con la etimología o la mitología clásica.

Cultura mueble: Elementos artísticos de tamaño mediano o pequeño, fácilmente transportables.

Curia: Organismo o conjunto formado por eclesiásticos, abogados, magistrados u otros funcionarios que intervienen en la administración de justicia.

Derogar: Dejar sin validez una ley.

Dialéctica: Argumentación; contraposición de diversas posturas mediante el uso de la palabra.

Diplomacia: Habilidad para tratar las relaciones entre las personas.

Disidencia: Mostrar desacuerdo, dentro de un grupo, con una doctrina política o religiosa.

Élite: Grupo reducido de personajes de importancia dentro de una sociedad.

Emirato: Estado gobernado por un emir.

Enclave: Territorio colonizado de un Estado dentro de un país extranjero.

Erasmismo: Movimiento cultural que se caracteriza por una particular pronunciación del griego basada en la transcripción literal de Erasmo de Rotterdam. También, conjunto de ideas de este autor acerca de la Biblia.

Escolástica: En la Edad Media, tendencia filosófica que seguía las ideas de Aristóteles; también, tendencia que sigue una escuela determinada dentro de la filosofía, las técnicas o las ciencias.

Étnicos: Elementos relativos a las razas.

Exvotos: Objetos entregados a los dioses como ofrenda en un santuario para pedir o dar gracias por los beneficios obtenidos.

Federación: Asociación de regiones o países que tienen en común una autoridad superior y ciertos servicios y funciones comunes.

Filonobiliaria: Se dice de aquella persona o idea que está a favor de la nobleza, es decir, el estamento social de los nobles.

Focense: Proveniente de Focea, ciudad y región de la antigua Grecia, situada en las costas de Asia Menor (hoy Turquía).

Franquicia: Privilegio que se concede a alguien o a algo para no pagar un impuesto.

Fueros: Privilegios otorgados por el rey a una región, ciudad o persona.

Guarnición: Conjunto de tropas establecidas en un lugar de manera estable.

Hegemonía: Predominio o mando ejercido por un país sobre otros.

Heterodoxia: Desacuerdo con las ideas establecidas o tomadas por verdaderas.

Hidrónimo: Nombre propio que tiene que ver con el agua, es decir, de ríos, lagos o fuentes.

Humanistas: Grupo de intelectuales del Renacimiento, dedicado al estudio de las lenguas antiguas y la cultura clásica; sostenían la primacía del hombre y sus obras artísticas.

Humanística: Corriente que sigue la filosofía y orientaciones del Humanismo.

Imperio: Organización política en la que un Estado extiende su dominio hacia otros países.

Inflación: Situación económica que se produce con la subida de precios, ocasionado por un desequilibrio entre el dinero que circula y las mercancías que se pueden obtener con él.

Insurrecionales: (Ver voz Insurreciones).

Insurrecciones: Movimientos sociales que se levantan en contra de las autoridades establecidas.

Intervencionismo: Sistema económico que está a favor del control o intervención en el mercado por parte del poder central.

Jerarquía: Organización en distintas categorías o escalones de la línea de mando de una sociedad (Iglesia, Estado, Ejército, etc.).

Jurisdicción: Territorio bajo el mando de un cargo militar, judicial o administrativo.

Latifundismo: Sistema de explotación de la tierra rústica, caracterizado por su gran extensión y bajo un único propietario.

Latifundistas: Propietarios de grandes extensiones de territorio dentro de fincas rústicas.

Legión: Unidad o parte del Ejército romano, formado aproximadamente por unos 3.000 hombres.

Lugarteniente: Persona que ayuda a otra en sus funciones; segundo de alguien en una jerarquía.

Lusitanos: Miembros de un pueblo de origen celtibérico establecidos en la actual región extremeña y de Portugal.

Mancomunidad: Asociación de varios municipios o provincias en un organismo regional.

Manierismo: Manifestación artística que sirve de tránsito entre el Renacimiento y el Barroco y que se caracteriza por ser recargada.

Manufactura: Cosa fabricada a mano o a máquina; objetos que han sido transformados por el hombre.

Mayas: Pueblo que desarrolla su cultura en la región del Yucatán (en México y Guatemala), en la época anterior a la llegada de los conquistadores españoles.

Mecenazgo: Acción de proteger o mantener a un artista por parte de una persona rica o poderosa.

Mítico: Carácter de leyenda inventada por alguien que intenta ser tomada por verdad; algo tomado de un mito antiguo.

Monarquía: Régimen político encabezado por un rey.

Monopolio: Disfrute de alguna cosa o de un poder con carácter exclusivo.

Moriscos: Comunidad de musulmanes bautizados que permanecían en España tras la conquista cristiana.

Mudéjar: Término aplicado a los musulmanes que vivían en los territorios dominados por los cristianos; también, el arte cristiano que utilizaba rasgos del arte musulmán.

Oligarquía: Gobierno ejercido por un grupo limitado de personas.

Ortodoxia: Postura conforme con las doctrinas establecidas y tenidas por verdaderas.

Patetismo: Manifestación de gran emoción y sentimentalismo.

Polarizar: Atraer la atención hacia una persona o cosa; mantener el control sobre alguien o algo.

Polisinodial: Conjunto de diversos sínodos u órganos consultivos.

Precolombino: Historia y hechos ocurridos en América antes de la llegada de Colón.

Pretor: Magistrado romano que ejercía su función en Roma o en las provincias romanas.

Regalismo: Privilegios otorgados por la Iglesia al rey, por los cuales puede elegir cargos eclesiásticos en su territorio.

Refrendar: Confirmar o avalar un documento emitido por una instancia inferior, para que tenga validez.

Régulo: Nombre que se aplica a los gobernadores o reyes de un país pequeño o una región.

Salir a la palestra: Intervenir, salir al escenario político.

Sefardíes: Judíos descendientes de judíos españoles distribuidos por todo el mundo tras la expulsión de 1492. *Sefarad* es el nombre de España para estos judíos.

Sestercio: Antigua moneda romana de bronce que equivalía a dos ases y medio.

Sincretismo: Sistema ideológico que trata de unir teorías diferentes; en el arte, se trata de la mezcla de distintos estilos.

Status quo: Expresión diplomática que se usa para designar el estado de cosas en un determinado momento.

Taifas: Estados en los que se dividió la España árabe, al disolverse el califato cordobés.

Tenebrismo: Tendencia pictórica caracterizada por el uso del claro-oscuro en la pintura para representar la realidad de las cosas.

Teónimo: Nombre propio con el que se denomina un dios o un santo.

Tercios: Grupos de tropas de infantería de los siglos XVI-XVII que equivale al actual regimiento.

Tomismo: Teoría filosófica de santo Tomás de Aquino.

Topónimo: Nombre propio con el que se denomina un lugar.

Trashumancia: Movimiento del ganado desde los campos con pastos de verano a los de invierno y viceversa, según la época del año.

Trashumante: (Ver voz Trashumancia).

Tremís: Moneda romana que valía la tercera parte de un sólido de oro. Los tremises también fueron monedas antiguas de Castilla.

Triunviros: Cada uno de los tres magistrados que compartieron gobierno en cierto momento de la historia de Roma.

Tropelía: Acción injusta o devastadora de un tropel, es decir, un conjunto de soldados u hombres armados organizados.

Vacceos: Miembros de un pueblo de origen celtibérico establecidos en la actual provincia de León y sus alrededores en época prerromana.

Vasallaje: Relación de dependencia entre un vasallo y su señor feudal. También se denomina así el tributo pagado o la servidumbre prestada por el vasallo al señor.

Índice onomástico

Atanagildo: 46.
Atapuerca (Burgos): 9, 79.
Atenas: 189.
Atlántico: 14, 19, 85, 110, 114, 134, 136.
Audiencias: 93.
Audiencia de Castilla: 72.
Audiencia de México: 92.
Augusto: 23, 27-30, 34, 79, 207.
Augústulo: 37.
Aunós, Eduardo: 165.
Ausías March: 96.
Austria: 89, 91, 122, 135.
Austrias: 129, 136, 203.
Austrias mayores: 86.
Austrias menores: 111.
Austrias españoles: 103.
Autun: 50.
Auxilio Social: 184.
Avieno: 14.
Ávila: 80.
Ayuntamiento de Madrid: 153.
  – de Valencia: 53.
  – de Salamanca: 181.
Ayuntamientos: 163.
Azaña, Manuel: 165, 168-173, 178.
Azca, edificios: 204.
Azcárraga: 158.
Aznar, José María: 167, 202.
Azorín: 156, 186.
Badajoz: 66.
Baddo, reina: 42.
Bagdad: 48, 50, 52.
Bailén (Jaén): 139.
Bajo Guadalquivir: 15.
Bajo Imperio: 34, 45.
Bakunin: 158.
Balazote (Albacete): 17.
Balcanes: 90.
Baleares: 26, 31, 59, 79, 88, 89, 109.
Banca: 164.
Banco Central: 131.
Banco de San Carlos: 131.
Banu Nasr (nasríes): 55.
Barbarroja: 90.
Barbastro: 66.
Barca/Bárcidas, familia de los: 20.
Barcelona: 17, 24, 32, 39, 45, 65, 67, 89, 109, 128, 145, 160, 163, 171, 174, 176, 185, 189, 201.
Barcino (Barcelona): 45.
Barranco del Lobo, Melilla: 160.
Barreiros: 187.
Barroco: 98, 122-126, 204, 209.
Basílica de Nuestra Señora del Pilar, Zaragoza: 204.
Basílides: 35.
Baviera: 89.

Bayona: 138, 139.
Baza: 22, 55, 79.
Beato de Fernando I: 62.
Beatriz de Suavia: 69.
Begoña: 182.
Beigbeder, Juan: 181.
Beja: 30.
Bélgica: 94, 120.
Belisario: 39.
Beltrán de la Cueva: 72.
Ben Beley: 136.
Benavente: 186.
Berenguer, Dámaso: 166, 167.
Berlín: 175, 182.
Berruguete, Pedro: 95, 98.
Bética: 29, 30, 32, 38, 39, 41, 79.
Biblia: 208.
Biblia Políglota Complutense: 95, 97.
Biblioteca Nacional, Madrid: 204.
Biblioteca Nacional de París: 51.
Bierzo: 51, 74.
Bilbao: 144, 173, 174, 178, 189.
Bilbilis (Calatayud): 32.
Bizancio: 40.
Blanca de Borbón: 71.
Blanca de Navarra: 78.
Blasco Ibáñez, Vicente: 166.
Blois, Tratado de (1505): 85.
Bloque Nacional: 171.
Boabdil: 55, 56.
Bohemia: 89, 91.
Bolonia: 77.
Bolsa de Madrid: 143.
Bonaparte, José: 139-141.
Borbones: 127-129, 203.
Bordighera: 183.
Borgoña: 89.
Boscán, Juan: 97.
Boulanger: 157.
Boyer, Miguel: 200.
Brabante: 121.
Bracara Augusta (Braga): 30, 38.
Brasil: 86, 116.
Bravo Murillo: 146.
Breda: 116.
  – batalla de (1565): 109.
Bretaña: 89.
Brigada de Caballería: 150.
Brigadas Internacionales: 175.
Britania: 19.
Bronce Carriazo: 15.
Bronce, Edad de: 9, 11, 12, 77, 79.
Bruñel (Jaén): 36.
Bruselas: 89, 91, 101, 109.
Bruy, T. de: 91.
Buñuel, Luis: 186.
Burgos: 9, 30, 40, 44, 65, 74, 78, 88, 93, 106, 177.

Cabanellas, Miguel: 177.
Cabecico del Tesoro (Verdolay): 18.
Cabezo Gordo (Murcia): 9.
Cabo Bon: 20.
Cabral Bejarano, Manuel: 148.
Cáceres: 25, 28.
Cadalso, José: 136.
Cádiz: 13-15, 19, 20, 23, 24, 30, 34, 51, 77, 89, 109, 113, 116, 139, 140, 142, 148, 150, 175.
Caesaraugusta (Zaragoza): 30.
Cagliari: 109.
Calagurris (Calahorra): 32.
Calais: 109.
Calatayud: 32, 56.
Calcolítico: 11.
Calderón de la Barca, Pedro: 123, 124.
California: 92.
Calípolis: 16.
Calvo Sotelo, José: 164-166, 174.
Calvo Sotelo, Leopoldo: 199.
Cámara: 164, 168, 183.
Cámara Baja: 146.
Cámara Santa (Oviedo): 78.
Cambó, Francisco: 159, 161.
Camino de Santiago: 65, 74.
Campomanes: 131.
Campos de Urnas: 12.
Canadá: 142.
Canal de la Mancha: 104, 116.
Canalejas, José: 157-160.
Cánovas del Castillo, Antonio: 149, 151, 154, 157, 158, 206.
Cantabria: 9.
Cantábrico: 28, 79, 178.
Cantar de Roncesvalles: 76.
Cantar de los Siete Infantes de Lara: 76.
Cantar de la Condesa Traidora: 76.
Cantar del Mío Cid: 64, 76.
Cantigas, de Alfonso X: 75.
Cáparra (Cáceres): 25.
Capitanías Generales: 93.
Capitulaciones de Santa Fe: 92.
Caravaggio: 125.
Carcasona: 50, 67.
Caribe: 86, 143, 154, 206.
Carintia: 89.
Carlomagno: 51.
Carlos el Calvo: 67.
Carlos I/V: 86-92, 94, 97, 98, 100, 109, 116, 128, 204, 205.
Carlos, Infante don: 99.
Carlos II: 111, 119-122, 205.
Carlos III: 130, 132, 135, 139, 206.
Carlos, archiduque: 128.
Carlos IV: 136, 137-139, 206.
Carlos, pretendiente don: 143.

Enrique II: 89.
Enrique III: 72.
Enrique IV de Castilla: 72, 73.
Enrique IV de Francia: 104.
Enrique VIII: 103.
Enrique, cardenal: 102.
Enrique de Borbón: 104.
Ensanche de Barcelona: 204.
Ensenada, marqués de la: 130.
Epipaleolítico: 79.
Episcopado: 190.
Erasmo de Rotterdam: 98, 208.
Ermesinda: 67.
Ervigio: 44.
Escipión: 23.
Escipiones: 34.
Escobedo, Juan: 109.
Escocia: 103.
Escuela de Traductores de Toledo: 75.
Esculapio: 34.
España: 12, 39, 40, 43, 44, 47-50, 55, 57, 60, 68, 76, 77, 83-86, 88, 90-93, 97, 98, 99, 101-107, 109, 111, 112, 114-122, 125, 127-130, 132-143, 146, 147, 149-151, 154-156, 159-161, 166, 168, 169, 174, 175, 177-182, 184, 186-189, 193, 194, 196, 197, 199-203, 205, 206, 209, 210.
Espartero, Baldomero: 145, 146.
Esquilache, marqués de: 130.
Esquivel, Antonio María: 148.
Estado: 24, 26, 29, 33, 36, 48, 52, 53, 65, 73, 83, 94, 95, 106, 110, 114, 116, 120, 128, 129, 131, 132, 139, 141, 143, 146, 147, 150, 160, 161, 163-166, 168, 169, 172-174, 177-180, 183, 188, 191, 195-200, 202, 207, 208, 209.
– de las autonomías: 202.
– autoritario: 122.
– centralista: 157.
– español: 129.
– federal: 197.
– laico: 196.
– liberal: 142, 159.
– moderno: 118.
– musulmán: 85.
– Nuevo: 178, 179, 186.
– totalitario: 171, 177.
– unitario: 86.
Estados Unidos: 93, 136, 142, 154, 186, 187, 199, 201, 206.
Estados: 51, 59, 91, 94, 99, 103, 118, 119, 128, 136, 178.
– católicos: 102.
– confederados: 84.

– de la Iglesia: 89.
– europeos: 135.
– Generales: 100, 101.
– italianos: 89.
– modernos: 116.
– Pontificios: 109.
Estatuto: 197.
– de Asociaciones: 191.
– de autonomía: 197.
– Municipal: 164.
– Provincial: 164, 165.
– Real: 144.
Este peninsular: 32, 34.
Estiria: 89.
Estrabón: 25.
Estrecho de Gibraltar: 14, 16, 19, 53, 160, 175, 182.
ETA: 190, 191, 194, 195, 198, 199, 201, 202.
Etruria: 19.
Eulogio: 52.
Eurico: 37, 38.
Europa: 48, 68, 74, 75, 86, 88-90, 93-95, 100-102, 106-109, 112, 114, 116, 120, 122, 127, 128, 130, 132, 135, 136, 139, 149, 175, 179, 183, 189, 202, 204.
– del Este: 197.
– del Norte: 88.
– Occidental: 208.
Eva Duarte de Perón: 185.
Évora: 15, 53.
Exposición Iberoamericana de Sevilla: 161, 164.
Exposición Internacional de París: 177.
Exposición Universal de Barcelona: 164.
Exposición Universal de Sevilla: 201.
Extremadura: 131, 169.
Fabara (Zaragoza): 36.
Fábula de Polifemo y Galatea, de Luis de Góngora: 124.
Faftal-tib, de Al-Maqqari: 49.
FAI: 172, 173, 176.
Fal Conde, Manuel: 177.
Falange Española: 170, 171, 178, 179, 187.
Falange Española Tradicionalista y de las JONS: 179.
Falla, Manuel de: 157.
Fanjul, general: 174.
Farnesio, Alejandro: 101, 102.
Farnesio, Isabel de: 130, 134, 135.
Federación Anarquista Ibérica (FAI): 166.
Federación Universitaria Escolar (FUE): 166.

Feijóo, Benito Jerónimo: 132.
Felipe el Hermoso/Felipe I de Habsburgo: 86.
Felipe II: 89, 91, 99-102, 104, 109, 110, 203.
Felipe III: 111, 114, 115.
Felipe III de Francia: 70.
Felipe IV: 111, 112, 116, 118.
Felipe de Anjou (Felipe V): 127-130, 134, 135, 143, 205.
Felipe, hijo de Felipe V e Isabel de Farnesio: 134.
Félix, obispo de Gerona: 35.
Fernán González: 61.
Fernán Sánchez: 71.
Fernández Villaverde, Raimundo: 157.
Fernández Navarrete, Pedro: 114.
Fernández, Lucas: 97.
Fernando I de Castilla: 62, 66.
Fernando I de León: 61.
Fernando I, hermano de Carlos V: 91.
Fernando II de Aragón (El Católico): 73, 80, 88, 89.
Fernando III: 59.
Fernando VI: 129, 130, 134, 135.
Fernando VII: 138, 139, 143.
Fernando Álvarez de Toledo: 100.
Fernando de Rojas: 97.
Fernando de Valenzuela: 120.
Ferrer Guardia, Francisco: 160.
Figueras: 204.
Filipinas, islas: 93, 143, 156.
Flandes: 94, 98, 100, 102, 103, 110, 116, 120-122, 128, 134, 205.
Flavios: 32.
Florida: 92, 136.
Floridablanca, conde de: 131, 132, 137.
Focea: 16, 208.
Foncalada: 78.
Fonseca, Salamanca: 204.
Fontainebleau: 138.
Fraga Iribarne, Manuel: 195, 197.
Francia: 17, 57, 68, 71, 85, 86, 88-90, 101, 104, 109, 112, 113, 115, 116, 118, 120, 121, 122, 127-129, 132, 134-140, 145, 148, 150, 175, 178, 181, 182, 184, 201, 205.
Francisco de Vitoria: 97.
Francisco I de Francia: 89.
Franco Condado: 87, 89, 109, 121, 122.
Franco, Francisco: 174, 175, 177-183, 186-188, 190-193, 206.
Frente Popular: 172, 173.

Frente Revolucionario Antifascista Patriótico (FRAP): 190, 192.
Frisia: 101.
Frómista: 74.
Fructuoso: 35.
Fuente de Guarrazar (Toledo): 78.
Fuenteovejuna, de Lope de Vega: 124.
Fuenterrabía: 116.
Fuentes Quintana, Enrique: 198.
Fuero de los Españoles: 183.
Fuerzas Armadas: 150, 169, 175, 177, 178.
Gabinete: 171, 176.
Gabriel Téllez, Tirso de Molina: 124.
Gades/Gadir (Cádiz): 14, 30.
Galán, Fermín: 167.
Galera (Granada): 21.
Galera, batalla de (1570): 109.
Galería Nacional de Parma: 102.
Galia: 32, 37, 39, 50.
Galicia: 38, 57, 60, 68, 74, 89, 109, 159, 174, 197.
Gallaecia: 31, 38.
Gandía (Valencia): 10.
Gante: 89, 101.
Garci Rodríguez de Montalvo: 96.
García Fernández: 63.
García Hernández: 167.
García de Navarra: 66.
García Lorca, Federico: 157.
García Prieto, Manuel: 160.
García Sánchez: 64.
Garcilaso de la Vega: 97.
Gárgoris: 14.
Gascuña: 65.
Gaspar de Guzmán, conde de Olivares: 116.
Gaudí, Antonio: 204.
Gazel: 136.
Generalidad/Generalitat: 171.
Generalife: 78.
Generalísimo Franco: 179, 193.
Génova: 102, 110.
Gerión: 14.
Germanías: 86, 88.
Gerona: 51, 67.
Gibbon: 36.
Gibraltar: 14, 47, 135, 136.
Gil Robles, José María: 169, 170, 195.
Giménez Fernández: 171.
Giner de los Ríos, Francisco: 156.
Giralda: 80.
Gobiendes: 78.
Gobierno: 143, 144, 148, 150, 151, 153-155, 162, 170, 172, 175, 176, 183, 189, 191, 192, 195, 196, 199, 201, 202.

Gobiernos: 146, 152, 161.
Godoy, Manuel: 137, 138, 144.
Gómez, Máximo: 155.
Gómez de la Mora: 126.
Góngora, Luis de: 124, 125.
González, Felipe: 190, 198.
González de Cellórigo, Martín: 114.
Gonzalo de Sobrarbe-Ribagorza: 66.
Gonzalo Fernández de Córdoba, El Gran Capitán: 85.
Gonzalo de Berceo: 76.
Gosvinda, reina: 43.
Goya, Francisco de: 137, 138, 203.
Grachurris (Alfaro): 24.
Gracián, Baltasar: 124.
Gracias: 154.
Graco, Sempronio: 24.
Gramática de la lengua castellana (1492): 95.
Gran Capitán: 85.
Gran Bretaña: 127, 135, 138, 145.
Gran Guerra: 162.
Gran Memorial, del conde-duque de Olivares: 117.
Granada: 9, 11, 21, 36, 54-56, 58, 59, 78, 85, 89, 102, 109, 204, 205.
Granja de San Ildefonso (Segovia): 204.
Gravelinas: 109.
Grecia: 102, 140, 189, 208.
Gregorio de Tours: 41.
Gregorio Hernández: 126.
Groninga: 109.
Grupo de Acción Republicana: 165.
Grupos de Resistencia Antifascista Primero de Octubre (GRAPO): 195, 199.
Guadalajara: 10, 44.
Guadalete: 44, 46, 48, 80.
Guadalhorce, conde de: 164.
Guadalix: 55.
Guadalquivir: 18, 21, 23.
Guardia Civil: 146, 157.
Guarrazar, tesoro de: 43.
Guatemala: 142, 209.
Güeldres: 101.
Guernica: 177.
Guerras Celtibérico-Lusitanas: 24, 26, 79.
– Civil (1936-1939): 174, 181, 184, 197.
– Civiles: 26.
– del Golfo: 201.
– de la Independencia: 138.
– de la Independencia Americana (1776-1783): 136.
– Mundiales: .

– Primera: 161.
– Segunda: 179-183.
– Púnicas: 24.
– de Religión: 104.
– de los Siete Años: 135.
– de Sucesión: 127, 128, 135, 205.
– de Sucesión de Austria: 135.
– de Sucesión de Polonia: 135.
– de los Treinta Años: 114, 116, 120.
Guevara, Antonio de: 96.
Guinea: 19.
Gundemaro: 43.
Gustavo Adolfo de Suecia: 116.
Gutiérrez Mellado, Manuel: 198.
Haarlem: 101.
Habis: 14.
Habsburgo: 86, 94, 97, 99, 106, 108, 116, 118, 127, 128, 205.
Habsburgos: 127.
Hacienda: 109, 110, 114, 120, 146, 157, 172.
Hacienda española: 109.
Hacienda pública: 104.
Hadruneto: 20.
Hannón: 19.
Hawkins, John: 103.
Hedilla, Manuel: 177.
Helice (Elche): 21.
Hemeroscopio: 16.
Hendaya: 182.
Hércules: 14, 35.
Hermandades: 74.
Hermenegildo: 40, 41.
Hernán Cortés: 92.
Heródoto: 15.
Herrera de Pisuerga: 28.
Herri Batasuna: 198.
Hidacio: 38.
Hierro, Edad de: 9.
Himilcón: 19.
Hisham I: 51.
Hisham II: 53, 54.
Hisham III: 54.
Hispalis (Sevilla): 30, 45.
Hispania: 13, 23, 24, 27, 31-37, 43, 56, 79.
Hispania Citerior: 24, 26, 29, 30, 77.
Hispania Ulterior: 24.
Hispanoamérica: 181.
Historia Antigua: 77.
Historia del buscón don Pablos, de Quevedo: 123.
Historia Compostelana: 80.
Historia de los godos, vándalos y suevos, de Isidoro de Sevilla: 80.
Historia Medieval: 77.

Medinaceli (Soria): 25, 56.
Medinasidonia, duque de: 103, 104.
Medio Guadalquivir: 17.
Mediterráneo: 15, 26, 52, 102, 128.
  – central: 19.
  – occidental: 84.
  – oriental: 84.
Meléndez, Miguel Jacinto: 127.
Melilla: 53, 89, 109, 160, 174.
Melqart: 14, 34.
Ménace: 16.
Mendoza, familia de los: 73.
Menéndez Pidal, Ramón: 64.
Mengíbar (Jaén): 24.
Mengs, A. Rafael: 132.
Menorca: 128, 136, 138.
Mercado Común Europeo: 189.
Mérida (Badajoz): 23, 29-31, 35, 38, 39, 44, 45, 48, 51, 77.
Meseta: 13, 15, 66, 208.
Mesolítico: 9.
Mesopotamia: 48.
Mesta: 140.
Mester: 76.
Metelo, Cecilio: 26.
México: 91-93, 142, 148, 181, 184, 207, 209.
Mezquita de Córdoba: 49.
Milán: 36, 91, 94, 128.
Milanesado: 89, 109.
Mileto: 33.
Milicia Nacional: 146.
Milicia Fascista: 175.
Minerva: 34.
Ministerio de Fomento: 164.
Ministerio de la Guerra: 172.
Ministerio de Hacienda: 164.
Miró, Joan: 204.
Mithra: 35.
Moctezuma: 91.
Mola, Emilio: 174.
Monarquía: 43, 69, 73, 94, 95, 100, 106, 110, 114, 116, 163, 165-167, 205, 206.
  – Católica: 94, 99.
  – de los Austrias: 94.
Monasterio de El Escorial: 98, 203.
  – de Silos: 78.
  – de Yuste: 92.
Montealegre del Castillo (Albacete): 20.
Montero Ríos: 158.
Monterrey, Salamanca: 204.
Montesquieu: 136.
Moret: 158.
Motillas: 12.
Movimiento Nacional: 179, 187, 188, 190, 192-194.

Muez, batalla de: 53.
Mühlberg, batalla de (1547): 89.
Muley Hacén: 55.
Munda, batalla de: 27.
Muñoz Degrain, Antonio: 37.
Murcia: 9, 11, 17, 18, 56, 59, 70, 112, 150.
Murillo, Bartolomé Esteban: 120, 125, 203.
Museo de América: 106, 203.
  – Arqueológico Nacional, Madrid: 15, 20, 22, 52, 77.
  – Arqueológico de Jaén: 77.
  – Arqueológico de Sevilla: 10.
  – de Arte Abstracto, Cuenca: 204.
  – de Arte Contemporáneo, Valencia: 204.
  – de Arte Moderno de Nueva York: 177.
  – Lázaro Galdiano, Madrid: 86.
  – del Louvre, París: 55.
  – Municipal de Madrid: 152.
  – Nacional de Escultura, Valladolid: 204.
  – Naval, Madrid: 129.
  – del Prado, Madrid: 118, 120, 121, 132-134, 138, 139, 203.
  – Reina Sofía, Madrid: 177.
  – Romántico, Madrid: 204.
  – de Sabadell: 119.
  – Victoria y Alberto, Londres: 50.
Museo: 15, 24, 69.
Mussolini, Benito: 175, 182, 183.
Mustain II, rey: 64.
Muza, conquistador: 44, 48.
Nabucodonosor: 14.
Nadjira: 65.
Nájera: 64, 65.
Napoleón Bonaparte: 138, 139, 141.
Nápoles: 85, 89, 104, 109, 135.
Narbona: 39, 43, 50, 51, 67.
Narbonense: 43, 44, 50.
Narváez, Ramón María: 146.
Nasríes de Granada: 55.
Nassau, Guillermo de: 100, 101.
Navarra: 61, 63-66, 68-70, 72, 78, 85, 89, 109, 142, 143, 153, 154, 174.
Navas de Tolosa, batalla de las: 59.
Naves: 23.
Nebrija, Antonio de: 95.
Negrín, Juan: 177, 178.
Neidharth, Juan Everardo: 120.
Nelson: 138.
Némesis: 35.
Neolítico: 10, 79.
Nerón: 32.

Nicea: 79.
Niebla (Huelva): 13.
Nîmes: 50.
Ninfas: 34.
Niza: 89.
Norax: 14.
Nördlingen, batalla de: 116.
Normandía: 89.
Nova: 11, 102, 110.
Novelas Ejemplares, de Cervantes: 123.
Nuestra Señora de la Almudena: 204.
Nueva Planta, decretos de: 129.
Nueva York: 177.
Nueva España: 93.
Nueva Granada: 142.
Nuevas Poblaciones: 132.
Nuevo Estado: 177.
Nuevo Continente: 86.
Nuevo Mundo: 92.
Numancia (Soria): 25, 77.
Nuño Núñez: 136.
O'Donnell, Leopoldo: 147.
Occidente: 156.
Occidente: 14, 33, 127, 197.
Oceanía: 156.
Ochoa, Severo: 186.
Ocilis (Medinaceli): 25.
Odoacro, rey: 37.
Olavide, Pablo Antonio de: 131, 133.
Oliba: 67, 68.
Olisipo (Lisboa): 16.
Oliva de Plasencia: 25.
Olivares, conde-duque de: 115, 116, 119, 205.
Omeya/s: 47, 50, 61.
ONU: 187.
Operación Galaxia: 199.
Operación Príncipe: 188.
Oporto: 109.
Opus Dei: 188.
Ora Marítima de Avieno: 14.
Orán: 89, 109.
Orce (Granada): 9.
Orden de los Jerónimos: 92.
Ordoño I: 51.
Ordoño II: 61, 62.
Orense: 44, 74, 78.
Organización Corporativa Nacional: 165.
Organización Sindical: 180.
Organización del Tratado del Atlántico Norte (OTAN): 199.
Orgaz: 174.
Oriente Próximo: 10.
Oriente: 11, 48, 50.
Ortega y Gasset, José: 156.
Osio de Córdoba: 32.

Osma (Soria): 61.
OTAN: 199, 200.
Oviedo (Asturias): 49, 51, 60, 78, 171.
Pablo Pellicer: 70.
Pacheco, Juan: 73.
Pacífico: 93, 94, 133, 143, 206.
Pacto de El Pardo (1885): 154.
Pacto Ibérico: 181.
Pacto de San Sebastián (1930): 167.
Pactos de Familia: 134.
 – Primer Pacto de Familia (1733): 135, 205.
 – Segundo Pacto de Familia (1743): 135.
 – Tercer Pacto de Familia (1761): 136.
Pactos de la Moncloa (1977): 196, 198.
País Vasco: 142, 143, 153, 158, 175, 190, 197.
Países Bajos: 87, 89, 91, 100-102, 104, 109, 115, 120.
Palacio de Carlos V (Granada): 98.
 – de las Cortes (Madrid): 204.
 – de Exposiciones y Congresos (Madrid): 204.
 – de la Granja (Segovia): 144.
 – del marqués de Dos Aguas (Valencia): 204.
 – de Monterrey (Salamanca): 204.
 – de Santa Cruz (Madrid): 186.
 – Real de Madrid: 141, 203.
Palaos, islas: 156.
Palencia: 25, 28, 38, 42, 44, 74, 75, 78.
Paleolítico: 9, 10.
PaleolíticoInferior: 9.
Paleolítico Medio: 79.
Paleolítico Superior: 10, 79.
Pallantia (Palencia): 25.
Palma de Mallorca: 26, 89, 109.
Pamplona: 89, 109.
Panteón de los Reyes: 78.
Papa: 85, 89, 94, 122, 132.
Paraíso: 75.
Paret, Luis: 133, 134.
París: 51, 55, 89, 109, 134, 137, 166.
Parlamento: 152, 154, 160, 169, 196, 200.
Parma: 100, 102, 137.
Parpalló, cueva de: 10.
Parque Güell, Barcelona: 204.
Partido de Acción Democrática: 199.

 – Agrario (PA): 172.
 – Comunista de España (PCE): 184, 190, 195, 198, 200.
 – Partido Demócrata: 147.
 – Demócrata Popular: 199, 200.
 – Nacionalista Vasco (PNV): 159, 196, 202.
 – Obrero de Unificación Marxista (POUM): 176.
 – Popular (PP): 201, 202.
 – Radical: 165.
 – Reformista: 162.
 – Socialista Obrero Español (PSOE): 159, 194.
 – Único: 177.
Patiño, José: 130.
Patio de los Leones (Alhambra): 58.
Pavía, batalla de: 89.
Pavía, general: 150.
Pax Iulia (Beja): 30.
Paz de Amiens (1802): 138.
 – de Aquisgrán (1667): 122.
 – de Biac-Na-Bató (1897): 155.
 – de Cambray, o de las Damas (1529): 89.
 – de los Pirineos (1659): 120, 121.
 – de Ryswick (1697): 122.
 – de Vervins (1598): 104.
 – de Utrecht (1713): 128.
 – de Westfalia (1648): 120.
 – de Zanjón: 154.
PCE (Partido Comunista de España): 184, 190, 195, 198, 200.
Pedro I de Castilla (El Cruel): 71.
Pedro I de Aragón: 64.
Pelayo: 49.
Península Ibérica: 10, 12, 13, 16-18, 20-23, 26, 38, 39, 43, 48, 49, 59, 79, 80, 84, 88, 102, 114, 119, 128, 129, 141, 182, 208.
Peñón de Gibraltar: 128.
Pérez, Antonio: 109.
Peribáñez y el comendador de Ocaña, de Lope de Vega: 124.
Perú: 90, 93, 142, 148.
Petronila de Aragón: 68.
Pi y Margall, Francisco: 148, 150.
Picasso, Pablo: 177.
Pío V, Papa: 102.
Pirineos: 12, 16, 120, 121, 182.
Pizarro, Francisco: 90.
Plan de Estabilización: 188.
Planes de Desarrollo: 188.
Plataforma de Convergencia Democrática: 194.
Plaza de Castilla, Madrid: 204.
Plaza Mayor, Madrid: 203.
Plaza de Oriente, Madrid: 192.

Plinio el Viejo: 32.
Poder Judicial: 153.
 – Legislativo: 153.
Poema de Fernán González: 76.
Poitiers, batalla de: 50.
Polavieja, Camilo: 157.
Pollentia (Pollensa): 26.
Polonia: 89, 109.
Pompeyo: 26, 27.
Pontifex Maximus: 23.
Portela Valladares, Manuel: 172.
Pórtico de la Gloria, Santiago de Compostela: 80.
Porto Belo: 107.
Portugal: 68, 86, 89, 94, 102, 104, 109, 117-119, 128, 135, 138, 140, 209.
Praga: 89.
Pragmática: 132.
Pragmática Sanción: 143.
Prat de la Riba, Enrique: 159.
Prehistoria: 9, 77.
Presidios de Toscana: 89.
Priesca: 78.
Prieto, Indalecio: 166, 171.
Prim, Juan: 146, 148, 149.
Primera Cruzada: 80.
Primera Guerra Mundial: 161.
Primo de Rivera, Miguel: 163, 206.
Primo de Rivera, José Antonio: 170, 174.
Principado de Cataluña: 118.
Príncipe Felipe: 194, 201.
 – de Orange: 100.
 – de la Paz: 137.
 – de Vergara: 145.
Principios del Movimiento Nacional: 187.
Profeta: 55.
Protectorado marroquí: 175.
Provincias Unidas (ver Países Bajos): 101, 104.
Prusia: 135.
PSOE (Partido Socialista Obrero Español): 158, 159, 165-167, 171, 178, 190, 195, 198-202.
Puente Viesgo (Cantabria): 77.
Puerta del Sol (Madrid): 160.
Puerto Rico: 143, 155.
Quevedo, Francisco de: 123, 124.
Quintanilla de las Viñas: 40.
Quintiliano: 32.
Ramiro de Aragón: 66.
Ramiro II: 61.
Ramón Berenguer I: 67.
Reagan, Ronald: 201.
Reales Alcaázares (Sevilla): 57.
Recaredo: 37, 41-43.
Recesvinto: 40, 78.

Reconquista: 60, 90.
Referéndum (1986): 200.
Reforma: 89, 98, 100, 122, 208.
Regencia: 141, 149, 153, 157.
Regidores: 131.
Reino Unido: 175.
Renacimiento: 122, 123, 209.
Renaixença: 159.
Renovación Española: 170.
República Dominicana: 148.
República: 31.
I República: 149, 150, 206.
II República: 167, 169, 170, 172, 176-178, 180, 196, 197, 206.
Requiario: 38.
Restauración: 151-154, 157, 161, 200.
Reus: 146.
Revolución de los Claveles: 192.
  – Francesa: 136, 206.
  – Gloriosa: 148.
  – de Octubre: 171, 173.
  – rusa: 161.
Rey Prudente (Felipe II): 99.
Rey Sol (Luis XIV): 127, 129.
Reyes Católicos: 83, 86, 87, 90, 92, 94, 95, 97, 102, 105, 108, 120, 129.
Rhodae (Rosas): 16.
Ribagorza: 65, 67.
Ribera *il Spagnoletto*, José: 125.
Richelieu, cardenal: 116.
Riego, Rafael de: 142.
Rif (Marruecos): 162.
Rin, río: 115.
Riotinto (Huelva): 33.
Ripoll: 67.
Rocroy, batalla de: 119.
Ródano: 37.
Rodas: 16.
Rodrigo, rey: 44, .
Rodrigo, conde de Castilla: 62, .
Rodrigo Díaz de Vivar (El Cid): 63-65, 80.
Roma: 19-26, 28, 31-34, 38, 44, 56, 66, 69, 89, 97, 98, 109, 175, 182, 207, 209, 210.
Romanones, conde de: 160, 161.
Roncesvalles: 51.
Rosas (Gerona): 16.
Rosellón: 67.
Rosinos de Vidriales: 28.
Rousseau, Jean Jacques: 134.
Rueda, batalla de: 61.
Rufina, mártir: 35.
Ruiz de Alarcón, Juan: 124.
Ruiz Giménez, Joaquín: 195.
Rusia: 141, 161.
Sabadell: 119.

Saboya: 89, 109, 128.
Sacramento, Uruguay: 136.
Sacro Imperio: 88.
Saelices (Cuenca): 77.
Sáenz de Tejada: 176.
Sagasta, Práxedes Mateo: 150, 152-158.
Sagrada Familia, Barcelona: 204.
Sagunto: 22, 23, 33, 150.
Sahagún: 74.
Sáhara: 192.
Saive, J. B.: 102.
Sajonia: 89.
Salamanca, José de: 147.
Salamanca: 61, 75, 80, 95, 181, 204.
Saliquet: 174.
Salmerón, teólogo: 122.
Salmerón, Nicolás: 150.
Salón de los Embajadores: 57.
Samos: 15.
San Antolín (Palencia): 74, 78.
San Esteban de Gormaz: 61.
San Isidoro de León: 63, 74.
Sanjuanada (1926): 166.
San Juan Bautista: 44.
San Juan de Baños: 42, 78.
San Juan de la Peña: 66.
San Miguel de Celanova: 74.
San Miguel de Escalada: 74, 78.
San Miguel de Lillo: 74, 78.
San Millán de la Cogolla: 76.
San Pedro de la Nave: 39, 41, 78.
San Pedro de Nora: 78.
San Quintín, batalla de (1557): 109.
San Sebastián: 148.
Santa Alianza: 142.
Santa Comba de Bande: 44, 78.
Santa Cristina de Lena: 74, 78.
Santa Fe de Mondújar: 11.
Santa Hermandad: 84.
Santa Inquisición: 84.
Santa Leocadia de Toledo: 43.
Santa Leocadia de Mérida: 44.
Santa María de las Viñas: 44.
Santa María del Naranco: 74, 75, 78.
Santa María de Melque: 77.
Santa María de Nájera: 74.
Santa María en Olite: 78.
San Tirso: 78.
San Cebrián de Mazote: 74.
Sanahuja, F.: 152.
Sancha: 63.
Sancha de Castilla: 67.
Sánchez Albornoz, C.: 49.
Sánchez Guerra, José: 166.
Sancho García: 63.
Sancho I de León: 61.

Sancho II: 64.
Sancho III el Mayor: 62, 65, 66.
Sancho IV: 66, 69, 70.
Sancho de Moncada: 114.
Sancho Panza: 123.
Santa Sede: 186.
Santander: 77.
Santarem: 29.
Santiago de Compostela: 78, 80.
Santiago de Cuba: 156.
Santiago de Peñalba: 74.
Santiago: 89.
Santillana: 96.
Santiponce: 77.
Santísima Trinidad: 207.
Santo Domingo: 137.
Santo Domingo de la Calzada: 74.
Santo Tomás de Aquino: 210.
Santos Lugares: 208.
Santullano: 78.
Scallabis (Santarem): 29.
Schulten, A.: 15.
Secretarías de Estado: 131.
Secretario de Despacho: 129.
Sefarad: 210.
Segobriga (Cuenca): 77.
Segovia: 25, 31, 32, 44, 60, 98.
Segunda Guerra Mundial: 179-183.
Segunda República: 167, 169, 170, 172, 176-178, 180, 196, 197, 206.
Segundo Plan de Desarrollo: 188.
Semana Trágica de Barcelona: 156.
Sempronio Graco: 24.
Senado: 30, 146, 152, 168, 196, 207.
Séneca: 32, 33.
Septimania: 66.
Sepúlveda: 61.
Sérapis: 35.
Serrano Súñer, Ramón: 180, 182, 183.
Serrano, Francisco: 146, 148, 150, 182.
Sert, José María: 186.
Sertorio: 26, 27.
SEU: 180, 187.
Sevilla: 10, 15, 30, 35, 40, 41, 43, 45, 48, 51, 52, 56, 57, 59, 75, 77, 78, 80, 89, 92, 106, 108, 109, 112, 132, 146, 148, 150, 161, 164, 175, 201, 204.
Sexenio Democrático: 148, 151, 158.
Sicilia: 19, 20, 71, 85, 94, 109, 119, 128, 135.
Sierra Morena: 17, 21, 33, 59.
Siete Partidas de Alfonso X: 75.

Siglo de las Luces: 127.
Siglo de Oro: 96, 116, 122, 123, 203.
Silvela, Francisco: 157, 158.
Sima de los Huesos (Atapuerca): 9.
Simancas: 53, 61.
Sindicato de Estudiantes Universitarios (SEU): 187.
Siseberto: 44.
Sisebuto: 43.
Sistema Central: 59.
Smalkalda: 89.
Sobrarbe-Ribagorza: 66, 67.
Sobrarbe: 65.
Sociedad de Naciones: 175.
Sociedades Económicas de Amigos del País: 132.
Sociedades Patrióticas: 142.
Sofía de Grecia: 189, 194.
Solana, Javier: 202.
Solchaga, Carlos: 200, 201.
Soria: 25, 44, 77.
Spínola, Antonio: 116.
Spira: 89.
Stalingrado: 182.
Struchi Bros, Antoni: 119.
Suárez, teólogo: 122.
Suárez, Adolfo: 194-196, 198, 199.
Suárez de Llanos: 125.
Suavia: 69.
Sucesión española, guerra: 127, 128, 135, 205.
 – de Austria: 135.
 – de Polonia: 135.
Sucesión, ley de: 187.
Sudeste peninsular: 11, 12, 17, 21.
Suecia: 122.
Suintila: 43.
Suiza: 89, 109.
Sulayman al-Arabi: 51, 54.
Sulpicio Galba: 25.
Supremo Consejo de la Inquisición: 94.
Sur peninsular: 78.
Suresnes (Francia): 190.
Suroeste peninsular: 48.
Tajo, río: 24, 26, 48, 59, 103, 175.
Talavera: 53.
Tarancón, cardenal: 190.
Tarifa (Cádiz): 44.
Tarik Ibn Ciyad: 44.
Tarraco (Tarragona): 27, 29, 30, 45.
Tarraconense: 31, 38.
Tarragona: 17, 26, 29, 30, 32, 34-36, 45, 77.
Tarteso: 14-16, 18.
Teatro crítico universal, de Feijóo: 132.

Tejero, Antonio: 199.
Templo del Salvador, Sevilla: 204.
Tenochtitlán: 92.
Teodorico: 38, 79.
Teodoro de Bry: 91.
Teodosio I: 34, 37, 79.
Tercer Reich: 175, 182.
Teresa de Jesús: 122.
Termes (Tiermes): 25.
Teruel: 59, 178.
Tesoro de Guarrazar: 43.
Tesoro: 15, 88, 110, 114, 115, 146.
Texas: 92.
Theudis: 39.
Thiers: 150.
Tiermes (Soria): 77.
Tierra del Fuego: 142.
Tierra: 57.
Tipasa: 20.
Tiro: 13-15.
Tirol: 89.
Tirso de Molina: 124.
Tito Livio: 23.
Tito Bustillo, cueva de: 10, 77.
Tiziano: 87, 99.
Toda, reina: 64.
Toledo: 24, 43-45, 51, 52, 54, 55, 57, 59, 66, 68, 77, 78, 80, 84, 88, 89, 98, 109, 126, 204.
Tolosa (Toulouse): 38.
Tomar: 109.
Topete: 148.
Tordesillas: 89.
Torralba (Soria): 79.
Torre del Oro (Sevilla): 56.
Torre de Madrid: 204.
Torre de los Escipiones: 34.
Torres Naharro, Bartolomé de: 97.
Toscana: 135.
Toscanos (Málaga): 14.
Toulouse: 38, 66, 67.
Trafalgar: 138.
Tragicomedia de Calisto y Melibea, La Celestina (1502): 97.
Trajano: 28, 32, 79.
Transición: 193.
Transparente de la catedral de Toledo: 126.
Trastámara: 71, 80.
Tratado de Alcaçoba: 85.
 – de Blois (1505): 85.
 – de Madrid: 89.
 – de París: 156.
 – de Sevilla: 135.
 – de Tordesillas: 86.
 – de Utrecht: 134.
 – de Versalles: 136.
 – de Viena (1738): 135.
Tratado del Atlántico Norte

(OTAN): 187, 199.
Trayamar: 14.
Trento, concilio de: 89, 92, 122.
Tríada Capitolina: 34.
Tribunal de los Tumultos: 100.
Tricio: 33.
Trinidad: 138.
Tudela (Navarra): 56.
Túnez: 20, 89, 90, 102.
Tuñón, iglesia de: 78.
Turquía: 208.
Úbeda: 56, 204.
UCD (Unión de Centro Democrático): 195-200.
UGT (Unión General de Trabajadores): 165, 169, 170.
Ulises: 16.
Ullastret: 16.
Ulterior, Hispania: 24, 25, 29.
UME (Unión Militar Española): 174.
Unamuno, Miguel de: 156, 166.
Unión Militar Española (UME): 174.
Unión Patriótica: 164, 166.
Unión Militar Democrática: 192.
Unión Liberal: 147-149.
Unión Sindical Obrera (USO): 194.
Unión Republicana: 171, 173.
Unión Soviética: 175.
Unión de Arrás: 101.
Unión de Centro Democrático (UCD): 195.
Unión de Armas: 118.
Unión General de Trabajadores (UGT): 159.
Unión Europea: 200.
Unión del Pueblo Español: 194.
Universidad de Alcalá de Henares: 95-97, 203.
Universidad española: 166, 189, 201.
Universidad de Salamanca: 80, 95, 98.
UP (Unión Patrióticas): 164.
Urgel: 67.
URSS: 182.
Uruguay: 136.
Utica: 13.
Utrecht: 88, 101, 128, 134.
Valdediós: 78.
Valdejunquera: 61.
Valdés, Alfonso de: 97.
Valencia: 64, 66, 80, 88, 89, 106, 109, 126, 128, 132, 146, 150, 174, 178, 199, 204.
Valencina de la Concepción: 10.
Valenzuela, Fernando de: 120.
Valladolid: 73, 74, 89, 109, 189, 204.